权威·前沿·原创

皮书系列为
"十二五""十三五"国家重点图书出版规划项目

中国社会科学院创新工程学术出版项目

本书获河南省社会科学院哲学社会科学创新工程试点经费资助

河南蓝皮书

BLUE BOOK OF

HENAN

河南经济发展报告（2019）

ANNUAL REPORT ON ECONOMY OF HENAN
(2019)

高质量发展再发力

主　编／谷建全　完世伟

社会科学文献出版社

SOCIAL SCIENCES ACADEMIC PRESS（CHINA）

图书在版编目（CIP）数据

河南经济发展报告. 2019：高质量发展再发力／谷
建全，完世伟主编. -- 北京：社会科学文献出版社，
2019.6
　（河南蓝皮书）
　ISBN 978 - 7 - 5201 - 4858 - 0

Ⅰ.①河… Ⅱ.①谷… ②完… Ⅲ.①区域经济发展
- 研究报告 - 河南 - 2019　Ⅳ.①F127.61

中国版本图书馆 CIP 数据核字（2019）第 089039 号

河南蓝皮书

河南经济发展报告（2019）
——高质量发展再发力

主　　编／谷建全　完世伟

出 版 人／谢寿光
责任编辑／王玉霞　李艳芳
文稿编辑／刘如东

出　　版／社会科学文献出版社·城市和绿色发展分社（010）59367143
　　　　　　地址：北京市北三环中路甲29号院华龙大厦　邮编：100029
　　　　　　网址：www. ssap. com. cn
发　　行／市场营销中心（010）59367081　59367083
印　　装／三河市东方印刷有限公司

规　　格／开　本：787mm × 1092mm　1/16
　　　　　　印　张：20.5　字　数：304千字
版　　次／2019年6月第1版　2019年6月第1次印刷
书　　号／ISBN 978 - 7 - 5201 - 4858 - 0
定　　价／98.00元

本书如有印装质量问题，请与读者服务中心（010 - 59367028）联系

河南蓝皮书编委会

主要编撰者简介

谷建全 男，河南唐河人，河南省社会科学院院长，研究员，经济学博士，博士生导师。郑州大学、河南科技大学、河南工业大学、河南理工大学兼职教授。国家"万人计划"首批人选、国家哲学社会科学领军人才、国务院特殊津贴专家、文化名家暨全国宣传文化系统"四个一批"优秀人才、河南省优秀专家、河南省宣传文化系统"四个一批"优秀人才、河南省跨世纪学术技术带头人。中国劳动经济学会副会长、河南省信息化专家委员会副主任委员。主要从事产业经济、科技经济、区域经济研究。近年来，公开发表学术论文200余篇，出版学术专著15部，主持国家级、省级重大研究课题30余项，获得省部级奖励20余项，主持编制各类区域发展规划100余项，30余项应用对策研究得到省委、省政府领导批示。

完世伟 男，河南鹿邑人，河南省社会科学院经济研究所所长，研究员，博士。郑州大学、河南工业大学、华北水利水电大学兼职教授。国务院特殊津贴专家、河南省优秀专家、河南省学术技术带头人、河南省宣传文化系统"四个一批"优秀人才，中国区域经济学会常务理事。长期从事宏观经济、区域经济、产业经济、技术经济及管理等方面的研究工作。主持或参与完成国家级、省级研究课题30余项，荣获省部级优秀成果奖10余项，公开发表理论文章60多篇，主持或参与编制区域发展、产业发展等各类规划30余项。

摘　要

2018 年是贯彻党的十九大精神的开局之年，是改革开放 40 周年，是决胜全面建成小康社会、实施"十三五"规划承上启下的关键一年。一年来，全省上下以习近平新时代中国特色社会主义思想为指导，认真贯彻落实中央和省委、省政府的各项决策部署，坚持稳中求进工作总基调，以新发展理念为引领，以高质量发展为重点，以供给侧结构性改革为主线，着力稳增长、促改革、调结构、惠民生、防风险，全省经济运行继续保持总体平稳、稳中有进发展态势。

本年度"河南经济蓝皮书"由河南省社会科学院主持编撰，全书系统深入地分析了 2018 年河南经济运行的主要态势以及 2019 年河南经济发展的走势，全方位、多角度地研究和探讨了河南以新理念为引领，统筹推进"四个着力"，着力打好"四张牌"，突出县域治理"三起来"和乡镇工作"三结合"，深入开展"三大攻坚战"的举措及成效，并对新时代河南经济实现高质量发展提出了对策建议。全书深度融入了党的十九大以及河南省委十届六次全会提出的系列新思想、新论断、新提法、新举措，以期为省委、省政府提供高质量的决策参考依据。全书共分为总报告、调查评价篇、分析预测篇、专题研究篇和附录五部分。

本书的总报告有两篇，均由河南省社会科学院课题组撰写。第一篇是关于河南经济运行的年度分析报告，代表了本书对 2018～2019 年河南经济形势分析与预测的基本观点。报告认为，2018 年，面对外部环境复杂严峻和内部自身结构矛盾凸显的双重压力，河南以习近平新时代中国特色社会主义思想为指导，坚持稳中求进工作总基调，以新发展理念为引领，狠抓各项政策落实，全省经济运行呈现"总体平稳、稳中有进"的发展态势，顺利实现"三个同步""三个高于"的预定目标。与此同时，河南经济发展也面临着一些新问题、新挑战。预计2019年全省地区生产总值增长7.3%左右，规模以上工业增加值增长7.0%左右，全社会固定资产投资增长8%左右，社会消费品零售总额增长10%左右，出口预计增加10%，居民消费价格指数为102。第二篇是关于改革开放40年河南经济发展回顾与展望，系统梳理了1978年以来河南经济发展经历的主要阶段、取得的辉煌成绩、积累的发展经验，并展望了未来河南经济发展的光明前景，勾画了改革开放40年河南经济发展的全景图。

本书的调查评价篇，主要通过建立相关指标体系和量化模型，运用定量分析和定性分析相结合的研究方法，分别对2018年中原经济区30个省辖市经济综合竞争力以及河南105个县域经济发展质量进行综合评价。

本书的分析预测篇，主要立足于当前河南经济不同领域、不同行业、不同产业发展的态势分析以及对2019年的预测展望，进而分别提出新时代加快河南经济高质量发展的思路及相应举措。

本书的专题研究篇，在深入领会党的十九大精神和省委十届六次全会精神的基础上，围绕新时代河南经济转向高质量发展阶段，深入开展三大攻坚战，持续推进"四个着力"、打好"四张牌"、加快开放型经济发展、支持民营经济发展、防范化解重大风险等问题进行了深入分析，提出了相关思路及建议。

针对新时代、新形势对各部门、各行业提出的不同要求，本书邀请相关科研院所、高等学校和政府部门的知名专家学者，研究分析了各领域在稳增长、促改革、调结构、惠民生、防风险中面临的重点难点问题，并从不同角度提出了河南经济迈向高质量发展的对策建议。

关键词： 河南省　经济　高质量发展　供给侧结构性改革

目　录

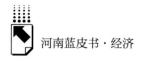

Ⅴ　附录

皮书数据库阅读**使用指南**

总 报 告

General Reports

B.1

经济运行稳中向好　发展质量稳步提升

——2018~2019年河南省经济发展分析与预测

河南省社会科学院课题组*

摘　要： 2018年，在外部复杂严峻形势与内部自身结构性矛盾凸显的双重压力下，河南以习近平新时代中国特色社会主义思想为指导，坚持稳中求进工作总基调，以新发展理念为引领，以高质量发展为重点，以供给侧结构性改革为主线，统筹推进"四个着力"，着力打好"四张牌"，突出县域治理"三起来"和乡镇工作"三结合"，深入开展"三大攻坚战"，全省经济运行"符合预期、总体平稳、稳中有进"，全年经济增长率达到7.6%。2019年，全省经济增长面临的积极因素和不利影响

＊ 课题组组长：谷建全。课题组成员：完世伟、袁金星、唐晓旺、王芳、高璇、李丽菲、崔理想。执笔：袁金星，河南省社会科学院经济研究所副研究员；唐晓旺，河南省社会科学院经济研究所研究员；王芳，河南省社会科学院经济研究所副研究员。

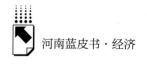
并存，宏观经济环境总体有利。初步预计，2019 年全省地区生产总值增长 7.3% 左右，规模以上工业增加值增长 7.0% 左右，全社会固定资产投资增长 8% 左右，社会消费品零售总额增长 10% 左右，出口预计增加 10%，居民消费价格指数为 102。

关键词： 河南省　经济运行　高质量发展

2018 年，在外部复杂严峻形势与内部自身结构性矛盾凸显的双重压力下，全省上下以习近平新时代中国特色社会主义思想为指导，认真贯彻落实中央和省委、省政府的各项决策部署，着力稳增长、促改革、调结构、惠民生、防风险，全省经济运行呈现"总体平稳、稳中有进"的发展态势。2019 年，全省经济发展的外部环境依然复杂，经济转型发展任务艰巨、实体经济困难较多、风险隐患增多等问题依然比较突出。因此，全省上下必须坚持稳中求进工作总基调，以新发展理念为引领，以高质量发展为根本方向，以供给侧结构性改革为主线，深入开展三大攻坚战、持续推进"四个着力"、打好"四张牌"，实现"六稳"，保持经济平稳较快发展的良好态势，以优异成绩为新中国成立 70 周年献礼。

一　2018年全省经济运行"符合预期、总体平稳、稳中有进"

2018 年世界经济形势错综复杂，复苏态势明显放缓；中国经济开启高质量发展新时代，处在重要转换阶段。面对复杂的国际国内形势和繁重的改革发展任务，全省上下坚持稳中求进工作总基调，以新发展理念为引领，以高质量发展为重点，以供给侧结构性改革为主线，统筹推进"四个着力"，着力打好"四张牌"，突出县域治理"三起来"和乡镇工作"三结合"，深入开展"三大攻坚战"，全省经济运行"符合预期、总体平稳、稳中有进"，发展"含金量""含新量""含绿量"不断提升,顺利实现"三个同步""三个高于"的预定目标,进一步夯实了全面建成小康社会、中原更加出彩的坚实基础。

（一）2018年河南经济运行态势

2018年,河南全年实现地区生产总值48055.86亿元,同比增长7.6%。其中:第一、二、三次产业增加值为4289.38亿元、22034.83亿元和21731.65亿元,同比增长3.3%、7.2%和9.2%;与上半年相比,第一产业、第三产业增速分别提高1个和0.1个百分点,第二产业回落0.5个百分点。整体而言,河南经济运行符合预期,仍保持了总体平稳、稳中有进的发展态势。

1. 从三次产业看:协同发展,结构调整稳步推进

农业生产总体保持稳定。2018年,河南着力实施乡村振兴战略,持续推进农业供给侧结构性改革,加快推进"四优四化",农业生产总体保持稳定。全年全省第一产业增加值增长3.3%,较上年回落1个百分点,低于全国平均水平0.2个百分点,在全国的位次由2017年的第10下降到第17。粮食生产基本正常。在2018年全国夏粮播种面积减少、夏粮总产量下滑的大势下,河南夏粮播种面积为5770.1千公顷,较上年5491.7千公顷的播种面积反而增加了5%;河南夏粮总产量722.74亿斤,虽因灾略有减产,但仍属丰收年景,较上年710.84亿斤增加了1.7%,占全国夏粮总量的26%;同时,河南夏粮依然以6262.8公斤/公顷的单产傲视全国,搭配河南夏粮总产量拿下"双料冠军",为保障国家粮食安全作出了重要贡献;秋粮生产形势良好,产量达到607.04亿斤,再获丰收。畜牧业生产基本平稳。2018年全省猪牛羊禽肉总产量662.68万吨,增长2.4%;禽蛋产量413.61万吨,增长3.1%;全年生猪出栏6402.38万头,增长2.9%;生猪存栏4337.15万头,同比下降1.2%。此外,特色效益农业实现稳步发展,优质专用小麦、优质花生、优质林果等品牌效应、规模效应、示范效应逐步显现,农村电商、乡村旅游与精准扶贫深度融合态势良好,带动了产业效益继续提升。

工业生产略有回落。2018年,河南出台多项政策措施聚焦实体经济发展,强化要素保障,减轻企业负担,持续发力激发实体经济活力,确保工业

稳定运行。2018 年前三季度，全省工业增加值增长 7.3%，较上半年降低
0.3 个百分点，较上年同期降低 0.4 个百分点；工业经济对全省地区生产总
值增长的贡献率为 40.3%，较上年同期增长 0.7 个百分点，仍是支撑第二
产业和地区生产总值增长的重要力量。规模以上工业增加值增速有所回落。
2018 年，全省规模以上工业增加值增长 7.2%，较去年增速回落 0.8 个百分
点，但高于全国平均水平 1 个百分点，增速在全国位次为第 14，较上年下
滑 3 个位次（见图 1）。分经济类型看，国有控股企业增加值增长 8.2%，较
上年增速提高 2.6 个百分点；非公有制企业增加值增长 7.1%，较上年增速
回落 1.4 个百分点。从三大门类看，采矿业增加值增长 2.0%，制造业增长
7.5%，电力、热力、燃气及水的生产和供应业增长 9.0%。行业整体保持
向好。2018 年，河南工业 40 个大类行业中，有 33 个行业增加值保持增长
态势，增长面达 82.5%。其中，计算机、通用设备、仪器仪表等制造行业
均保持两位数增长。工业内部结构进一步优化。2018 年，全省符合转型升
级方向的五大主导产业、战略性新兴产业、高技术制造业增加值增速分别达
到 7.7%、12.2% 和 12.3%，分别高于全省规模以上工业增加值增速 0.5
个、5.0 个和 5.1 个百分点。工业品价格提高。2018 年，全省工业生产者出

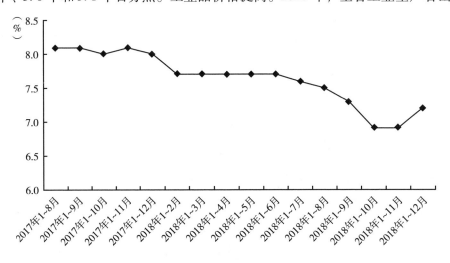

图 1　2017～2018 年河南省规模以上工业增加值增速

资料来源：河南省统计局、国家统计局河南调查总队：《河南统计月报》。

厂价格（PPI）同比上涨 3.6%，工业生产者购进价格（IPI）同比上涨 4.0%，工业生产者购进价格和工业生产者出厂价格的"剪刀差"为 0.4 个百分点，较上年收窄 0.1 个百分点。

服务业较快增长。2018 年全省服务业增加值增长 9.2%，增速分别比全国服务业增加值、全省生产总值、第二产业和规模以上工业增加值增速高 1.6 个、1.6 个、2.0 个和 2.0 个百分点；对全省生产总值的贡献率为 50.0%，成为拉动河南经济增长力量的"半壁江山"。交通、运输、邮电、通信业增幅平稳。全省公路客货运周转量增长 10.3%；机场旅客、货邮吞吐量分别增长 13.8%、2.4%；全省邮政业务总量增长 31.3%，电信业务总量增长 166.1%。金融流动性有所改善。12 月末，全省金融机构本外币存款余额同比增长 8.1%，比 6 月末加快 2 个百分点；金融机构本外币贷款余额同比增长 14.6%，比 6 月末提高 1.9 个百分点。房地产市场逐步回归。2018 年，全国土地市场成交价格及溢价率持续下行，呈整体降温趋势，居民购房更加理性，房地产市场处于回归理性的调试阶段，全年全省商品房销售面积增速为 5.1%，较上年同期下降 12.7 个百分点（见图 2）。

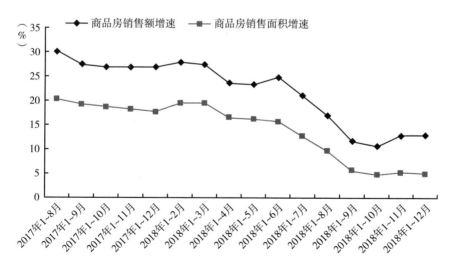

图 2 2017～2018 年河南省商品房销售额和销售面积增速

资料来源：河南省统计局、国家统计局河南调查总队：《河南统计月报》。

产业结构进一步优化。2018年全省服务业增加值占生产总值的比重达到45.2%，对全省生产总值的贡献率为50.0%；全省三次产业结构由上年的9.3∶47.4∶43.3转变为8.9∶45.9∶45.2。

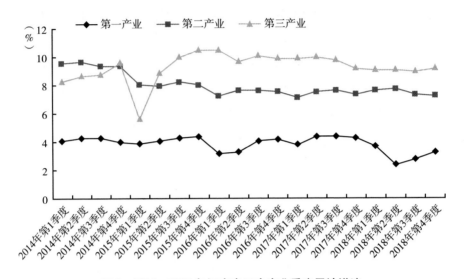

图3　2014～2018年河南省三次产业季度累计增速

资料来源：河南省统计局、国家统计局河南调查总队：《河南统计月报》。

2. 从三大需求看：稳中趋缓，动力结构持续改善

投资稳中趋缓，结构持续优化。2018年以来，河南持续加大重点领域、重点项目投资力度和推进力度，强化投资稳增长、调结构、补短板作用，高速公路建设、高铁建设相关项目及百城建设提质工程等重点工程进展顺利，但受相关政策影响，投资增长略有放缓。2018年，全省固定资产投资同比增长8.1%（见图4），较上半年回落1.2个百分点，较上年增速下降了2.3个百分点，全年呈缓慢下降趋势，但仍高于全国平均水平2.2个百分点。分产业看，一产投资增长16.9%，二产投资增长1.7%，三产投资增长10.6%；从三大主要领域看，工业投资增长2.0%，基础设施投资增长18.5%，房地产开发投资下降1.1%。工业投资增速放缓。工业投资增速由负转正，2018年1～12月，全省工业投资增长2.0%（见图5），较上年回落1.5个百分点，但是全年呈逐月上升态势；工业投资所占比重明显下降，

2018年底为28.5%，较上年末下降15.2个百分点。民间投资依旧低迷。2018年全省民间投资增速2.9%，较上年回落6.2个百分点。房地产投资明显放缓。2018年全省房地产开发完成投资额7015.47亿元，同比下降1.1%；商品房销售面积13990.50万平方米，增长5.1%；商品房销售额

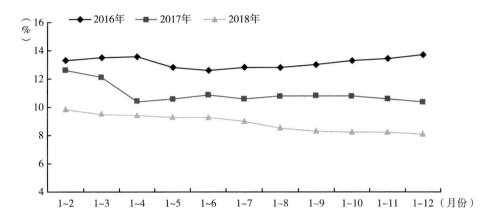

图4　2016～2018年河南省固定资产投资总额增长速度

资料来源：河南省统计局、国家统计局河南调查总队：《河南统计月报》。

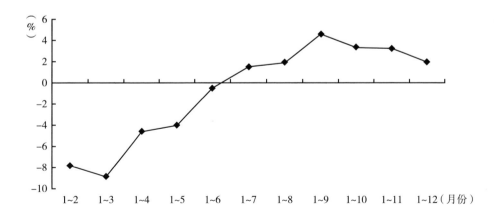

图5　2018年河南省工业投资增长速度

资料来源：河南省统计局、国家统计局河南调查总队：《河南统计月报》。

8055.30 亿元，增长 13.0%。投资结构进一步优化。2018 年，全省服务业投资增速达到 10.6%，超过固定资产投资平均增速 2.5 个百分点，服务业投资占固定资产投资总额的比重达到 56.5%。基础设施投资保持高速增长。全省基础设施投资增速达到 18.5%，占固定资产投资总额的比重达到 22.5%，较上年提高 1.4 个百分点。

市场销售增速稳中趋缓，升级类消费较快增长。随着经济结构转型和人口结构变化，以及我国经济进入新常态，模仿性排浪式消费阶段基本结束，个性化、多样化消费逐渐成为主流，使消费增速放缓成为一个显著特征。2018 年，全省实现社会消费品零售总额 20594.74 亿元，同比增长 10.3%，较上年及上半年分别降低 1.3 个和 0.8 个百分点，但高于全国平均水平 1.3 个百分点，增速排名位居全国第 8，与上年持平（见图 6）。限额以上消费品零售额 5692.48 亿元，增长 8.0%。按经营单位所在地分，全年城镇消费品零售总额 5249.96 亿元，增长 8.0%，乡村消费品零售总额 442.82 亿元，增长 7.1%；按消费类型分，餐饮收入 429.86 亿元，同比增长 9.9%；商品零售 5262.61 亿元，增长 7.8%。消费升级类商品增长较快。全年全省限额以上单位化妆品类商品零售额增长 13.7%，计算机及其配套产品类增长 13.3%，通信器材类增长 12.2%，体育娱乐用品类增长 10.7%，分别高于

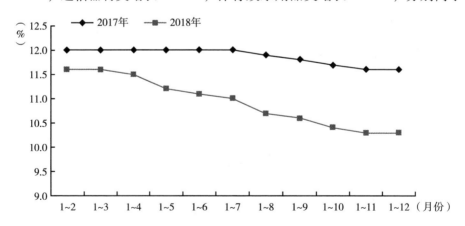

图 6　2017~2018 年河南省社会消费品零售总额增长速度

资料来源：河南省统计局、国家统计局河南调查总队：《河南统计月报》。

限额以上单位消费品零售额增速 5.7 个、5.3 个、4.2 个、2.7 个百分点。网络消费保持快速增长。2018 年"双十一",河南网民在天猫平台单日消费超过 89 亿元;河南货品网上销售也表现不俗,仅河南网商园当天销售额就突破 7 亿元,以 30% 的平均增幅实现六年连增。

进出口略有下降,出口表现抢眼。近年来,河南积极发挥自贸区的制度优势和平台优势,持续打造陆上、空中、网上、海上四条"丝绸之路","四路并举"不断提升全省对外开放水平。2018 年,全省进出口总值历史首次突破 5500 亿元,达到 5512.71 亿元,再创历史新高,稳居中部第一;同比增长 5.3%,低于全国平均水平 4.4 个百分点。同时,积极改善出口服务,引导企业开拓市场,出口总额增长 12.8%,在国际贸易摩擦加剧、全国对外贸易进入中低速增长阶段的情况下,河南作为内陆省份出口增速较上年提高 1 个百分点,实属不易。进出口结构进一步优化。在外贸主体结构方面,2018 年全省民营企业进出口总额同比增长 23.2%,比全省进出口总额增速高出 17.9 个百分点,民营企业进出口总额占全省进出口总额的比重达到 27.2%,较上年提高 3.9 个百分点;外贸市场日益多元,2018 年,全省持续深度融入国家"一带一路"倡议,与沿线国家进出口总额达到 1187.9 亿元,同比增长 23%,其中对中东欧 16 国进出口 84 亿元,增长 81.3%,在对美国、欧盟传统外贸市场保持稳定经贸活动的同时,新兴市场成为贸易增长的重要增长点;贸易结构不断升级,一般贸易所占比重持续提升,2018 年达到 33.7%,与此同时出口产业明显升级,河南近年来积极发展科技含量及附加值高的产品和高新技术产品已见成效,2018 年,全省出口高新技术产品总额达到 2277.4 亿元,同比增长 10%,占全省进出口总额的比重达到 63.6%。

3. 从三大收入看:稳步增长,重点领域保障有力

财政收支增速平稳。2018 年,全省一般公共预算收入和一般公共预算支出分别完成 3763.94 亿元和 9225.41 亿元,同比增长 10.5% 和 12.3%(见图 7)。一般公共预算收入总体呈现温和下降趋势,但是由于增值税、个人所得税等增长较快,带动税收同比增长 14.0%,高于上年同期 0.7 个百分点,占一般公共预算收入的比重达到 70.6%,同比提高 2.0 个百分点。

同时，河南坚持积极的财政政策，引导资金流向，保障重点领域。2018 年民生支出达到 7126.49 亿元，同比增长 11.1%，较上年提高 0.7 个百分点，民生支出占一般公共预算支出比重达到 77.2%。

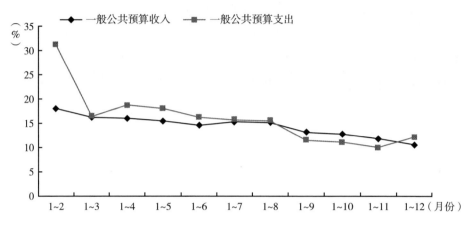

图 7 2018 年河南省一般公共预算收入、一般公共预算支出增速

资料来源：河南省统计局、国家统计局河南调查总队：《河南统计月报》。

企业效益有所提高。企业盈利水平提高。2018 年 1 ~ 11 月，全省规上工业企业利润总额同比增长 16.0%，较上年同期提高 5.7 个百分点。降成本效果明显。1 ~ 11 月，全省规上工业每百元主营业务收入中的成本为 87.10 元，同比下降 0.48 元；其中规模以上国有控股工业企业每百元主营业务收入中的成本为 85.87 元，同比下降 0.75 元。

居民福祉稳步改善。2018 年，全省城镇和农村居民人均可支配收入分别达到 31874.2 元和 13830.7 元，同比分别增长 7.8% 和 8.7%，分别超过生产总值增速 0.2 个和 1.1 个百分点。居民收入不断提高、中等收入群体不断扩大，为服务业发展注入了活力和动力，也为居民就业创造了条件。2018年全省新增城镇就业 139.24 万人，新增农村劳动力转移就业超过 56 万人，返乡下乡创业新增 23 万人、带动就业 223 万人，城镇登记失业率为 3.02%。居民消费价格温和上涨，2018 年全省居民消费价格同比上涨 2.3%。收入、就业和物价保持稳定，有效地稳定了居民的预期。

（二）2018年河南经济运行特征

1. 经济增速虽然趋缓，但仍处在较快增长区间

从2018年全省主要经济指标完成情况看，较上年同期，全省地区生产总值、固定资产投资、社会消费品零售总额、工业生产等主要经济指标增速均出现了不同程度的下滑，但是与全国平均水平相比，总体上河南的经济增速仍处于较快增长区间，整体发展态势持续优于全国平均水平（见图8）。2018年，全省地区生产总值增速、第二产业增加值增速、第三产业增加值增速、规模以上工业增加值增速、固定资产投资总额增速、社会消费品零售总额增速、一般公共预算收入增速分别达到7.6%、7.2%、9.2%、7.2%、8.1%、10.3%、11.8%，分别高于全国平均水平1.0个、1.4个、1.6个、1.0个、2.2个、1.3个和4.9个百分点，为全国经济持续稳定发展提供了可靠力量。

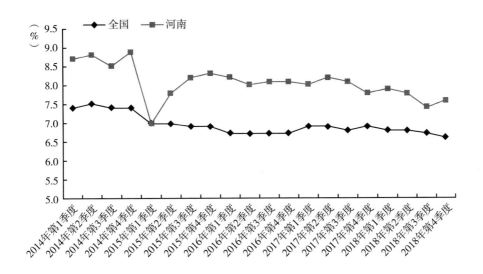

图8　2014～2018年全国与河南GDP逐季累计增速

资料来源：河南省统计局、国家统计局河南调查总队：《河南统计月报》。

2. 投资和消费需求虽然收缩，但趋稳态势明显

2018年，河南省投资、消费需求增速均出现小幅回落，但整体而言，

下滑态势趋于平稳。消费需求方面，河南省正处在工业化、城镇化加速发展阶段，加上居民收入近年来的持续增长，服务类消费大幅增长，已经成为居民消费的主要增长点；从月度数据看，第四季度全省消费品零售总额增速逐月回升，增速趋稳态势显著，消费仍旧是支撑经济增长的最稳定动力。投资需求方面，近年来河南省国家战略叠加效应凸显，大开放、大招商以及项目带动成效显著，承接产业转移步伐加快，一批基础设施、工业项目、服务业项目都陆续开工，投资仍保持了较大的规模，增速总体仍维持在8%以上，相对稳定。

3. 发展环境虽然复杂，但新旧动能加快转换

2018年，我国经济发展面临的内外环境十分复杂，外需恶化、内需萎缩，国际国内主要经济活动均明显疲弱，经济下行压力明显加大。但是随着河南经济转型攻坚举措的深入实施，调结构、促转型综合效应不断显现，转型升级加快推进，新旧动能加快转换。2018年，全省高技术产业、战略性新兴产业增加值分别增长12.3%、12.2%，分别高于全省规模以上工业增加值增速5.1个和5.0个百分点。新产品较快增长，锂离子电池产量增长142.8%，新能源汽车增长70.4%，生物基化学纤维增长45.3%，服务机器人增长37.8%。互联网相关行业高速增长，网络零售额和快递业务收入均增长30%以上，对全省经济增长的支撑作用明显提升。

4. 困难虽然增多，但基础和支撑更加巩固

2018年是我国也是河南省经济发展较为困难的一年，发展面临诸多难题。但一年来，河南以习近平新时代中国特色社会主义思想为指导，持续落实习近平总书记调研指导河南工作时的重要讲话精神，牢牢把握工作总基调，走好高质量发展道路；牢牢把握"八字方针"，突出抓好"四个稳定"，牢牢把握发展阶段，加快"去""调""转""改"，实体经济更加壮大，要素保障更加有力，开放空间更加广阔，创新能力更加强大，城乡发展更加协调，避免了全省经济的大起大落，使稳的格局更加巩固，好的态势更加明显，筑牢了全省高质量发展的坚实基础和有利条件。

（三）值得关注的几个突出问题

总的来看，2018 年，全省经济发展保持了持续稳定向好的发展态势，总体运行符合预期，结构调整深入推进，质量效益稳步提升，改革开放持续深化，发展动能加快转换，增长方式继续呈现积极变化，高质量发展取得良好开端。与此同时，也应看到，全省经济平稳健康发展仍面临不少困难，主要表现如下。一是经济下行压力加大。2018 年全省地区生产总值增速 7.6%，较上年下降 0.2 个百分点，较第一季度、上半年分别下降 0.3 个、0.2 个百分点，增速出现明显下滑趋势，稳增长压力加大。二是投资增长后劲不足。2018 年全省固定资产投资增长 8.1%，较上年下降 2.3 个百分点，且增速整体呈逐月下降态势；特别是民间投资、工业投资增速分别为 2.9%和 2.0%，分别较上年回落 6.2 个和 1.5 个百分点，两者占固定资产投资的比重分别为 71.2%和 28.5%，较上年分别下降 6.9 个和 15.2 个百分点，总体增长较为乏力。三是实体经济经营困难没有明显改观。1~11 月，全省规模以上工业企业资产负债率为 59.6%，较上年提高 12.1 个百分点；1~12 月，全省工业生产者出厂价格指数为 103.6，而全省工业生产者购进价格指数为 104.0，表明企业经营困难在加大，利润空间被进一步压缩，实体经济依然面临较大的经营压力。四是重点领域风险隐患加剧。随着宏观政策的收紧，一些风险隐患"水落石出"，企业风险、金融风险和财政风险都不容忽视，并且这三大风险相互交织，一旦某个环节出现问题，极易引发区域性、系统性风险，特别是随着通胀压力和融资难度的加大，企业生产成本上升，资金链条绷紧、债务风险暴露等问题日渐凸显，打好防范化解重大风险攻坚战任务艰巨等问题，需要引起高度重视。

二　2019年河南经济发展环境及总体走势展望

2018 年，河南经济保持了"稳、进、好"的发展态势，总体运行符合预期，结构调整深入推进，质量效益稳步提升，改革开放持续深化，发展动能加快转换。展望 2019 年，河南宏观经济环境总体有利，积极因素和不利影响并存，全省经济将保持稳定较快增长态势。未来一个时期，河南要坚持稳中求进工作总基调，以供给侧结构性改革为主线，全力抓好各项政策落实，推动全省经济高质量发展不断取得积极进展，预计全省经济将趋稳向好，经济增长率达到 7.3% 左右。

（一）有利条件

1. 西方之"乱"象丛生，凸显了我们的制度优势

近年来，很多西方国家政坛乱象丛生。美国、英国、法国、意大利等西方主要大国无不经受着政治极化和社会分化的困扰。在西方历史上，政党之间相互攻讦并不鲜见，但如此频发多发的政治乱象以及政治决策者难以控制自己决策行为和后果的现象，凸显西方国家的政治不确定性正在快速升高。面对这种不确定性，人们开始反思西方民主政治的机制和功效问题，认为西方政治乱象丛生印证了西方民主政治制度的紊乱失调。与西方的"乱"相对比，我国近年来经济稳定发展、社会安定，综合国力显著增强，显示了社会主义制度的优势。这种制度对比，增强了全省人民对我们当前道路、理论和制度的信心，有利于激励全省人们奋发有为、积极进取，从而推动全省经济更上一个大台阶。

2. 新一轮改革持续推进，发展动能持续增强

2018 年 4 月，习近平在亚洲博鳌论坛上总结了 40 年改革开放的经验，提出"把改革开放提升到一个新的高度"的战略思想。同年 11 月 30 日，习近平在二十国集团领导人第十三次峰会上向全世界宣布："中国将坚定不移推进新一轮改革开放。"在这一轮的改革中，继续深化市场化改革，深化供给侧结构性改革，深化农村土地制度改革，深化金融体制改革，保护产权和知识产权，鼓励公平竞争，将成为改革的主攻方向，预计今后一段时期，改革的红利将进一步释放。就河南来说，2019 年省委、省政府将落实中央关于新一轮深化改革的精神，加快推进国有企业、财税、投融资、农村、环保等领域的改革，在更深更广的层面上推进全方位、多领域的改革。这些改

革举措的落实，将为全省经济发展提供新的动力，形成 2019 年全省经济发展的有效支撑。

3. 对外开放步伐持续扩大，发展空间更加广阔

2018 年是"一带一路"倡议提出的五周年，"一带一路"已经成为构建新时代中国与世界良性互动关系的桥梁和纽带。2019 年，"一带一路"倡议再出发，中央将在更大范围、更深层次上推动与沿线国家的沟通磋商，推动与沿线国家的务实合作，实施了一系列重大措施。在此基础上，河南以郑州、洛阳为节点，积极融入丝绸之路经济带，通过郑州航空港、郑欧班列等，河南打通了直通中亚、欧洲和大西洋的重要通道，融入全球价值链、融入全球市场。郑州—卢森堡"空中丝绸之路"建设和以郑州跨境电子商务实验区为依托的"网上丝绸之路"建设，更是打通了中原地区通向世界的物流新通道。2019 年，全省将进一步完善对外开放的软硬件环境，加快内陆开放高地建设，着力提升口岸经济发展水平，对外开放的条件将更加优越，形成全省经济发展新的支撑。

4. 新型城镇化持续推进，内需进一步扩大

随着中国的迅速崛起，世界主要经济体对中国的恐惧和焦虑日益加深，围堵中国成为其本能选择。在此背景下，外部需求开拓的难度增加，扩大内需成为下一步刺激我国经济发展的必然选择。作为我国人口最多的省份，河南城镇化相对落后。目前，河南城镇化率为 50.16%，与全国城镇化率比较，低了 8.5 个百分点。加快推进河南新型城镇化，可以激发内部需求，支撑经济稳定协调发展。近年来，河南借助于郑州航空港经济综合实验区、郑洛新国家自主创新示范区等一系列国家战略，持续推进郑州国家中心城市建设，加快中原城市群建设，新型城镇化日新月异，成为促进河南经济稳健增长的重要支撑力量。

5. 乡村振兴战略稳步推进，"三农"难题有望破解

党的十九大报告提出，必须始终把解决好"三农"问题作为全党工作的重中之重，实施乡村振兴战略。2018 年以来，中央层面有关乡村振兴战略的规划和政策也层出不穷。2018 年 2 月 4 日，国务院公布了《中共中央

国务院关于实施乡村振兴战略的意见》。2018 年 5 月 31 日，中共中央政治局召开会议，审议《国家乡村振兴战略规划（2018～2022 年)》。乡村振兴战略的提出，为农业大省的河南带来了重大机遇。河南是一个农业大省，农村、农业和农民比重较大，长期以来，农村经济发展滞后，是河南经济发展的短板。借助于中央乡村振兴战略所提出的一系列政策措施，河南有望在未来一段时期内，深化农村经济体制改革，释放集体经济活力，拉长河南经济发展的短板。

（二）制约因素

1. 中美贸易摩擦升级的风险仍在

中美贸易摩擦从 2018 年 4 月 3 日开始。6 月 15 日，美国宣布对 500 亿美元中国产品加征 25% 关税，与此同时，中国针锋相对宣布对 500 亿美元美国产品加征 25% 关税。9 月 24 日，中美贸易摩擦升级，美国对 2000 亿美元中国产品加征 10% 关税，中国则对 600 亿美元美国产品加征 10% 关税。随后，美国又威胁 12 月将对所有中国商品加征关税，中国也相应提出了一些报复措施。目前来看，中美贸易摩擦尽管有一定缓和的迹象，但仍存在诸多不确定性。按照现在这个趋势，美国对 500 亿美元中国商品加征 25% 关税，对 2000 亿美元中国商品加征 10% 关税，对中国 GDP 的影响大概是 0.5%～0.6%。如果美国对剩下的中国所有产品再加征 25% 的关税，那么影响大概在 1.5%。2019 年，我国 GDP 增速可能向 6% 进一步靠近，如果中美贸易摩擦进一步升级，2019 年增速"破 6"的概率较大。河南对外进出口中，富士康占较大比重。未来一个时期，一旦中美贸易摩擦进入科技领域，苹果手机进出口极易受到影响，对 2019 年河南的进出口增长形成挑战。

2. 经济增长动能持续减弱

从宏观经济学的角度看，经济增长的动能来自投资、消费、出口，俗称"三驾马车"。从 2018 年的经济形势和未来走势看，未来河南三个需求持续下降的趋势明显，经济增长的动能持续减弱。在去杠杆的压力下，中央开始规范投融资平台，河南地方基建投资应声下降，2018 年 7 月、8 月、9 月，当月的基建投资都是显著下降。同时，由于要素成本的增加、环保压力的加大以及周边国家和地区的产业竞争，一些制造业加速向西部转移，制造业投资增速呈现下降趋势。从消费看，房地产增长速度过快、价格过高，挤出了居民消费。2018 年 5 月以后，消费突然就往下走，未来仍存在继续下降的风险。从出口看，近期流行的贸易保护主义特别是中美贸易摩擦对河南未来出口形成较大压力。综上所述，三大需求增速全面放缓，对 2019 年宏观经济造成较大压力，河南经济面临较大挑战。

3. 宏观经济环境持续收紧

2018 年以来，我国宏观经济"紧货币、高成本"双箭齐发，实体经济发展空间面临严重挤压。长期以来，河南资源型产业突出，投资占比较大，受到的影响较大。第一，金融市场不稳定性增加。近期以来，我国债、股、汇三大市场动荡不安，市场信心遭受不同程度打击。随着美联储加息步伐加快，美元指数出现强势上涨，人民币汇率持续下降，2019 年人民币兑美元可能会"破7"，对我国金融市场冲击不可低估。受此影响，河南 2019 年市场流动性可能持续紧缩。第二，融资难问题进一步突出。在货币政策总体趋紧的背景下，金融业务收缩，市场流动性收紧，实体经济融资难融资贵问题更加突出。第三，企业成本增加较快。当前，涉企收费名目较多、标准不明确、费用偏高等问题仍然突出，与此同时，在美联储持续加息和特朗普政府吸引制造业回流等措施诱使下，全省资金供给量已出现显著减少，企业资产使用成本不断走高。

4. 环保政策保持高压态势

近年来，绿色发展理念深入人心，对环境和生态的保护的要求日益增加。在此背景下，国家环保政策保持高压态势，部分地区"一刀切"政策直接关停了许多企业，导致区域产业链总体配套性和协同性下降，给工业企业生产经营活动带来较大不确定性。长期以来，河南钢铁、化工、有色金属等高耗能、高污染产业比重相对较大，粗、低、重、耗产品较多，污染排放强度大，受到环保风暴的冲击相对较大。随着中央环保问责力度的进一步加

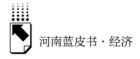
大，河南仍会有一些环保不达标的企业被关停，对2019年的生产和经营形成一定的挑战，也形成全省经济增长的一个制约因素。

（三）2019年河南省主要经济指标预测

1. 经济趋稳向好，GDP增速稳定在7.3%左右

2019年，河南经济面临的宏观环境总体有利，但发展的困难和制约因素仍然较多。"西方之乱"凸显了我们的道路优势和制度优势，增强了全省人民干事创业的信心，为河南经济发展提供了良好的外部支撑；国家深化改革开放，推进新型城镇化和乡村振兴，也为河南经济发展提供了机遇。当前全省新旧产业和发展动能转换正处在接续关键期，积极因素和新兴力量正在积聚。2019年，河南将继续全面深化改革开放，以改革和创新"双引擎"塑造经济发展新动力，积极应对不利因素可能带来的冲击，全省经济能够继续保持平稳较快发展。与此同时，也要看到，河南长期积累的结构性矛盾短期内难以根本破解，市场流动性紧张与房地产分化加剧将继续存在，部分行业和企业面临的困难仍在累积加深，全省经济运行面临的困难具有复杂性、长期性的特征。随着一系列改革开放和创新红利的持续释放，预计2019年全省经济运行将初步趋稳向好，全年GDP增速有望稳定在7.3%左右。

2. 工业增幅小幅回升，但持续上升的基础还不牢固

在全省一系列改革政策的刺激下，全省工业有望止跌回升。近年来，河南积极落实习近平总书记视察河南"四个着力"、"四张牌"和"三起来"的指示精神，加快制度创新、科技创新和开放创新，为工业发展提供利好。同时，以"放管服"为主的行政管理体制改革，提升市场化程度；国有企业混合所有制改革加快推进，为民营企业拓展了更大的发展空间。这些因素形成河南工业发展的重要支撑。同时，也应该看到，全省工业结构调整的步伐相对较慢，煤炭、化工、冶金、建材、轻纺、能源等传统产业占比仍然较大，新兴产业对经济增长的支撑力不足。在外部需求不足、行业竞争加剧的情况下，作为河南经济增长最重要动力的工业生产仍将面临较大考验，持续回升的基础还不牢固。综合分析，预计2019年工业增长仍将面临较大压力，

规模以上工业增加值增长7%左右。

3. 投资继续保持稳定增长，增速仍将处于下行通道

当前，我国继续实施积极的财政政策和稳健的货币政策，受此影响，河南投资将会保持稳定增长态势，但增速仍将处于下行通道。2019年，河南将会加快建设郑州国家中心城市，实施乡村振兴战略以及加大精准扶贫力度，这些因素有利于带动基础设施投资增长。同时，河南积极推进国企混改步伐，鼓励和促进民间投资，将会极大地提振民间资本的投资信心，推动民间资本增长。另外，随着住房制度的改革，保障性住房建设加快，也带动了房地产投资增长。同时，也应该看到，河南也存在着制约投资增长的因素，如去产能、环保风暴、资金面紧张等。综合判断，2019年全省固定资产投资增长8%左右。

4. 消费增速筑底回升，但持续回升的难度较大

随着居民收入水平的提高，全省消费结构不断升级，形成消费需求增长的最原始动力。郑州跨境电子商务的发展，使得购物的便利性增加，也刺激着居民消费的增长。乡村振兴战略稳步推进，有利于增加农民收入，提升农民消费能力。大众化的餐饮、休闲、娱乐、网络消费等热点正在形成，消费市场有望继续保持稳定快速的发展态势。同时，也应该看到，受制于经济下行的压力，全省就业和收入增长仍将面临较大困难，消费的持续增长缺乏基础支撑。尤其是传统行业的去产能化调整，一些职工面临下岗、失业，收入下降，形成对消费增长的抑制。预计，2019年消费市场还会保持基本稳定，全年社会消费品零售总额增速有望保持在10%以上。

5. 对外贸易实现恢复增长，但出口仍面临较大挑战

近年来，河南的对外贸易条件和外贸环境持续改善，河南进出口增长的外部环境持续改善。美元加息带来的人民币贬值，提高了河南产品的市场竞争力；郑州航空港国际货运航线、郑欧班列、郑州跨境电子商务综合实验区等对外贸易载体和平台的建设，大大便利了河南对外贸易，形成全省进出口增长的重要支撑。同时，2019年河南外贸形势依然严峻复杂，出口增长将会面临较大压力挑战。一方面，伴随着美国经济复苏，美元加息导致资本大

量回流,各新兴经济体经济持续下滑,外需不振的局面将继续存在,对河南出口形成严峻挑战;另一方面,贸易保护主义加剧,尤其是中美贸易摩擦还没有缓和的迹象,省内智能手机、新能源、纺织品、农产品等传统出口商品受阻,对河南出口增长形成利空。预计2019年全省出口增长10%左右。

6. 物价水平开始回落,通货紧缩风险增加

随着国家宏观经济政策持续紧缩,近期以来,猪肉、鸡蛋、蔬菜价格持续回落,预计2019年河南猪肉、鸡蛋、蔬菜等食品价格仍将处于下降通道。与此同时,国内原材料价格的恢复性上涨也将告一段落,煤炭、石油等大宗商品价格出现回调的压力加大。同时,一、二线城市房价全面下跌,房市降温已成大局。尽管房价并未充分反映在价格指数中,但其对人们消费信心的打击是不容忽视的。综上所述,随着经济增长动能的持续减弱,以及宏观经济环境的持续收紧,居民的预期下降,信心不强,宏观经济可能走向通缩,成为2019年一个重要的风险点。

综合判断,2019年全省经济仍处于结构调整中,工业增速将企稳向好,消费基本保持稳定,投资、出口增速则筑底回升,经济增长与上年相比略有下降,预计2019年全省生产总值增长7.3%左右。从主要经济指标看,预计2019年全省规模以上工业增加值增长7.0%左右,全社会固定资产投资增长8%左右,社会消费品零售总额增长10%左右,出口预计增加10%,居民消费价格指数为102(见表1)。

表1 2018年河南主要经济指标及2019年预测

单位:%

指标	2018年	2019年(预测)
1. 地区生产总值增长率	7.6	7.3
2. 规模以上工业增加值增长率	7.2	7.0
3. 全社会固定资产投资增长率	8.1	8
4. 社会消费品零售总额增长率	10.3	10
5. 出口增长率	12.8	10
6. 居民消费价格指数(以上年为100)	102.3	102

三　促进河南经济平稳较快发展的对策建议

当前，世界经济格局复杂多变，全球总需求减弱，中美贸易摩擦不断，经济发展的国内外不稳定、不确定因素增多，经济运行稳中有变、变中有忧，全省经济下行风险较大。但也要看到，全省发展面临的机遇与挑战并存，困难与希望同在，只要坚定信心、积极作为、抢抓机遇、危中求机，就能实现新突破、新发展。2019年，全省要继续坚持稳中求进工作总基调，坚持新发展理念，坚持以供给侧结构性改革为主线，在"巩固、增强、提升、畅通"八个字上下功夫，加快改革开放步伐，持续打好"四张牌"，着力打好"三大攻坚战"，正确处理稳增长与促改革、调结构、惠民生、防风险的关系，做好"六稳"工作，以稳求进，以进促稳，在提高经济发展质量的基础上推动经济平稳健康发展。

（一）深挖发展潜力，保持经济平稳健康发展

作为经济大省，河南的经济总量稳居全国第五，但是人均水平与全国平均水平相比仍然偏低，要达到全国平均水平，实现中原更加出彩，必须紧抓发展不动摇，挖掘发展潜力，促进经济持续健康增长。

一要挖掘消费潜力。当前，消费作为"三驾马车"之一，对经济增长的拉动作用持续增强，成为经济增长的第一驱动力。河南是人口大省，消费市场空间巨大，消费增长的潜力也很大，全省上下应着力挖掘消费潜力，充分发挥消费拉动经济增长的作用。要着力提高居民收入水平，坚持居民收入增长与经济发展同步、劳动报酬增长与劳动生产率提高同步，努力拓宽居民劳动收入和财产性收入渠道，促进减税降费，不断提高居民购买力水平，同时把握消费热点，促进消费供给升级，提升消费品质量和社会服务水平，使人们能花钱、愿花钱和敢花钱。

二要增加有效投资。增加有效投资是增加居民收入和促进消费增长的必要条件，也是让企业运转起来并获得利润的重要举措。要避免"大水漫灌"

式的基础设施投资，顺应新一轮科技革命和产业变革趋势，加大实体经济各产业技术更新改造投资力度，加快培育先进产能，不断做强做优做大实体经济，防止实体经济空心化、边缘化、低端化；要降低民间投资准入门槛，激发民间投资活力，加快推动与经济发展和改善民生密切相关的重大项目开工建设，尽早发挥效益。

三要着力纾解民企困难。民营企业是国民经济中最活跃的因素，在当前经济下行压力加大、流动性有紧缩趋势的环境里，民营企业面临的经营效益下降、融资难与融资贵、竞争力下降等问题凸显。要为民营企业营造良好的营商环境，围绕企业关切和诉求完善政策，着力缓解民企融资难问题，持续推进"放管服"改革，进一步减少审批事项，扩大民企市场准入，鼓励和支持他们进入基础设施、基础产业等领域，保障公平竞争。

（二）深化结构调整，促进经济结构优化升级

长期以来河南形成了以能源原材料为主的产业结构，虽然经过近年来持续不断地推进结构调整，但产业结构偏重、偏粗、偏短，效益差、约束紧、难持续的问题仍日益突出，成为保持经济平稳健康发展的重要制约因素。当前，河南正处在转变发展方式、优化经济结构、转换增长动力的关键时期，必须遵循规律、顺应大势，深化结构调整，加快经济结构转型升级。

一要深化产业结构调整。坚持优化存量和扩大增量并重，发展先进制造业和壮大现代服务业并举，培育战略性新兴产业和改造提升传统产业并行的原则，推动产业结构转型升级。要积极通过智能改造、绿色改造、技术改造推动传统产业的产业链再造和价值链提升，提高产品附加值，使传统产业焕发出新的活力；要大力发展先进制造业和战略性新兴产业，增大招商引资力度，积极引进科技含量高、辐射带动力强、市场竞争力强的好项目；要提质发展现代服务业，利用国家大数据综合试验区等战略平台，积极发展新业态、新模式，增强发展新动能。

二要深化产能结构调整。坚持市场化和法制化手段，严格按照环保、能耗、质量、安全等相关法规和执行标准，大力破除无效供给，化解过剩产

能、淘汰落后产能；推进存量企业进行绿色改造、智能改造、技术改造"三大改造"，促进全产业链整体升级，着力解决产能的结构性短缺，提高供给能力与市场需求的平衡性，提升供给体系和供给质量的效率。

三要深化产品结构调整。河南长期存在的低端产品严重过剩、高端产品明显不足这一供需错配问题日益突出，已经不能满足人们不断增长的多样化、个性化消费需求，要围绕提高产品、工程和服务质量，鼓励企业进行技术改造、管理创新，大力推进创新制造、精品制造、品牌制造，优化产品结构，提升品牌质量，不断提升供给体系的质量和效率。

（三）坚持改革开放，持续激发经济发展新活力

持续坚持改革开放，对于增强微观主体活力、韧性和创新力具有十分重要的作用，同时也是促进新旧动能转换，实现经济良性循环的关键环节。

一要继续深化国有企业改革。推动国有企业完善现代企业制度，健全公司法人治理结构，促进国有资本做优做强，增强国有经济的控制力、影响力；深化国企混合所有制改革，加快产权结构、组织结构、治理结构改革，建立更加完善的公司治理结构，强化内部激励机制建设，提高核心竞争力。

二要大力推进"放管服"改革。坚持"权由法授、责由法定"原则，对审批事项进行再梳理，规范审批程序、优化审批流程，提高办事效率、改善服务质量；积极利用信息化手段来实现政府职能，深入推进"互联网＋政务服务"，优化创新政府服务模式，构建一体化网上政务服务体系。

三要加强开放平台和载体建设。统筹加快郑州航空港经济综合实验区、中国（河南）自由贸易试验区、中国（郑州）跨境电子商务综合试验区的建设，积极申建自由贸易港，切实做好各项改革试点任务，探索建设政务、监管、金融、法律、多式联运服务体系，加快形成制度创新优势，提升投资贸易自由化和便利化水平。以融入"一带一路"建设为契机，推进郑州—卢森堡"空中丝绸之路"建设，加快形成连接东亚和欧洲的空中经济廊道；提升中欧班列（郑州）"陆上丝绸之路"运营水平，增开至欧洲、中亚、东

盟等新线路，打造中国（河南）丝路商品交易集散中心；深入推进跨境电子商务综合试验区改革，拓展"网上丝绸之路"建设，打造"买全球卖全球"河南品牌；加强郑州铁路口岸与沿海港口合作，建设东向、南向等海铁联运国际通道，积极融入"海上丝绸之路"建设。

四要营造良好的营商环境。着力拓展对外开放的思想观念、结构布局、体制机制，有序放宽市场准入，建立健全外资相关法律法规，完善公平竞争政策，严格保护产权和知识产权，建设更加公平透明便利的外商投资环境，促进国有企业、民营企业、外资企业等各类市场主体公平竞争、共同发展。

（四）强化创新引领，加快培育经济发展新动能

创新是引领发展的第一动力，特别是当前国内外形势发生深刻复杂变化，经济下行压力加大，经济发展中不确定因素增多的情况下，更要强化创新引领，把创新放在发展全局的核心位置，最大限度发挥创新的巨大潜能，为推动经济实现高质量发展夯实基础。

一要继续加大科技创新投入，提升科技创新水平。充分发挥市场机制的作用和企业主体地位，在进一步增加财政资金引导科技创新投入力度，鼓励企业加强研发投入的同时，要不断优化资源投入的强度和结构，持续提高科学研究在 R&D 投入中的比重，提升原始创新能力；进一步推进大中型企业研发机构全覆盖，推动企业与高校、科研院所、金融机构、中介组织等建立创新联盟，促进产业链、创新链和资金链有机衔接，不断完善创新体系。

二要强化创新载体建设，激发创新活力。要以郑洛新国家自主创新示范区建设为抓手，加快推进科技体制改革，开展科技开放合作和科技金融结合，探索公共技术服务与科技资源开放共享，构建有吸引力的区域创新环境，集聚高端创新要素，提升郑洛新国家自主创新示范区的辐射带动能力，激发全省创新活力。

三要优化环境，着力集聚创新人才。结合主导产业和经济结构调整的需

要，着重培养一批信息技术、智能制造、新兴材料、电子商务等领域的高层次科技创新人才，深入实施全民技能振兴工程，加强教育和职业培训，扩大高技能人才规模；实施国内外人才集聚工程，尊重市场规则，创新引进模式，完善柔性引进机制，着力引进顶尖人才、高知人才，以及能够促进产业转型升级的产业领军人才和团队，建立健全对创新人才的激励保障制度，形成良好的人才生态，打造人才集聚高地。

（五）打好三大攻坚战，着力防范化解重大风险

改革开放 40 年来，河南经济社会发展取得了巨大成就，发生了翻天覆地的变化，但同时在经济发展过程中也积聚了许多的矛盾和问题，积极稳妥跨越非常规的经济发展现阶段特有关口，打好防范化解重大风险、精准脱贫、污染防治三大攻坚战，对于促进经济持续健康发展，决胜全面小康无疑具有重要作用。

一要打好防范化解重大风险攻坚战。这是决胜全面小康的根本保障。当前全球经济正在发生深刻变革，国内外影响发展的不确定性因素增多，是风险易发高发期，要切实增强防范意识，加强对金融、地方债务、房地产市场等领域的风险监控，着力完善金融安全防线和风险应急处置机制，做到积极防范、科学应对，确保不发生系统性金融风险；要处理好防风险与稳增长的关系，把防范化解金融风险与服务实体经济更好地结合起来，围绕深化供给侧结构性改革的要求，着力提升金融机构服务实体经济能力，在防范化解金融风险的同时积极支持实体经济发展。

二要坚决打好精准脱贫攻坚战。做好精准脱贫工作，越到后期困难与问题越多，形势越严峻，要不断研究新情况、解决新问题，对脱贫攻坚目标任务进行再明确，聚焦重点短板弱项，向深度贫困地区聚焦发力，实行精准帮扶，确保扶贫质量；要把扶贫与扶智、扶志更好结合起来，着力提高贫困群众和贫困地区的自我发展能力，增强脱贫成效的可持续性；要把脱贫攻坚与乡村振兴更好结合起来，赋予农民在乡村振兴与精准脱贫中的主体地位，加快改善贫困地区的生产生活条件，提高农民的获得感、幸福感与安全感，激

发内生动力。

三要打好污染防治攻坚战。牢固树立绿水青山就是金山银山的理念，加快产业结构调整，大力发展低碳和循环经济，着力形成能耗低、污染小、科技含量高的产业结构和生产方式，从投资、生产、消费、生活方式等方面推进全方位绿色转型；坚决打赢蓝天、碧水、净土保卫战，建立健全考核奖惩、绿色调度、生态补偿、价格优惠等治污制度，形成依法治污的长效机制。

（六）补齐民生短板，不断增进人民福祉

人民日益增长的美好生活需要和不平衡不充分的发展之间的矛盾是我国社会的主要矛盾。进入新时代，随着经济社会的不断发展，人民群众对"美好生活"的需求出现了新的变化，也必然对保障和改善民生提出了新的要求。

一要坚持发展是硬道理。经济发展是保障和改善民生的基础和关键，实现高水平民生，最根本的是要发展经济。要深入推进供给侧结构性改革，围绕人们消费需求的升级换代调整生产，改善供给，在不断满足人们全方位、多层次、多样化消费需求的同时，促进全省经济高质量发展。

二要坚持问题导向，着力解决人民群众最为关心的热点问题和难点问题。坚持做好就业创业工作，重点要做好大学毕业生、国有企业改革和去产能分流职工以及退役军人等重点人群的稳岗就业工作，采取多种措施不断提升城乡劳动者的就业能力，鼓励创业带动就业，实现更高质量和更加充分的就业；优化幼儿园、中小学规划布局，着力解决"择校热""大班额"等突出问题，解决好婴幼儿照护和儿童早期教育服务问题，推动教育发展的均衡化与现代化；加快重点民生保障项目的推进实施，完善社会救助体系和住房保障制度，改革完善基本养老保险制度，推进医疗、医保、医药、医院"四医"联动改革，加快推进六大国家区域医疗中心建设，切实提升医疗和健康服务水平；大力推动公共文化和体育事业发展，坚持文化、旅游、体育等事业统筹发展，不断提升经济社会发展的全面性、平衡

性、协调性。

三要坚持合理配置资源，解决发展不平衡问题。随着经济的发展、社会的进步，人民群众的公平、民主、权利意识日益增强，对社会不公问题反应强烈。做好民生工作，要切实解决好区域、城乡、行业等不平衡问题，营造更加公平正义的社会环境，让发展成果真正惠及全体人民，不断增强人民获得感和幸福感。

参考文献

陈润儿：《政府工作报告》，《河南日报》2019 年 1 月 23 日，第 1 版。

谷建全：《强化创新引领　推动高质量发展》，《河南日报》2018 年 8 月 10 日，第 8 版。

谷建全：《围绕五个维度营造良好双创生态》，《河南日报》2018 年 6 月 28 日，第 8 版。

完世伟：《从形与势的统一中坚定必胜信心》，《河南日报》2019 年 1 月 23 日，第 6 版。

完世伟：《河南有能力实现"两阶段"战略目标》，《河南日报》2018 年 3 月 28 日，第 9 版。

B.2

波澜壮阔四十载　出彩中原谱新篇

——改革开放40年河南经济发展回顾与展望

河南省社会科学院课题组[*]

摘　要： 改革开放以来，河南经济发展经历了拨乱反正破冰起航阶段、团结奋进振兴河南阶段、奋力实现中原崛起阶段、努力加快两大跨越阶段以及出彩河南中原奋进阶段。波澜壮阔四十载，河南人民励精图治，用双手书写了河南经济社会发展的壮丽篇章，取得了辉煌成就，迎来了经济发展、政治昌明、文化繁荣的美好新时代。回首过去，40年改革开放河南积累了宝贵经验。希冀未来，河南必将凝聚起中原儿女砥砺前行的磅礴力量，在经济高质量发展、经济强省建设、与全国一道建成小康社会、实现"两阶段"战略目标等方面谱写中原更加出彩新篇章。

关键词： 河南省　改革开放　经济发展　中原崛起

一　伟大历程

自党的十一届三中全会作出把党和国家工作重心转移到经济建设上来，实行改革开放的伟大决策以来，河南就同全国人民一起，凝心聚力，攻坚克

---

* 课题组组长：谷建全。课题组成员：完世伟、高璇、李丽菲、汪萌萌、袁金星、石涛、王芳。执笔：高璇，河南省社会科学院经济研究所副研究员；李丽菲，河南省社会科学院经济研究所助理研究员；汪萌萌，河南省社会科学院经济研究所研究实习员。

难，谱写了中华民族自强不息、砥砺奋进的壮丽诗篇，河南由封闭走向开放，由贫穷落后走向全面小康，由缺粮省份走向国家粮食生产核心区、国人大粮仓、大厨房，由传统工业省份走向新兴工业大省、电子信息产业大省、现代物流业大省，河南人民的面貌、河南的政治经济面貌、社会文化面貌都发生了历史性变化，中原崛起河南振兴富民强省迈出重大步伐，河南正以崭新的姿态呈现在世人面前。根据对相关资料的梳理，改革开放以来的40年，河南经济发展大致上可以划分为五个阶段。

（一）拨乱反正破冰起航的阶段（1978～1990年）

党的十一届三中全会召开之后，河南人民坚决贯彻落实党中央的路线、方针、政策，结束文化大革命，停止以阶级斗争为纲，实行以经济建设为中心，积极投身改革开放伟大事业。为了统一思想，1979年7月河南省委提出"团结起来向前看，一心一意搞四化"的要求，中原儿女在党的带领下，主动清理历史遗留问题，纠正冤假错案，取消人民公社，实行家庭承包，明确"科技兴豫，教育为本"的发展战略，把改革从农村推向城市等，在中原大地掀起了社会主义现代化建设的热潮，整个社会生机勃勃，从长期动乱、极左和僵化状态走了出来。尤其是家庭承包制的实施，一下子解决了困扰河南多年的吃粮问题，也坚定了全省上下通过改革解放和发展生产力的决心。但是这一阶段，由于地理条件封闭不利于开放，思想观念受极左影响较重不敢大胆改革等，对于改革、开放和抢抓机遇等认识不到位，改革动力不足，开放力度不大，支持非公有制经济态度不够鲜明，造成河南与沿海地区经济社会发展差距出现越拉越大的局面。

（二）团结奋进振兴河南的阶段（1990～1998年）

1989年政治风波之后，党中央调整加强了河南领导班子，江泽民同志视察河南，为河南省委做出了"团结奋进，振兴河南"的重要题词，这一指导思想为河南经济社会发展奠定了坚强政治保证。以李长春同志为班长的河南省委领导班子带领广大干部群众，认真贯彻落实中央的方针政策和战略部署，团结意识普遍增强，1991年1月河南省委提出"一高一低"奋斗目标，即经济发展速度和效益要略高于全国平均水平，人口增长速度要低于全国平均水平。围绕"一高一低"的奋斗目标，河南紧抓建立社会主义市场经济体制这一主线，全面实施科教兴豫、开放带动和可持续发展三大战略，坚持加快中原城市群发展、加快全省工业化进程的思路，不失时机地深入推进经济体制改革；坚持以大开放来促进大开发、大发展，全面实施"开放带动战略"的重大决策，下决心闯出内陆经济发展的新路子；坚持实施"科技兴豫"战略，牢固树立科学技术是第一生产力的观念，在全省形成尊重知识、尊重人才的浓厚气氛，探索走出了一条具有河南特点的改革开放、奋进振兴之路，河南这个内陆欠发达省份、传统农业大省实现了跨越发展，在全国位次开始往前赶，成为历史上经济社会发展最好的时期之一，为长远发展打下了坚实基础，积累了丰富经验。

（三）奋力实现中原崛起的阶段（1998～2004年）

河南抓住党的十五大、十六大带来的历史机遇，时任河南省委书记的李克强提出"在保持经济社会较高增长质量和效益前提下实现较高发展速度"这一"两个较高"的发展思路。2001年，《河南省国民经济和社会发展第十个五年计划纲要》强调把质量和效益放在突出位置，强调要坚持以发展为主题，以经济结构调整为主线，以改革开放和科技进步为动力，以提高人民生活水平为根本出发点，继续坚持"一高一低"目标，实施科教兴豫、开放带动、可持续发展战略，推动经济发展和社会全面进步。2003年，时任省委书记李克强在参加全国人大会议期间接受记者采访时，正式提出"中原崛起"概念，并将其纳入河南全面建设小康社会的总体目标。"实现中原崛起"，包括四个方面的内容，一是国民经济持续快速健康发展，二是人民群众生活水平和质量显著提高，三是政治建设和文化建设全面进步，四是经济发展与人口资源环境相协调，这是河南发展思路一次重大的、积极的调整，使河南人民对自身发展有了更加清晰的认识，全省工业化、城镇化进程明显加快，经济总量迅速扩大，在全国地位不断提升。

（四）努力加快两大跨越的阶段（2004～2012年）

这一阶段，河南全省上下全面贯彻落实科学发展观，不断深化对中原崛起的认识，围绕实现中原崛起总体目标，提出了"从经济大省向经济强省跨越、文化资源大省向文化强省跨越"的发展思路。2005年1月，时任省长李成玉在政府工作报告中四次提到中原崛起。2005年4月，时任省委书记徐光春在调研时提出"中原崛起总目标"的概念，包括"农业先进、工商发达、文化繁荣、环境优美、社会和谐、人民富裕"六个方面的内容。2006年10月，省八次党代会明确了中原崛起的历史任务和今后五年的奋斗目标，提出了加快"两大跨越"（经济大省向经济强省跨越，文化资源大省向文化强省跨越）、推进"两大建设"（和谐社会建设和党的建设）的发展思路。为实现中原崛起总目标，河南全面推进中原城市群建设，全面加快"三化"进程，着力解决"三农"问题，全面推进社会主义新农村建设，提出了加快黄淮四市发展的总体要求和目标，在全国率先建立"文化改革发展试验区"，推进文化强省建设。尤其是高度重视文化建设和文化产业发展，强力开发河南厚重历史文化资源，大大提高了河南的地位，迅速提升了河南形象，扩大了河南在国内外的影响。省委、省政府坚持每年办十件实事，努力建设和谐社会，集中力量解决民生问题，实现了全省经济社会协调发展，中原大地政通人和。

（五）出彩河南中原奋进的阶段（2012年至今）

党的十八大以来，河南省委、省政府紧紧围绕"中原更加出彩"的目标要求，结合河南发展的阶段性特征，全面贯彻党的十八大、十九大和习近平总书记调研指导河南工作时的重要讲话精神，提出了切合河南实际的发展思路。2013年，省委、省政府根据党的十八大提出的"五位一体"总体布局和全面提高党的建设科学化水平的新要求，结合河南实际，提出要打造富强河南、文明河南、平安河南、美丽河南"四个河南"和推进社会主义民主政治制度建设、加强和提高党的执政能力制度建设"两项建设"的发展思路。2016 年，省十次党代会明确了确保与全国一道全面建成小康社会，进一步提升河南在全国发展大局中的地位和作用，河南今后五年需要实现建设经济强省、打造"三个高地"、实现"三大提升"三大目标。围绕发展目标，河南毫不动摇地坚持以经济建设为中心，突出以新发展理念为引领，突出以提高发展质量和效益为中心，突出以推进供给侧结构性改革为主线，按照习近平总书记对河南的要求，持续打好产业结构优化升级、创新驱动发展、基础能力建设、新型城镇化"四张牌"，以郑州航空港经济综合实验区、中国（河南）自由贸易试验区、郑洛新国家自主创新示范区和中原城市群"三区一群"建设为抓手，构建支撑河南发展的改革开放创新新支柱，凝心聚力打好转型发展攻坚战，河南发展一派生机勃勃。2018 年，河南省委、省政府强调以党的十九大精神和习近平总书记调研指导河南时的重要讲话为统领，肩负起新时代中原更加出彩的历史使命，提出了"以党的建设高质量推动经济发展高质量"的发展思路。王国生书记提出要以习近平新时代中国特色社会主义思想为指引，深入贯彻新发展理念，站位新时代，拓宽新视野，着眼长远谋划发展，积极寻求新突破，以党的建设高质量推动经济发展高质量。

二 辉煌成就

40 年改革，成就了河南经济社会发展的巨大辉煌，40 年开放，河南由内陆腹地变为开放前沿。在 40 年波澜壮阔的改革开放大潮中，河南从奋进到崛起，由振兴到出彩，谱写了中原儿女自强不息、砥砺奋进的壮丽诗篇，中原大地发生了辉煌巨变，中国特色社会主义在河南取得了巨大成就，中原更加出彩迈入新时代。

（一）经济发展鼓舞人心

改革开放以来的 40 年，是河南经济大踏步前进的 40 年，是综合影响力显著提升、实现历史性跨越的 40 年。40 年来，从"温饱不足"到总体小康,河南坚持以经济建设为中心,经济总量先后突破5000亿元、1万亿元、4万亿元大关,自2002年稳居全国第五位、中西部地区首位,人均GDP由全国第28位跃升至第19位,河南的发展势能蓄积壮大,经济综合竞争力大幅度提升。2017年河南实现生产总值44988.2亿元,是1978年的275倍。人均生产总值不断提高,在人口净增3785.85万人的情况下,由1978年的232元增加到2017年的47130元,增长了202倍。经济总量不断迈上新台阶,改革开放初期全省GDP总量仅为162.92亿元,1991年跨上千亿元台阶,2005年突破1万亿元大关,2013年突破3万亿元大关,2016年突破4万亿元大关。经济规模不断增大,党的十八大以来稳居全国第五位,中西部地区首位,占全国经济总量的份额由1978年的4.47%提升到2017年的5.44%,已经成为我国经济快速发展的动力之源、稳定之锚。经济持续快速增长,40年来河南以平均10.91%的速度增长,高于同期全国平均水平1.42个百分点。财政实力显著增强,2017年河南一般公共预算收入3396.97亿元,比1978年增加了100倍。产业结构不断优化,全省三次产业结构由1978年的39.8∶42.6∶17.6调整为2017年的9.6∶47.7∶42.7,全省经济结构逐渐由第一、二产业主导向服务业主导转变,有力推动了全省经济的转型升级。区域结构优化重塑,依托综合交通运输通道,河南积极构建"一极三圈八轴带"发展格局,打造优势互补、密切协作的区域协同发展新格局。需求结构持续改善,2017年,河南省社会消费品零售总额达19667亿元,稳居全国第五位,消费对河南省经济的贡献力已接近一半,是拉动经济增长的关键引擎。城镇化稳步推进,在农村经济体制改革、户籍制度改革等系列政策推动下,2017年河南的常住人口城镇化率首次突破50%,达到50.16%,历史性进入城镇生活为主阶段,与全国平均水平的差距进一步缩小。

(二)基础设施不断升级

改革开放以来的40年,是河南变发展瓶颈为优势支撑的40年,是发展基础不断夯实、供给能力不断提升的40年。40年来,河南坚持农业基础地位不动摇,逐步走出了一条统筹协调破解"三农"难题、走向现代化的新路，农耕社会正向着更加快捷高效的工业社会迈进。粮食全年总产量由1978年的2097.4万吨增长到2017年的5973.40万吨，增长了1.85倍，玉米、大豆等产品的产量一直稳居全国前三位。工业生产能力不断提升，纱、粗钢等产量大幅增长，汽车产量由2000年的7903辆增长到2017年的47.11万辆，手机产量由2010年的2.2万台增长到2017年的29658.35万台。交通网络日益完善，运输结构不断优化，形成了铁路、公路、航空、水运、管道等相结合的综合交通运输体系，综合运输能力不断提升。2017年全省铁路、高速公路通车里程是1978年的1.5倍、80.53倍，郑州—卢森堡"空中丝绸之路"每周18班全货机满负荷运行，中欧班列（郑州）实现每周"去八回八"高频次运营。信息基础设施服务能力大幅提升，积极实施信息基础设施提升工程，推动"两化"融合、智慧城市、农业信息化、信息惠民向深度拓展，基础支撑能力大幅提升。邮电业务总量由1978年的7120万元增长到2017年的1816.04亿元，电话普及率由1978年的0.17部/百人增长到2017年的102.40部/百人，互联网用户由2000年的67.52万户增长到2017年的9670.80万户。

（三）改革开放成效显著

改革开放以来的40年，是河南开创改革发展新局面的40年，是及时跟进中央重大决策部署、不断推进改革开放历史进程的40年。40年来，河南坚持以促进社会公平正义、增进人民福祉为出发点和落脚点，以永不懈怠的精神状态和一往无前的奋斗姿态，不断推进"创新驱动发展""供给侧结构性改革""简政放权""转型升级""全面从严治党"等，重点领域和关键环节改革不断深化，全社会发展活力和创新活力明显增强。行政管理制度改革有序推进，1983年河南按经济区划推行了市领导县体制，是河南省对政府机构进行的首次改革。1993年，河南省行政管理体制改革逐渐转到转变政府职能、实现政企分开、强化政府宏观调控能力上来。2013年，围绕转变政府职能，河南按照简政放权、放管结合、优化服务展开新一轮行政管理制度改革，进一步激发了经济社会发展的内生动力。国有企业改革不断深入，1979 年 8 月，河南选择安阳钢铁厂等 100 家企业进行试点，由此河南展开了国有企业改革的第一阶段。2014 年 11 月河南对新一轮国企改革做出了全面安排和部署，明确了改革的基本原则、主要目标、工作重点和保障措施，标志着河南新一轮国企改革正式启动。财税体制改革取得突破，党的十八届三中全会以来，河南省财政厅紧紧围绕河南省委、省政府和财政部决策部署，确定了以预算管理制度改革为主体，以预算管理流程优化和现代信息支撑强化为两翼的"一体两翼"财政改革总体思路，各项改革稳步推进，成效显著。国土资源管理改革全面展开，2014 年河南省深化国土资源管理机制改革全面启动，推进土地资源开发利用改革、"多规合一"空间规划改革、矿产资源管理改革和国土资源服务手段改革，努力为经济社会发展提供资源、资产、资本三位一体支撑，更好服务保障全省经济社会发展。

（四）科技创新成果涌现

改革开放以来的 40 年，是河南省持续推进创新型强省建设的 40 年，是发展新动能快速崛起、重大科技成果不断涌现的 40 年。40 年来，河南坚持以创新发展为主要驱动力，不断加大科研投入，壮大人才队伍，科技实力明显增强，培育形成了特高压变电装备、新能源客车、盾构等一批在国内具有技术和市场优势的产业，涌现出中信重工、中铁装备、森源电气、宇通客车等一批创新型企业，神舟系列飞船、C919 大飞机、蛟龙号载人潜艇等上天入海的国之重器都有河南装备的身影，创新型强省建设取得了重大突破。科技投入不断增加，2017 年河南的 R&D 经费投入 516.8 亿元，是 2000 年的20.84 倍，占 GDP 比重达到 1.29%，研发经费投入强度明显提高。科研队伍发展壮大，2016 年河南有 R&D 活动的单位数 3112 个，是 2010 年的 2 倍，R&D 人员 24.99 万人，是 2010 年的 1.73 倍，其中各类研究机构是河南研发的主导力量。科技实力明显增强，2017 年全年申请专利 119243 件，是 2000年的 31 倍，授权专利 55407 件，是 2000 年的 20 倍，有效发明专利 28615件，是 2000 年的 137 倍。科技发展平台增加，截至 2017 年，河南共有国家高新区 7 家，国家级企业技术中心 84 个，国家级工程实验室（工程研究中心）46 个，院士工作站 292 家。创新驱动深入推进，河南扎实推进郑洛新国家自主创新示范区建设，高新技术企业达到 2270 家，科技型中小企业突破 1.6 万家，创新创业热潮在中原大地蓬勃兴起。

（五）人民生活显著改善

改革开放以来的 40 年，是河南城乡居民生活由温饱不足到总体小康再向全面小康迈进的 40 年，是河南改善民生力度最大、群众得到实惠最多的 40 年。40 年来，无论是城乡居民收入的大幅度提升，还是居民生活条件不断改善，无论是就业规模稳步扩大，还是义务教育"全面改薄"工作加快推进，无论是社会保障事业持续推进，还是脱贫攻坚成效卓著，河南始终坚持把改革作为一场深刻的革命，坚持以人民为中心推动改革，从着力解决温饱问题到啃"硬骨头"，给人民群众带来更多获得感，全省农民生活水平向全面建设小康社会目标迈进。城乡居民收入大幅提升，全省城镇居民人均可支配收入由 1978 年的 291 元提高到 2017 年的 29557.86 元，农村人均纯收入由 1978 年的 101.4 元提高到 2017 年的 12719.18 元。城乡人民就业充分，2017 年末河南城镇登记失业率为 2.76%，第三产业逐渐成为吸纳就业的主渠道，2016 年末，第二、三产业就业人员占比分别为 30.6% 和 31%，比 1978 年末提高 26.2 个和 26.9 个百分点。社会保障事业持续推进，2017 年末，河南参加城镇职工基本养老保险、城镇职工医疗保险、失业保险、工伤保险、生育保险的人数分别达到 1897.49 万人、1228.23 万人、805.57 万人、900.88 万人、692.73 万人。脱贫攻坚成效卓著，截至 2017 年，全省 576 万多农村贫困人口脱贫，4840 个贫困村退出贫困序列，贫困发生率下降到 3.7%。

（六）美丽河南魅力彰显

改革开放以来的 40 年，是河南对生态环境保护认识发生深刻变化的 40 年，是环境质量由恶化转向逐步改善的 40 年。40 年来，河南牢固树立尊重自然、顺应自然、保护自然的生态文明理念，坚定走生态优先、绿色发展之路，强化资源节约循环高效利用，实行能源和水资源消耗、建设用地等总量和强度双控行动，深入实施蓝天工程、碧水工程、土壤污染防治工程，完善生态文明制度体系，推动形成绿色生产方式和生活方式，努力在"金山银山"和"绿水青山"之间画上等号。深入推动能源领域改革和能源转型，能源结构不断优化，2000 年以来，煤炭在能源消费中的比重下降了 11 个百分点，非化石能源占比上升了 4.8 个百分点，全省万元 GDP 能耗下降6.6%。深入实施蓝天工程、碧水工程、土壤污染防治工程，2017 年河南主要污染物排放总量大幅减少，单位生产总值能耗下降 25% 左右，PM10、PM2.5 浓度分别降至 106 微克/立方米、62 微克/立方米，SO_2 平均浓度为 22微克/立方米，全省水体质量改善幅度高于全国平均水平。生态修复持续推进，截至 2017 年，全省森林覆盖率由 1980 年的 9.97% 提高到 24.53%，增长了 14.56 个百分点，治理水土流失面积 4.03 万平方千米，建设塘坝、谷坊、水窖等小型水保土设施 136 万座，坡耕地改造 30 多万亩，60% 以上的水土流失面积得到有效控制。目前，行走在中原大地，无论是东南部的大别山区还是西北部的太行山麓，无论是豫东平原还是豫西山地，无论是黄淮两岸还是南水北调中线工程，到处山清水秀、绿意盎然。

（七）社会事业繁荣发展

改革开放以来的 40 年，是河南社会事业大发展大繁荣的 40 年，是公共服务水平巩固提升、人民群众获得感不断增强的 40 年。40 年来，河南坚持以促进社会公平正义、增进人民福祉为出发点和落脚点，在促进经济快速发展的同时，围绕保障和改善民生，加大科技、教育、文化、卫生、体育等领域的投入，教育事业成效显著，卫生事业稳步推进，民生事业不断改善，文化事业欣欣向荣。教育事业成效显著，2017 年学前三年毛入园率为86.45%，九年义务教育巩固率为 94.26%，国民受教育程度大幅提升。高等教育向普及化阶段快速迈进，普通高等学校招生人数由 1978 年的 1.39 万人增加到 2017 年的 63.57 万人，在校学生由 1978 年的 2.73 万人增加到2017 年的 200.47 万人，高等教育毛入学率达到 41.78%。文化事业长足发展，2017 年河南的文化馆、公共图书馆、博物馆分别达到 206 个、158 个、

335 个，广播综合人口和电视综合人口覆盖率分别达到 98.62% 和 98.84%。公共卫生事业成就瞩目，2017 年末全省共有卫生机构 71090 个，比 1978 年增长 8.66 倍，卫生机构病床床位 55.90 万张，比 1978 年增长 4.48 倍，卫生技术人员 57.84 万人，比 1978 年增长 4.06 倍，居民预期寿命提高到 74.57 岁。

三　宝贵经验

习近平总书记曾经指出："改革开放是我们党和人民大踏步赶上时代前进步伐的重要法宝，是坚持和发展中国特色社会主义的必由之路。"2018 年是中国改革开放 40 周年，我们正处在决胜全面建成小康社会，并乘胜而上开启全面建设社会主义现代化强国建设的历史交会期，回看河南走过的路，40 年苦心探索、40 年风雨兼程、40 年沧桑巨变，充分体现了改革开放的巨大威力，显示了中国共产党领导的远见卓识。然而，改革开放是一项系统性、长期性、复杂的伟大工程，我们有必要回顾和梳理河南改革开放 40 年的宝贵经验，为今后写好全面深化改革这篇大文章，加快打造全面开放新格局，进而在新时代实现中原更加出彩提供理论支撑。河南改革开放的基本经验，可以概括为以下四个方面。

（一）坚持改革开放旗帜不动摇

改革开放是中国共产党在新的历史条件下领导中国人民进行的伟大革命，是新时期引领中国特色社会主义伟大事业进入新境界的强大动力，也是河南必须坚持的强省之路、富民之路。旗帜明确方向，旗帜引领发展。党的十一届三中全会以来，河南始终坚持高举中国特色社会主义伟大旗帜，不忘初心、风雨兼程，始终坚持贯彻改革开放的基本国策，明确了河南发展的正确方向，走好了发展中最紧要的几步，形成了开放格局大、战略平台多、创新活力强，改革范围广、层次深的良好局面，全省经济快速发展、人民生活更加幸福。河南高举开放旗，不断解放思想，消除封闭保守旧思维，充分利用河南交通物流区位优势，以建设、融入"空中、陆路、网上丝绸之路"

为突破口，以郑州航空港经济综合实验区、中国（河南）自由贸易试验区、跨境电子商务综合试验区、国家大数据综合试验区等开放平台建设为抓手，创新性地提出内陆地区全方位开放的新路径，初步形成了联通欧亚、东西互济、横贯南北的开放发展格局；河南高举改革旗，从开始的摸着石头过河、积极探索家庭联产承包责任制，再到现在以供给侧结构性改革为主线，全面深化行政体制、国企、"放管服"、金融财税、农村土地管理和医疗卫生体制改革，大刀阔斧地深化政治体制改革，中原大地的经济活了、环境美了、社会安了、保障全了，人民群众的获得感极大增强。历史和实践昭示我们，只有继续坚持高举改革开放的伟大旗帜，不断在新时代中国特色社会主义的伟大征途中进行伟大社会革命、完善自身体制机制，才能在全球经济的海洋中搏击风浪、行稳致远，才能实现以党的建设高质量推动经济发展高质量，奋力实现由大到强的历史性转变，肩负起中原更加出彩的历史使命。

（二）坚持市场化改革方向

市场化改革是盘活中国经济、激发社会活力的必然选择。改革开放40年来，中国经历了从贫穷到富裕、从闭塞到开放、从落后到复兴的历史性转变，究其原因，就是坚持了市场化的改革方向。从"姓资姓社"的大讨论，到承认"市场在资源配置中起基础性作用"，再到党的十八届三中全会明确提出让市场起"决定性"作用，中国市场化改革的历程就是在中国特色社会主义制度的条件下最大限度地发挥市场经济优势的过程。从1978年到1992年，河南省着力破除旧的计划经济体制、探索市场化改革的步骤和方法，形成社会主义市场化经济的初步框架；从1993年到现在，河南省委、省政府坚决贯彻落实党和国家有关市场化改革的指示精神和方针政策，坚定不移地推进市场领域的体制改革，根据地方特色出台了大量的政策和措施，取得了显著成效。随着改革开放事业的全面深化推进，供给侧结构性改革成为市场化改革在新时代新的突破点。尤其是党的十八大以来，河南认真贯彻落实习近平新时代中国特色社会主义思想，充分发挥经济体制改革引领全局的作用，以供给侧结构性改革为主线，有效推进"三去一降一补"，国企改革攻坚成果显著，僵尸企业安全有序退出市场；放管服改革渐入佳境，营改增试点工作全面推开，"减税降费"效果明显；农村土地承包经营权确权登记颁证基本完成，集体经营性建设用地入市、农村承包土地经营权和农民住房财产权抵押贷款国家试点稳步推进；国际营商环境明显改善，市场主体活力显著提高。由此可见，市场化改革正在为河南经济社会高质量发展注入强大动力，并将给河南经济强省建设、实现中原更加出彩奠定坚实的基础。习近平总书记在中央政治局第十次集体学习时强调："只有坚持市场化改革方向，才能充分激发市场活力。"目前，影响市场发挥基础性作用的因素依然存在，市场化改革复杂性、艰巨性凸显，河南要想进一步激发全社会活力和创造力，就必须继续坚持市场化改革的方向，以市场规律为准绳，以全面深化改革为冲破利益固化藩篱的利器，为社会主义市场经济的巨轮保驾护航，使其披荆斩棘、乘风破浪，驶入更加广阔的海洋。

（三）坚持先行先试，敢为人先

坚持先行先试，敢为人先，是实现全面深化改革、持续扩大开放、抢抓发展机遇的重要法宝。河南改革开放以来所经历的每次大转折、大跨越、大发展，可以说，都是与"先行先试，敢为人先"的勇气担当分不开的。从改革开放初期的农村改革到"人地挂钩"的试点，到21世纪初首次提出"中原崛起"战略、全面推进中原城市群建设、创新提出了"两大跨越、两大建设""两不牺牲、三化协调"等符合河南实际的发展思路；敢为人先、统揽发展格局，高前瞻性、高规格、大手笔规划建设郑东新区，再到这些年大力推进"一带一路"节点城市建设，"无中生有"开辟网上、海上和陆地开放通道，建设实体和虚拟开放平台、创新和完善开放体制，成功打造"不靠海不沿边，一条跑道飞蓝天"的河南"自主品牌"，全省多领域出彩加速汇集、多彩态势明显。如今，河南拥有客货运吞吐量中部地区"双第一"的郑州机场，架起中国内陆与欧洲经济交流合作桥梁的郑州—卢森堡"空中丝绸之路"，综合指标全国领先的中欧班列（郑州）等在全国叫得响的明星项目；另外，全省体制机制改革也渐入佳境，具有地方创新特色的海关监管模式成为我国跨境电商监管的模板，自贸区"35证合一"在全国率先实行，行政机构改革进展如火如荼；更可喜的是"米"字形高速铁路网建设获得实质性进展，极大地强化了河南的现代综合交通枢纽优势，为国家中心城市建设奠定了重要的基础。站在新的历史起点上，改革开放的形势更加复杂、敏感和艰巨，要想实现中原更加出彩，河南必须继续坚持先行先试、敢为人先的勇气担当，早谋划、早落实，稳步推进机构改革、深化"放管服"改革、打好国企改革攻坚战和推动民营经济健康发展；巩固、提升和优化先行先试的开放成果，充分发挥国家战略规划和平台的示范引领作用，努力把"政策高地"建设成"示范和经验推广高地"，奋力开创河南发展的新局面。

（四）坚持发展依靠人民，改革成果由人民共享

人民是建设中国特色社会主义事业的主体，是决定党和国家前途命运的根本力量。党的十一届三中全会以来，河南历届省委、省政府不断践行全心全意为人民服务的根本宗旨，坚持"从群众中来，到群众中去"的工作方法，将贯彻党的群众路线与改革开放的伟大事业结合起来，将依靠人民和执政为民统一起来，全面推动经济社会健康持续发展。习近平总书记指出："国家建设是全体人民共同的事业，国家发展过程也是全体人民共享成果的过程。"改革开放的成果由人民共享是社会主义的本质要求和中国共产党宗旨的体现，也是解决社会公平正义问题的关键，只有坚持改革成果由人民共享，才能保障社会稳定团结，实现经济均衡发展。40年来，河南从解决人民的温饱问题开始，积极出台扶农、惠农、强农政策，从一开始的"粮食自给自余"，到21世纪初的"打造大粮仓大厨房"，再到现在的"现代农业强省建设"，农业发展水平极大提高，农村生活环境更美了，农民人均可支配收入更多了；教育、就业方面，"科教兴豫"和"人才强省"战略稳步实施，城乡居民就业规模不断扩大，就业结构日趋优化；步入新时代，河南全面深化收入分配制度改革，全省城乡居民人均可支配收入逐年递增、收入差距继续缩小，形成了城乡居民收入水平稳步提高和收入分配制度不断完善两

者互促互进的良好局面。另外，社会保障制度、城乡医疗卫生保健体制更加完善，精准扶贫成效显著，环境保护观念深入人心，社会治理水平稳步提高，人民的获得感不断增强。河南40年的改革历程，本质上就是以人民智慧为智囊团做决策，以人民利益为出发点谋发展的过程。河南的实践使我们认识到，只有牢记全心全意为人民服务的宗旨，坚持发展依靠人民，发展成果由人民共享，才能充分发挥人民群众作为历史创造者的作用，在实现中原更加出彩的征程中谱写更加绚丽的篇章。

四　光明前景

改革开放40年来，河南人民励精图治，用双手书写了河南经济社会发展的壮丽篇章，取得了辉煌成就，迎来了经济发展、政治昌明、文化繁荣的美好新时代。希冀未来，河南必将凝聚起中原儿女砥砺前行的磅礴力量，在经济高质量发展、经济强省建设、与全国一道建成小康社会、实现"两阶段"战略目标等方面谱写中原更加出彩新篇章。

（一）经济高质量发展态势向好

党的十九大报告明确指出，我国经济已由高速增长阶段转向高质量发展阶段。河南省委十届六次全会把推动经济发展高质量摆在了更加突出的位置，强调要以党的建设高质量推动经济发展高质量。经济高质量发展是体现新发展理念的发展，是建设现代化经济体系的发展，亦是质量变革、效率变革、动力变革的发展。展望未来，河南经济高质量发展态势向好。

一是经济结构调整不断深化。近年来河南不断进行调整，经济结构优化态势逐渐显现。在产业结构方面，通过持续深化供给侧结构性改革，供给结构不断优化；通过更加注重品牌效益、质量标准，供给效率不断提升。在城乡结构方面，通过推动新型城镇化建设，让城市建设和乡村振兴互促共进、相得益彰。在区域结构方面，按照错位发展、特色发展、竞相发展的原则，不断缩小地区差距。

二是创新能力持续提升。随着创新驱动发展战略的深入实施，河南创新能力显著增强，以创新驱动经济发展态势正逐渐显现。创新载体实力不断提升，围绕郑洛新国家自主创新示范区建设，有效推动了创新能力的全面提升。创新主体不断强化，通过创新思路、渠道、方法等，企业主体地位得到不断强化，使企业真正成为科技创新、管理创新、模式创新的主体。创新机制不断健全，通过深化科技体制改革，使创新活力得到全面激发。

三是高质量发展短板逐渐补齐。近年来，河南出台了大量政策措施就打好防范化解重大风险、精准脱贫、污染防治三大攻坚战进行了努力，有针对性地解决了一些突出问题，如违法集资得到有效控制、脱贫攻坚成效显著、空气指数优良天数逐渐增加等，高质量发展短板补齐态势逐渐显现。

（二）经济强省建设前景可期

河南省第十次党代会报告明确提出了经济强省建设目标，即通过五年努力，提高发展的平衡性、包容性、可持续性，实现经济总量大、结构优、质量效益好的有机统一。展望2022年，河南先进制造业将迈上新台阶，现代服务业比重将持续提升，农业现代化水平会不断提高，网络经济将会大力发展，经济强省建设前景可期。

一是先进制造业强省建设持续推进。随着"中国制造2025"河南行动的推进实施，坚持做大总量和调优结构并重、改造提升传统产业和积极培育战略性新兴产业并举，推进了河南信息技术与制造业深度融合，促进了制造业向集群化、智能化、绿色化、服务化转型升级，先进制造业强省前景光明。

二是现代服务业强省建设快速推进。充分利用区位交通优势、旅游资源优势等多种优势，坚持扬优势、补短板，有效推动了现代物流业、现代金融业等高成长性服务业快速发展，商贸、餐饮、旅游等传统服务业提档升级，实现了生产性服务业向专业化转变、向价值链高端转变，生活性服务业向精细化、个性化、品质化发展，现代服务业强省前景可期。

三是现代农业强省建设有效推进。围绕国家粮食生产核心区战略建设，按照乡村振兴战略部署安排，通过大力实施高标准良田工程、农业产业化集群工程、农民收入提升工程等，有效推动了农业一二三产业融合发展，提高了农业现代化水平，提升了农民收入，现代农业强省未来可待。

四是网络经济强省建设不断推进。随着"互联网＋"行动计划的实施，围绕国家大数据综合试验区、国家级互联网骨干直联点、郑州跨境电子商务服务试点等建设，提升了信息基础设施条件，推动了分享经济、体验经济等新兴经济发展，实现了商业、服务、管理等模式创新，网络经济强省指日可待。

（三）同全国一道全面建成小康社会即将实现

党的十九大做出关于全面建成小康社会的战略安排，河南积极响应，并迅速做出了部署，突出抓重点、补短板、强弱项，把如期建成小康社会、开启新时代河南全面建设社会主义现代化新征程作为现阶段主要任务加以推进。展望 2020 年，河南能与全国一道全面建成小康社会。从基础数据来看，2000 年以来，河南地区生产总值、财政收入、居民收入等基础经济指标增速均高于全国平均水平，这为与全国一道全面建成小康社会提供了基础支撑。从综合实力来看，随着"三区一群"国家战略叠加效应充分彰显，"米"字形高速铁路网的全面开工建设，现代基础设施网络框架基本建立，这为与全国一道全面建成小康社会提供了基础保障。从具体做法来看，一是转型发展取得了重大突破，一二三产业结构更加优化，二三产业占比已超过90％，战略性新兴产业比重逐渐提升，农业现代化水平、制造业先进化水平、服务业现代化水平全面提升，有助于与全国一道全面建成小康社会。二是脱贫攻坚任务稳步有序推进，按照省委、省政府《河南省打赢脱贫攻坚战三年行动计划》工作安排，河南脱贫攻坚任务正稳步有序推进。据统计，截至 2018 年 10 月底，河南脱贫攻坚年度任务已超额完成，有效确保了现行标准下的农村贫困人口稳定脱贫，贫困村全部达到脱贫标准，退出贫困序列，贫困县全部摘帽。三是环境治理成效显现，近年来在省委、省政府的大力治理下，大气、水、土壤等生态环境质量得到全面改善，绿色低碳生活方式、生产方式得到提倡和发展。据统计，2018 年前 222 天，优良天数达到了 111 天，实现了有数据记录以来优良天数最高值，与全国平均水平差距正在不断缩小。四是社会事业得到全面进步，全民受教育程度和健康水平得到进一步提升，社会保障体系更加完备，人民生活水平进一步提高，保证了人民获得感和幸福感的提升。

（四）"两阶段"战略目标未来可待

按照党的十九大新时代"两阶段"战略安排，河南进行了"两阶段"战略部署，即到 2035 年与全国同步基本实现现代化，到 21 世纪中叶建成富强民主文明和谐美丽的社会主义现代化强省。面对新时代新阶段新要求，河南有能力实现"两阶段"战略目标。

一是拥有良好发展基础。历经 40 年的努力，河南经济发展取得辉煌成就，基础设施建设迈上新台阶，这都为实现"两阶段"战略目标提供了重要的基础支撑。河南拥有良好的经济基础，从发展总量上看，河南地区生产总值多年稳居全国第五位，近五年年均增长率为 8.4%，较全国平均水平高出 1.3 个百分点；河南财政收入持续增长，近五年年均增长率达 9.8%，已成功迈上 5000 亿元台阶。从发展结构上看，第一产业比重持续降低，二三产业特别是第三产业比重持续提升，二三产业比重已超过 90%。河南拥有良好基础设施，随着"米"字形高速铁路网建设的快速推进，初步搭建了多式联运、高效互通的现代综合交通体系；随着南水北调中线工程建成通水，"用水难"问题得到极大改善；随着全国十大通信网络交换枢纽地位的确立，通信设施水平位居全国前列。

二是拥有明显发展优势。改革开放 40 年来，河南经济发展优势进一步凸显，这为实现"两阶段"战略目标提供了重要的保障。近年来，郑州航空港经济综合实验区、郑洛新国家自主创新示范区、中国（河南）自由贸易试验区、中原城市群等多项国家战略获批实施，战略叠加效应逐步显现。随着国家"一带一路"倡议的深入推进，"米"字形高铁的全面建设，河南交通区位优势进一步显现。此外，河南拥有上亿人口规模，且 70% 属于劳

动年龄人口，人口红利持续显现。

三是"两阶段"战略目标切实可行。"两阶段"战略目标落实到具体指标上来，即到21世纪中叶河南同全国一样GDP总量较2020年翻两番。据推算，2020年到2035年间GDP年均增速达到5.5%，2035年GDP就能实现较2020年翻一番的目标；2035年到2050年间GDP年均增速保持在4.5%以上，到2050年就能实现GDP较2035年翻一番的目标。

参考文献

赵素萍：《河南改革开放四十年》，河南人民出版社，2018。

韩庆祥：《决定当代中国命运的关键一招》，《人民日报》2017年5月23日。

徐绍史：《改革开放是决定当代中国命运的关键一招》，《人民日报》2013年11月19日。

谢伏瞻：《深入贯彻党中央治国理政新理念新思想新战略　为决胜全面小康让中原更加出彩而努力奋斗》，《河南日报》2016年11月7日。

张占仓：《河南从内陆腹地迈向开放发展前沿》，《河南科学》2017年第2期。

完世伟：《河南决胜全面小康论》，社会科学文献出版社，2016。

完世伟：《河南有能力实现"两阶段"战略目标》，《河南日报》2018年3月28日。

调查评价篇

Survey and Evaluation

B.3

2018年中原经济区省辖市经济
综合竞争力评价

河南省社会科学院课题组[*]

摘　要： 中原经济区是以中原城市群为支撑、涵盖河南全省延及周边
地区的经济区域。截至2017年底，中原经济区总常住人口约
1.65亿人，GDP约6.78万亿元，是我国发展大局中的重要
增长板块。本课题组构建了涵盖27个统计指标的评价体系，
对2018年中原经济区省辖市经济综合竞争力进行评价，并结
合排名情况展开了分析。进入新时代以后，中原经济区在稳
定经济发展的同时，要加快实现高质量发展，持续深化改革
开放，打好决胜全面建成小康的攻坚战，促进区域间协调发

* 课题组组长：谷建全；课题组成员：完世伟、武文超、林园春、李斌、赵然、石涛、崔理想；
执笔：武文超，河南省社会科学院经济研究所副研究员。

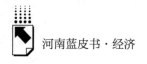
展，不断提高省辖市经济综合竞争力。

关键词： 中原经济区　省辖市　经济综合竞争力　河南

一　中原经济区发展现状

中原经济区是以郑汴洛都市区为核心、中原城市群为支撑、涵盖河南全省延及周边地区的经济区域，涵盖了河南、安徽、山东、河北和山西的 30 个省辖市和 3 个区、县，覆盖面积约 29 万平方千米。中原经济区位于中国地理版图的中间腹地，有人口众多、市场潜力巨大、文化底蕴深厚等特点，是我国重要的粮食生产基地，发展定位于全国三化协调发展示范区、全国重要的经济增长板块、全国区域协调发展战略支点和重要的现代综合交通枢纽、华夏历史文明传承创新区。2011 年由国务院出台《关于支持河南省加快建设中原经济区的指导意见》，中原经济区上升为国家战略，2012 年 11 月 17 日，国务院批复《中原经济区规划》（2012～2020 年）。根据中原经济区所覆盖的省、市、县区所公布的统计年鉴和统计公报当中的数据测算，截至 2017 年底，中原经济区范围内的常住人口达到约 1.65 亿，约占全国人口总量的 11.89%，常住人口城镇化率约为 49.6%；生产总值约为 6.78 万亿元，约占我国国内生产总值的 8.26%；人均地区生产总值约 4.15 万元，约达到全国平均水平的 70.1%。

2017 年，党的十九大胜利召开，大会报告中提出，中国特色社会主义进入新时代，中国经济从高速发展阶段转向了高质量发展阶段。在新的发展阶段，中原经济区积极贯彻新发展理念，紧抓发展机遇，推动了经济社会全面发展。2017 年，中原经济区实现地区生产总值 6.78 万亿元，按可比价格增长 7.1%，占全国经济总量的 8.26%；中原经济区积极推动产业转型升级，三次产业结构比例达到 10.1∶47.5∶42.4；财政收入不断提高，全年实现地方一般公共预算收入 4834.63 亿元，比 2016 年增加 345.17 亿元，增长约 7.7%；实现社会消费品零售总额 3.08 万亿元，增长 11.4%；实现固定资产投资 6.26 万亿元，增长 5.6%。与此同时，中原经济区通过加强基础设施建设补短板，推动交通、信息等基础设施建设快速发展。2017 年，中原经济区高速公路里程达到约 1.08 万千米，互联网宽带接入用户数约 3341 万户。深入贯彻实施创新驱动发展战略，2017 年，中原经济区科学技术支出达到约 159 亿元，专利授权数约 7.63 万件，有力地推动了新旧动能转换；对外开放步伐加大，2017 年中原经济区实现货物进出口总额 1015 亿美元，实际利用外资达到 238 亿美元。人民生活不断改善，生态环境持续优化。2017 年，中原城市群居民人均可支配收入约为 1.96 万元，增长 9.7%，森林覆盖率达到 27.4%，当年单位 GDP 能耗平均降低 6% 左右。党的十九大的召开、中原城市群规划的实施，为中原经济区在新时代的发展提供了新的方向和指引，中原经济区将全面贯彻创新、协调、绿色、开放、共享的发展理念，坚持三化协调、四化同步的发展道路，着力推动经济社会迈向高质量发展，着力推动区域协调发展，不断破解过去发展中存在的不平衡、不充分问题。

二 2018年中原经济区省辖市经济综合竞争力评价体系

课题组构建了包含 3 个一级指标和 27 个基本统计指标的中原经济区省辖市经济综合竞争力评价指标体系。该指标体系一方面考虑到以往评价指标体系的延续性，另一方面考虑到新时代的新发展理念和高质量发展的新要求，同时考虑到数据来源和指标统一性，经过课题组的分析和讨论，构建了中原经济区省辖市经济综合竞争力评价指标体系。

（一）评价指标体系的设定

2018 年的中原经济区省辖市经济综合竞争力评价指标体系包括了 3 个一级指标、11 个二级指标和 27 个基本统计指标（见表 1），指标构成基本延续了上一年的指标体系。一级指标分别是经济发展指标、结构质量指标和支撑要素指标,其中,经济发展指标包括经济规模、居民收入、发展速度、对外经济和财政金融5个二级指标,结构质量指标包括城乡结构、产业结构和发展质量3个二级指标,支撑要素指标包括科技创新、交通通信和医疗卫生3个二级指标。每个二级指标又包含若干基本统计指标。总体来看,指标构成覆盖了经济综合竞争力的主要方面,而且统计指标包括了规模类指标、人均类指标、增速类指标和占比类指标,基本符合中原经济区省辖市经济综合竞争力评价指标体系所要求的全面性、科学性等原则。

表1 2018年中原经济区省辖市经济综合竞争力评价指标体系

	一级指标	二级指标	基本指标
2018年中原经济区省辖市经济综合竞争力评价	经济发展指标	经济规模	地区生产总值(亿元),常住人口(万人),人均地区生产总值(元),全社会消费品零售总额(亿元),固定资产投资总额(亿元)
		居民收入	城镇居民人均可支配收入(元),农村居民人均可支配收入(元)
		发展速度	地区生产总值增速(%),人均地区生产总值增速(%)
		对外经济	实际利用外资(亿美元),进出口总额(亿美元)
		财政金融	一般公共财政预算收入(亿元),公共财政预算支出(亿元),年末金融机构存款余额(亿元),年末金融机构贷款余额(亿元)
	结构质量指标	城乡结构	城镇化率(%)
		产业结构	第二产业占地区生产总值比重(%),第三产业占地区生产总值比重(%)
		发展质量	规模以上工业利润总额(亿元),单位生产总值能耗(吨标准煤/万元),单位生产总值能耗降低率(%)
	支撑要素指标	科技创新	研发经费支出(亿元),研发经费支出与地方生产总值比重(%)
		交通通信	人均移动电话用户数(户/人),人均民用汽车拥有量(辆/人)
		医疗卫生	每万人卫生技术人员数(人),每万人卫生机构床位数(张)

（二）评价模型和数据来源

2018 年的中原经济区省辖市经济综合竞争力评价仍延续往年的计算方法，通过专家打分法为指标体系赋权，然后通过线性加权法逐层进行计算，计算过程在此不做赘述。评价指标体系的 27 个基本指标涵盖了经济社会发展中的多个维度的指标，在指标构成上延续了上年的设定。与此同时，为了更好地体现新时代高质量发展的新要求，更充分地反映供给侧结构性改革、创新驱动、民生为本等新发展理念，在指标体系构成不变的情况下，降低了经济发展指标的权重，同时提高了结构质量指标的权重。

2018 年中原经济区省辖市经济综合竞争力评价指标体系当中包含的 27 个基本指标数据采集于河南、山东、安徽、山西省的 2018 年统计年鉴，各省的 2017 年科技经费投入统计公报，以及 30 个省辖市的 2017 年度国民经济与社会发展统计公报，数据统计期限为 2017 年底。

三　中原经济区省辖市经济综合竞争力
评价结果与分析

2017 年，面对复杂的国际形势和经济下行压力加大的环境，中原经济区以习近平新时代中国特色社会主义思想为指导，积极适应我国发展阶段、发展矛盾的深刻变化，坚持以新发展理念为引领，不断提高发展的质量和效益，深入推进供给侧结构性改革这一主线，在决胜全面建成小康社会的伟大战役中稳步前进，中原经济区的经济社会取得了稳定健康的发展，省辖市的经济综合竞争力稳步提高。

（一）总体评价结果与分析

基于 2018 年中原经济区省辖市经济综合竞争力评价指标体系，在采集权威、可靠的统计数据的基础上，我们利用模型进行计算，从而得到 2018 年中原经济区省辖市经济综合竞争力评价排名结果（见表 2）。

表2 2018年中原经济区省辖市经济综合竞争力评价结果

排名	城市	总得分	经济发展指标	结构质量指标	支撑要素指标
1	郑州市	92.00	94.66	85.16	95.60
2	洛阳市	56.41	54.73	59.82	55.49
3	许昌市	46.56	40.42	61.09	40.11
4	焦作市	45.05	36.96	59.19	44.06
5	邯郸市	44.95	47.44	48.85	32.86
6	蚌埠市	44.18	37.77	51.98	48.51
7	新乡市	43.68	37.72	50.99	47.63
8	聊城市	41.11	33.53	50.30	46.24
9	南阳市	40.53	44.70	43.41	25.76
10	菏泽市	40.31	35.23	52.21	35.15
11	平顶山市	38.87	33.52	49.59	36.17
12	安阳市	38.79	35.52	49.21	31.33
13	济源市	38.70	29.84	51.97	40.96
14	淮北市	38.52	27.77	58.98	34.68
15	邢台市	36.64	34.75	45.51	28.05
16	三门峡市	36.28	30.39	49.77	30.76
17	鹤壁市	35.78	27.75	54.13	28.32
18	漯河市	35.72	29.44	52.14	26.79
19	开封市	35.51	30.28	46.11	32.66
20	长治市	35.15	30.83	43.80	32.96
21	濮阳市	34.62	29.57	44.30	32.75
22	商丘市	34.15	35.16	38.73	24.73
23	晋城市	34.04	24.36	50.00	34.30
24	周口市	33.71	32.97	46.76	16.01
25	阜阳市	32.83	35.12	35.45	23.18
26	驻马店市	31.92	32.98	38.92	18.78
27	宿州市	30.19	30.49	37.90	17.88
28	信阳市	30.17	31.03	40.02	13.24
29	亳州市	28.49	29.55	36.74	13.44
30	运城市	24.20	24.14	18.14	33.44

从总排名来看，郑州市和往年一样，仍然排在中原经济区省辖市经济综合竞争力的第一位，洛阳仍然紧随郑州之后，排在中原经济区省辖市经济综合竞争力的第二位，而且从得分来看，郑州和洛阳都仍然具有较大的领先优势。紧随其后的许昌市、焦作市、邯郸市、蚌埠市、新乡市、聊城市、南阳市、菏泽市等也都是过往在中原经济区经济综合竞争力评价中排名比较靠前的城市，总体来讲，这些城市的经济规模、产业结构、居民收入、基础设施等方面在中原经济区都属于比较好的城市。其后的平顶山市、安阳市、邢台市、三门峡市、开封市等城市排在中游位置，而排名靠后的几个城市普遍属于经济规模偏小、产业结构不优、居民收入偏低、基础设施偏薄弱的城市。

2016年12月，国务院批复的《中原城市群发展规划》中，将中原城市群的范围设定为中原经济区的30个省辖市，可以说中原城市群和中原经济区基本套合。其中，中原城市群中的郑州市、开封市、洛阳市、平顶山市、新乡市、焦作市、许昌市、漯河市、济源市、鹤壁市、商丘市、周口市、晋城市、亳州市共14个城市为核心发展区，其余的16个城市中，安阳市、濮阳市、长治市、邯郸市、邢台市、聊城市、菏泽市为北部跨区域协同发展示范区，宿州市、阜阳市、淮北市、蚌埠市为东部承接产业转移示范区，南阳市、信阳市、驻马店市为南部高效生态经济示范区，三门峡市、运城市为西部转型创新发展示范区。从中原经济区省辖市经济综合竞争力评价来看，核心发展区的14个城市包括了前4位的郑州市、洛阳市、许昌市、焦作市，也包括了中游的开封、平顶山等市和相对靠后的亳州市。北部跨区域协同发展示范区的几个城市都属于中原经济区省辖市经济综合竞争力的中上游。东部承接产业转移示范区的4个城市中，蚌埠市排在第6位，淮北市位居中游，宿州市和阜阳市排名相对靠后。南部高效生态经济示范区中南阳市排名第9位，驻马店市和信阳市都排在较靠后的位置。西部转型创新发展示范区的三门峡市位居中原经济区经济综合竞争力的中游，运城市则垫底。总体可以看出，中原经济区的经济综合竞争力表现出两个特点：一是郑州市比较临近的城市经济综合竞争力偏强，尤其是郑州大都市区的郑州、开封、新乡、焦作、许昌普遍都比较较强；二是在核心发展区以外，北部区域经济综合竞争力相对强于东、西、南区域。根据河南省统计局发布的2017年度中原城市群发展报告，中原城市群的核心发展区拥有10.34万平方千米的土地、7861.53万人的户籍人口和34503.01亿元的地区生产总值，其余16个城市拥有18.35万平方千米土地、11026.61万人的户籍人口和32541.33亿元的地区生产总值，核心发展区的城镇化率、人均财政收入、人均固定资产投资、人均进出口额和居民人均收入等指标均高于其余16个城市所形成的区域，核心发展区用更少的人口和土地产出了更多的地区生产总值。

这次的中原经济区省辖市经济综合竞争力评价相对于上一年指标体系没有变动，但是将结构质量指标权重进一步提高，经济发展指标的权重调低。从排名变动情况来看，除了前4位的郑州市、洛阳市、许昌市、焦作市和垫底的运城市，其余城市排名都发生了变动，但是多数城市的排名变动都在3位以内，变动较大的包括开封市（下降6位）、濮阳市（下降5位）、邢台市（上升5位）、驻马店市（下降5位）和淮北市（上升13位）。其中，从表2能够直观地看到，淮北市结构质量指标评分较高，受指标权重调整影响较大，其余城市的变动可能包括多方面因素，而且中游城市之间的评分差距较小，排名变动受指标权重调整的影响可能更大一些。

（二）分项指标的评价情况

1.经济发展指标

经济发展指标包括经济规模、居民收入、发展速度、对外经济和财政金融共5个二级指标，其中既包括总量类的地区生产总值、一般财政预算收支、固定资产投资、全社会消费品零售总额、金融机构存贷款数额、进出口总额等统计指标，还包括人均生产总值、城乡居民人均可支配收入等人均指标，以及经济增长速度等增速指标，相对全面地衡量了一个省辖市的经济发展情况。具体来看，经济发展指标排名前十位的省辖市是郑州市（94.66，第1位)、洛阳市(54.73,第2位)、邯郸市(47.44,第3位)、南阳市(44.70,第4位)、许昌市(40.42,第5位)、蚌埠市(37.77,第6位)、新乡市(37.72,第7位)、焦作市(36.96,第8位)、安阳市(35.52,第9位)和菏泽市(35.23,第10位)。

经济规模指标排名前十位的省辖市是郑州市(99.59,第1位)、洛阳市(59.55,第2位)、邯郸市(58.50,第3位)、南阳市(58.10,第4位)、周口市(44.07,第5位)、菏泽市(43.51,第6位)、聊城市(43.07,第7位)、商丘市(40.24,第8位)、邢台市(40.07,第9位)和信阳市(39.51,第10位)。从评分中可以看到,洛阳市、邯郸市和南阳市仅次于郑州市,而相对于其他城市,在经济规模方面有着较大的优势。

居民收入指标排前十位的省辖市是郑州市(100.00,第1位)、济源市(66.13,第2位)、焦作市(57.31,第3位)、洛阳市(55.88,第4位)、许昌市(55.33,第5位)、蚌埠市(53.59,第6位)、鹤壁市(50.65,第7位)、安阳市(50.47,第8位)、漯河市(46.59,第9位)和新乡市(45.71,第10位)。居民收入方面,郑州市城乡居民家庭人均可支配收入分别为36050元和19974元,而排在最后1位的周口市,城乡居民家庭人均可支配收入分别为24313元和10170元,可以看出区域和城乡间的发展不均衡仍然比较明显。

发展速度指标排在前十位的省辖市是蚌埠市(77.86,第1位)、阜阳市(77.50,第2位)、亳州市(72.00,第3位)、淮北市(71.51,第4位)、长治市(68.06,第5位)、宿州市(65.62,第6位)、商丘市(63.79,第7位)、洛阳市(63.17,第8位)、许昌市(61.35,第9位)和邢台市(61.19,第10位)。

对外经济指标排在前十位的省辖市是郑州市(100.00,第1位)、洛阳市(41.15,第2位)、蚌埠市(28.69,第3位)、邯郸市(23.14,第4位)、三门峡市(22.24,第5位)、新乡市(22.22,第6位)、焦作市(20.18,第7位)、漯河市(19.93,第8位)、许昌市(19.00,第9位)

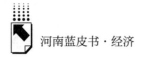

和鹤壁市（18.57，第10位）。

财政金融指标排在前十位的省辖市是郑州市（100.00，第1位）、洛阳市（33.44，第2位）、邯郸市（30.43，第3位）、南阳市（27.16，第4位）、菏泽市（25.83，第5位）、阜阳市（25.34，第6位）、聊城市（23.97，第7位）、邢台市（23.78，第8位）、驻马店市（22.22，第9位）和商丘市（22.17，第10位）。

2. 结构质量指标

结构质量指标包括城乡结构、产业结构和发展质量3个二级指标，其中包括常住人口城镇化率，二、三产业占比，企业利润和单位生产总值能耗等方面指标，受限于统计数据的问题，环保指标没有纳入进来。结构质量指标排在前十位的省辖市是郑州市（85.16，第1位）、许昌市（61.09，第2位）、洛阳市（59.82，第3位）、焦作市（59.19，第4位）、淮北市（58.98，第5位）、鹤壁市（54.13，第6位）、菏泽市（52.21，第7位）、漯河市（52.14，第8位）、蚌埠市（51.98，第9位）和济源市（51.97，第10位）。

城乡结构指标排名前十位的省辖市是郑州市（100.00，第1位）、淮北市（76.09，第2位）、济源市（69.22，第3位）、晋城市（63.42，第4位）、鹤壁市（62.77，第5位）、焦作市（60.51，第6位）、洛阳市（55.11，第7位）、蚌埠市（53.08，第8位）、邯郸市（53.08第9位）和三门峡市（51.36，第10位）。

产业结构指标排名前十位的省辖市是郑州市（67.20，第1位）、长治市（60.73，第2位）、洛阳市（60.69，第3位）、晋城市（60.55，第4位）、济源市（60.02，第5位）、淮北市（58.56，第6位）、许昌市（57.14，第7位）、焦作市（57.10，第8位）、平顶山市（54.66，第9位）和安阳市（54.32，第10位）。

发展质量指标排名前十位的省辖市是郑州市（87.51，第1位）、许昌市（78.92，第2位）、周口市（77.67，第3位）、菏泽市（65.52，第4位）、洛阳市（62.70，第5位）、漯河市（62.06，第6位）、焦作市

（59.76，第 7 位）、南阳市（58.06，第 8 位）、开封市（57.95，第 9 位）和聊城市（57.57，第 10 位）。

3. 支撑要素指标

支撑要素指标包括科技创新、交通通信和医疗卫生 3 个二级指标，支撑要素指标中选取的人均指标和比例指标较多，因此能够很好地反映省辖市之间发展程度的对比。支撑要素指标排在前十名的省辖市是郑州市（95.60，第 1 位）、洛阳市（55.49，第 2 位）、蚌埠市（48.51，第 3 位）、新乡市（47.63，第 4 位）、聊城市（46.24，第 5 位）、焦作市（44.06，第 6 位）、济源市（40.96，第 7 位）、许昌市（40.11，第 8 位）、平顶山市（36.17，第 9 位）和菏泽市（35.15，第 10 位）。本次评价中受限于统计数据的可得性，指标选取不够全面。例如，科技创新指标只选取了研发经费数量和投入强度指标，而缺少创新产出类指标，交通通信指标中缺少了交通运输量等指标，在以后的评价中将会加以完善。

科技创新指排在前十名的省辖市是郑州市（88.99，第 1 位）、洛阳市（68.31，第 2 位）、聊城市（65.80，第 3 位）、蚌埠市（56.96，第 4 位）、新乡市（54.81，第 5 位）、许昌市（52.08，第 6 位）、焦作市（46.11，第 7 位）、济源市（43.22，第 8 位）、菏泽市（41.58，第 9 位）和平顶山市（40.94，第 10 位）。

交通通信指标排在前十的省辖市是郑州市（100.00，第 1 位）、济源市（51.33，第 2 位）、晋城市（46.74，第 3 位）、运城市（44.82，第 4 位）、蚌埠市（44.68，第 5 位）、淮北市（42.74，第 6 位）、洛阳市（38.23，第 7 位）、新乡市（37.62，第 8 位）、濮阳市（36.21，第 9 位）和邢台市（35.98，第 10 位）。

医疗卫生指标排在前十的省辖市是郑州市（100.00，第 1 位）、洛阳市（55.67，第 2 位）、焦作市（50.77，第 3 位）、新乡市（48.06，第 4 位）、开封市（47.73，第 5 位）、三门峡市（46.79，第 6 位）、鹤壁市（42.76，第 7 位）、安阳市（41.90，第 8 位）、蚌埠市（41.06，第 9 位）和菏泽市（40.97，第 10 位）（见表 3）。

表3 2018年中原经济区省辖市经济综合竞争力二级指标评价结果

排名	城市	总得分	经济规模	居民收入	发展速度	对外经济	财政金融	城乡结构	产业结构	发展质量	科技创新	交通通信	医疗卫生
1	郑州市	92.00	99.59	100.00	48.70	100.00	100.00	100.00	67.20	87.51	88.99	100.00	100.00
2	洛阳市	56.41	59.55	55.88	63.17	41.15	33.44	55.11	60.69	62.70	68.31	38.23	55.67
3	许昌市	46.56	38.74	55.33	61.35	19.00	19.44	41.26	57.14	78.92	52.08	29.93	34.34
4	焦作市	45.05	35.72	57.31	38.64	20.18	17.52	60.51	57.10	59.76	46.11	34.62	50.77
5	邯郸市	44.95	58.50	41.80	44.70	23.14	30.43	53.08	49.90	44.88	32.29	35.01	31.49
6	蚌埠市	44.18	28.95	53.59	77.86	28.69	19.23	53.08	47.24	54.71	56.96	44.68	41.06
7	新乡市	43.68	37.99	45.71	52.29	22.22	21.29	43.77	53.17	54.77	54.81	37.62	48.06
8	聊城市	41.11	43.07	25.13	30.32	15.41	23.97	39.30	51.62	57.57	65.80	30.77	35.62
9	南阳市	40.53	58.10	41.19	29.55	17.44	27.16	23.59	43.70	58.06	31.23	15.35	28.86
10	菏泽市	40.31	43.51	17.94	58.26	14.78	25.83	35.73	50.93	65.52	41.58	20.77	40.97
11	平顶山市	38.87	33.79	40.83	50.06	14.54	19.95	44.92	54.66	49.29	40.94	25.74	40.23
12	安阳市	38.79	36.46	50.47	36.95	15.48	19.50	38.89	54.32	53.13	23.25	31.53	41.90
13	济源市	38.70	18.09	66.13	51.09	14.57	10.00	69.22	60.02	33.00	43.22	51.33	27.57
14	淮北市	38.52	19.91	37.89	71.51	17.15	13.68	76.09	58.56	46.47	28.64	42.74	34.68
15	邢台市	36.64	40.07	22.32	61.19	17.58	23.78	42.71	48.13	45.63	27.91	35.98	20.30

续表

排名	城市	总得分	经济规模	居民收入	发展速度	对外经济	财政金融	城乡结构	产业结构	发展质量	科技创新	交通通信	医疗卫生
16	三门峡市	36.28	27.90	36.94	52.90	22.24	15.35	51.36	53.23	45.98	19.82	29.31	46.79
17	鹤壁市	35.78	18.51	50.65	53.14	18.57	11.98	62.77	53.48	48.13	13.38	33.79	42.76
18	漯河市	35.72	22.86	46.59	53.01	19.93	13.98	40.90	50.16	62.06	22.44	22.46	36.94
19	开封市	35.51	31.78	29.98	47.85	17.01	19.08	31.19	45.25	57.95	27.93	23.90	47.73
20	长治市	35.15	23.40	44.64	68.06	13.56	20.35	46.48	60.73	29.09	29.65	35.70	34.64
21	濮阳市	34.62	28.35	35.23	50.66	17.08	15.77	20.95	51.56	56.35	24.66	36.21	40.06
22	商丘市	34.15	40.24	25.49	63.79	13.49	22.17	15.36	41.01	54.55	19.46	24.25	32.23
23	晋城市	34.04	19.51	44.08	29.79	11.94	16.18	63.42	60.55	32.02	24.32	46.74	35.15
24	周口市	33.71	44.07	11.55	48.12	15.96	22.15	14.05	38.24	77.67	12.76	11.46	24.88
25	阜阳市	32.83	36.40	26.97	77.50	12.47	25.34	15.49	36.38	49.71	18.72	26.53	25.78
26	驻马店市	31.92	38.20	22.34	58.00	13.91	22.22	14.84	38.79	57.07	13.65	15.02	29.37
27	宿州市	30.19	29.44	27.43	65.62	18.47	18.72	14.96	41.11	52.70	15.11	23.92	15.53
28	信阳市	30.17	39.51	24.87	25.57	15.57	21.87	27.48	36.53	52.05	11.31	13.10	15.97
29	亳州市	28.49	25.76	29.01	72.00	18.48	18.20	10.00	39.73	54.56	13.11	17.31	10.00
30	运城市	24.20	25.77	22.01	40.43	10.96	17.15	35.42	10.97	10.56	20.47	44.82	39.35

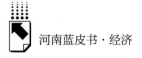

（三）部分典型城市发展情况分析

1. 郑州市

郑州市是中原经济区、中原城市群的中心城市，2016 年底被国务院支持建设国家中心城市。在这次中原经济区省辖市经济综合竞争力评价中，郑州市仍然以很大的优势排在了第 1 位，从分项指标来看，3 个一级指标和 10 个二级指标都排在第 1 位，二级指标中仅发展速度排在第 20 位，27 个基本指标中的 20 个排在第 1 位。2017 年，郑州市积极制定实施了《郑州建设国家中心城市行动纲要（2017～2035 年)》，明确了郑州在全国乃至全球城市发展格局中的目标和定位，开启了建设国家中心城市的新征程。2017 年，郑州市的地区生产总值达到 9130 亿元，在全国 27 个省会城市中由第 8 位提升至第 7 位，三次产业结构比例调整到 1.7∶46.5∶51.8，地方财政一般公共预算收入突破千亿元大关。郑州航空港经济综合实验区"五年成规模"目标全面实现，郑州机场的货邮吞吐量排名全国第 7 位，旅客吞吐量上升到全国第 13 位，起降架次排名全国第 12 位，航线增加到 228 条。截至 2017 年末，郑州市省级贫困人口减少到 5731 人，290 个贫困村全部脱贫退出。经过多年的发展，郑州在实现中原崛起、服务全国发展大局中的地位明显增强，国家政策叠加优势在全国城市中屈指可数。郑州市的影响力、辐射力和带动力得到了不断提升，能够更好地带动郑州大都市圈的发展，支撑中原经济区未来的建设和提升。

2. 洛阳市

洛阳市是中原经济区、中原城市群的副中心城市，在这次中原经济区省辖市经济综合竞争力评价中，洛阳市排在第 2 位，而且相对于第 3 位的许昌市有比较明显的优势。一级指标方面，洛阳市在经济发展和支撑要素两方面排在第 2 位，结构质量方面排在第 3 位；二级指标方面，洛阳市有 6 个指标排在前 3 位，8 个指标排在前 5 位；基本指标方面，洛阳有 12 个指标排在前 3 位，17 个指标排在前 5 位。2017 年，洛阳市坚持"四高一强一率先"的奋斗目标，着力把新发展理念落地实施。全年实现地区生产总值 4343 亿元，同比增长 8.7%，一般公共预算收入 325.9 亿元，增长 10.8%。发展质量明显提升，全市规模以上企业利税、利润总额分别增长 31% 和 50%，工业利润率上升至 4.5%，六大高成长性制造业对规上工业增长的贡献率超过 60%。旅游业快速发展，全年接待游客 1.24 亿人次，总收入突破千亿元。"去降补"取得阶段性成效，商品房库存去化周期下降至 9.7 个月，减轻企业负担 40 亿元，重点领域补短板投资显著增加。企业登记"三十五证合一"、全程电子化全面实施。中国（河南）自贸区洛阳片区的 160 项改革创新任务顺利推进，洛阳跨境电子商务平台实现"一站式"通关。全年新建农村公路 777 千米，解决 6.45 万人饮水安全问题，新增国家级、省级电子商务进农村综合示范县 7 个。

3. 许昌市

许昌市在这次中原经济区省辖市经济综合竞争力评价中总排名排在第 3 位，分项指标中，一级指标方面，经济发展指标排在第 5 位，结构质量指标排在第 2 位，支撑要素指标排在第 8 位；二级指标方面，许昌市在发展质量指标上排在第 2 位，居民收入指标上排在第 5 位，科技创新指标上排在第 6 位，产业结构指标上排在第 7 位，其余指标都处在中游水平。2017 年，许昌市实现生产总值 2642.1 亿元，增长 8.7%，增速排在河南省第 1 位，已经实现地区生产总值比 2010 年翻一番；一般公共预算收入达到 145.3 亿元，同比增长 14.2%；居民人均可支配收入达到 21816 元，增长 9.8%。2017 年，许昌市规模以上工业企业实现利润 559 亿元，增长 18%，180 个重点项目完成投资 1050 亿元，减轻企业负担 21 亿元，主营业务收入超百亿元民营企业 6 家，4 家入围"中国民营企业 500 强"，民营经济占经济总量的 80% 以上。积极推动新旧动能转换，成为河南全省唯一转型发展观摩示范市，装备制造业增速保持 20% 左右，对规模以上工业贡献率达 60%，服务业增加值增长 10.3%，高新技术企业突破 100 家，科技进步对全市经济增长贡献率达 60%。2017 年，许昌市城乡结构发生历史性变化，常住人口城镇化率突破 50%，中心城区人口突破 100 万。深化"放管服"改革，行政审批事项保持全省最少，事项办理时限平均压缩 43%。民生财政支出 207.5 亿元，

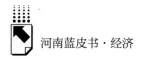

占一般公共预算支出的 72.4%，全年实现 35 个贫困村退出、2.1 万人稳定脱贫。

4.淮北市

淮北市在这次中原经济区省辖市经济综合竞争力评价中排在第 14 位，相比上年上升了 14 位。一级指标方面，淮北市经济发展指标排在第 27 位，结构质量指标排在第 5 位，支撑要素指标排在第 11 位，从中可以看出淮北市的经济发展水平没有明显提升，但是由于结构质量较优，受益于指标权重的调整，因此排名上升较多。二级指标方面，城乡结构排在第 2，发展速度排在第 4，产业结构和交通通信排在第 6，居民收入、对外经济、科技创新、医疗卫生 4 项指标排在中游，发展质量排在第 23 位，经济规模排在第 27 位，财政金融排在第 28 位。2017 年，淮北市实现地区生产总值 924 亿元，增长 7.6%，财政总收入突破百亿元，增长 15.3%。淮北市作为国家第二批资源枯竭型城市，深入贯彻新发展理念，坚持实施"中国碳谷·绿金淮北"战略，奋力闯出一条可复制、可推广的资源枯竭型城市转型崛起新路。2017 年，出台促进经济平稳健康发展"30 条"、推动"三重一创"建设"10 条"等系列政策，相邦陶铝新材料、科宝生物医药中间体获批省重大新兴产业专项，上海交大安徽陶铝新材料研究院正式成立。战略性新兴产业产值增长 20.1%。新认定国家高新技术企业 22 家，高新技术产业增加值增长 15.3%。深化"放管服"改革，2017 年发出安徽省首张"多证合一"营业执照，全年新登记私营企业 4964 户、个体工商户 16309 户，分别增长 20.7%、28.3%。大力发展非公经济，民营经济增加值占生产总值比重达 58%。

四　对策建议

党的十九大召开以来，面对我国发展阶段和基本矛盾的变化，坚持高质量发展已经成为经济发展的必然要求。深入推进供给侧结构性改革，实施创新驱动发展战略，加快新旧动能转换，持续扩大对外开放，建设现代化经济体系，已经成为新形势下地方乃至全国发展的必然选择。与此同时，进入2019年，全面建成小康社会的伟大目标将进入决胜时期，继续打好三大攻坚战，保持经济运行在合理区间，实现经济发展"六个稳"，是中原经济区发展和省辖市经济综合竞争力提高的重要保证。

一是坚持高质量发展。深刻把握我国发展阶段和根本矛盾的变化，在经济发展速度保持在合理区间的情况下，把握供给侧结构性改革的"八字方针"，加快新旧动能转换，促进经济结构转型，实现发展方式转变。扎实推进实体经济发展，加快制造业高质量发展，培育壮大民营企业家队伍，促进非公经济健康发展。抢抓国家促进形成强大国内市场的机遇，加快消费升级，挖掘新兴消费和传统领域消费潜力。加快郑州大都市圈发展，积极构建以郑州为中心、覆盖中原城市群、辐射全国的综合交通体系，为未来发展奠定更加坚实的基础。加快科技创新发展，深入推进郑洛新国家自主创新示范区建设，强化科技创新投入力度，优化科技创新的金融体系，培育和吸引创新引领型人才，推进人才发展体制改革，优化人才发展环境，聚集创新资源。大力发展网络经济和大数据产业，加快"互联网＋"在不同领域的应用，加快打造"双创"升级版，进一步释放全社会创新创造活力。持续改善民生，在持续做好就业和人民收入提高工作的同时，加快推进健康、文化、体育等领域发展，优化基本公共服务供给，持续提高人民群众幸福感、获得感。

二是将新时代改革开放进行到底。2018年是改革开放40周年，习近平总书记号召全党全国"高举中国特色社会主义伟大旗帜，不忘初心，牢记使命，将改革开放进行到底，不断实现人民对美好生活的向往，在新时代创造中华民族新的更大奇迹"。加快市场化改革，鼓励生产要素自由流动，不断壮大市场主体。深化国有企业改革，妥善处置"僵尸企业"，深入推进混合所有制改革，建立规范的现代企业制度，加快国有企业向国有资本管理平台的转变。深化财税体制改革，按照中央的要求落实财权事权划分，加快全面实施财政预算绩效管理。创新投融资机制，提高行政审批效率，用好用足地方政府债券政策，规范发展政府和社会资本合作项目。继续推进农村土地

"三权分置"改革，深化集体产权制度改革，构建城乡一体的土地市场。健全生态环保体制，推进省以下生态环境机构监测监察执法管理改革。深入加快"放管服"改革，把"最多跑一次"的改革措施和效果落到实处，加强"双随机、一公开"监管。全面融入"一带一路"倡议，推动高标准、全方位、多层次的对外开放，全面落实准入前国民待遇制度，以及负面清单管理制度。高水平建设郑州航空港经济综合实验区和中国（河南）自由贸易试验区，继续提升郑州—卢森堡航空"双枢纽"战略，提高中欧班列运营规模和水平，加快跨境电子商务发展，加快建立与国际贸易投资规则相衔接的制度体系，加快形成法治化、国际化、便利化营商环境。

三是打好决胜全面建成小康的攻坚战。着力防范化解风险。加快企业去杠杆步伐，推进实施债转股的相关措施，鼓励和支持企业实施股权融资。加强地方金融风险防范，及时关注和防控债券违约、股权质押融资、网络信贷平台等领域的风险，稳妥有序化解地方债务风险。提升房地产市场调控水平，建立房地产市场发展的长效机制。增强防范各种自然灾害的水平和能力，提前做好突发公共事件预防处置。坚持全面推进精准脱贫工作。加强对于深度贫困县村、特殊贫困群体、重点贫困县区等重点地区和领域的工作力度，解决好"两不愁、三保障"问题，全面建立稳定脱贫的长效机制，防止脱贫人口返贫。打好环境污染防治攻坚战。做好改善环境质量的基础工作，聚焦打赢蓝天、碧水、净土保卫战，确保PM2.5平均浓度和优良天数比例完成国家考核目标。做好重金属污染治理、农业面源污染防治和固体废物处理等方面工作，以及土地土壤安全利用和治理修复。严格落实河长制、湖长制，保障重点水域环境质量，做好饮用水水源地保护。

四是推进中原经济区的区域协调发展。贯彻中央关于区域协调发展的最新指示精神，发挥中原经济区的比较优势，加快缩小与发达地区的区域差距。深度融入"一带一路"倡议，加强与京津冀协同发展、长江经济带发展、粤港澳大湾区建设等重大战略的合作联动发展。根据中原经济区各个省辖市的不同禀赋特征，发挥省辖市的自身优势，完善区域合作机制，协调处理好中心城市与其他城市、大城市与中小城市的关系，实现中原城市群的城市之间协同发展。坚决破除地区之间合作的隔阂和障碍，加快构建统筹有力、竞争有序、绿色协调、共享共赢的区域协调发展新机制。推动中原城市群协同发展，支持郑州建设国家中心城市，以郑州航空港经济综合实验区、中国（河南）自由贸易试验区为窗口强化郑州对外开放门户功能，强化郑州综合交通枢纽优势，构建横贯东西、联结南北方的开放经济走廊。加快推动郑州大都市圈发展，形成带动整个中原经济区、辐射全国的核心发展区域。全面推进基础设施和公共服务对接共享，努力在中原经济区范围内实现基本公共服务均等化，加快在相对落后地区的基础设施建设，补齐发展短板。加强省际交界地区城市间交流合作，在中原经济区范围内促进市场一体化发展，破除人口在城乡间、区域间自由流动的障碍。

参考文献

国家发改委：《中原经济区规划（2012～2020年）》。

国家发改委：《郑州航空港经济综合实验区发展规划（2013～2025年)》。

国家发改委：《中原城市群发展规划》。

河南省统计局：《中原城市群发展报告（2017年度）》。

黄茂兴、李闽榕：《中国省域经济综合竞争力评价与预测的方法研究》，《福州师范大学学报》（哲学社会科学版）2008年第1期。

B.4
2018年河南省县域经济发展质量评价报告

河南省社会科学院课题组*

摘　要：　本报告基于2018年《河南统计年鉴》中关于河南105个县（市）的统计基础数据，参照《河南省县（市）经济社会发展目标考核评价工作实施办法》（征求意见稿），将河南省县域经济发展分为：纳入中心城市组团发展范围的县（市）55个，基础条件比较好（人均生产总值在2.5万元以上）的县（市）17个，农区县33个三大类，同时将10个省直管县单独列出，依据县域经济发展质量的内涵特征和内在目标要求，从县域经济发展的规模水平、发展结构、发展效益、发展潜力活力、民生幸福、发展持续性、发展外向度、科技创新，以及农业基础能力等角度出发，构建县域经济发展质量评价指标体系，并运用计量实证手段，进行分值计算和排名比较，然后进行结论反思，以期促进河南省县域经济发展质量提升。

关键词：　河南省　县域经济　经济发展质量

一　县域经济发展质量评价的主要依据、基本原则、指标选择和方法选用

本报告参照《河南省县（市）经济社会发展目标考核评价工作实施办法》

---

* 课题组组长：谷建全；课题组成员：完世伟、杜明军、赵然、武文超、崔理想、林园春、汪萌萌；执笔：杜明军，河南省社会科学院经济研究所研究员。

（征求意见稿），将河南省县域经济分为三大类：纳入中心城市组团发展范围的县（市）55个，基础条件比较好（人均生产总值2.5万元以上）的县（市）17个，农区县（市）33个，同时将10个省直管县单独列出，进行多角度分类评价比较。

本报告对河南省县域经济发展质量评价的主要依据有三：一是基于专家学者如苏联卡马耶夫（1977），库兹涅茨、李京文（1996），郭克莎（1996），武义青（1996），钟学义（2001）等对经济发展质量的内涵研究；二是基于县域经济本身的属于区域经济范畴、具有特定的地理空间、具有相对独立性和能动性、具有地域特色、具有比较优势的国民经济基本单元等内在特点；三是基于县域经济发展质量具有的规模水平、结构协调性、成果有效性、发展潜能的充分性、生态环保持续性、创新性、开放度等内涵特征，从更宽阔的视野以及整体上进行评价研究。

本报告对县域经济发展质量评价的基本原则：应具备分类控制的引导性、可比性、可操作性、可完善性，贯彻科学发展的总指向，融合创新、协调、绿色、开放和共享五大发展理念。

本报告对县域经济发展质量评价的指标体系选定：依据专家学者的相关研究成果，县域经济本身所具有的内在属性，县域经济发展质量的内涵特征，评价的基本原则等，构建涵盖9类一级指标和53个二级指标的评价指标体系（见表1）。

表1　河南省县域经济发展质量评价指标体系

一级指标	二级指标	指标计算及说明
发展规模水平	县（市）GDP	（正向指标）
	县（市）GDP增速	［报告期县（市）GDP－基期县（市）GDP］/基期县（市）GDP×100%（正向指标）
	县（市）GDP人均水平	县（市）GDP/人口规模总数（正向指标）
	县（市）经济增长稳定性	县（市）当年与上年经济增长率之差与上年经济增长率相除（逆向指标）
	县（市）地方财政收入水平	（正向指标）
	县（市）地方财政收入与GDP之比	县（市）地方财政收入/县（市）GDP×100%（正向指标）

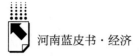
续表

一级指标	二级指标	指标计算及说明
发展结构	工业增加值占国内生产总值的比重	县(市)工业增加值/GDP×100%(正向指标)
	第三产业增加值占国内生产总值的比重	县(市)第三产业增加值/GDP×100%(正向指标)
	县(市)城镇化率	县(市)城市人口/全部人口×100%(正向指标)
	县(市)城乡居民收入比	县(市)城镇居民人均收入:农村居民人均纯收入(逆向指标)
发展效益	县(市)劳动生产率	县(市)国内生产总值/全社会劳动者平均人数×100%(正向指标)
	县(市)投资产出率	县(市)国内生产总值/当年固定资产投资总额×100%(正向指标)
	县(市)贷款产出率	县(市)国内生产总值/银行贷款年平均余额×100%(正向指标)
	县(市)耕地产出率	农业总产值/农业耕地面积×100%(正向指标)
发展潜力活力	县(市)就业弹性系数	当期从业人员增长率/同期GDP增长率×100%(正向指标)
	县(市)生产能力利用率	实际产量/生产能力×100%(正向指标)
	投资对县域经济发展贡献率	县(市)全社会固定资产投资额/国内生产总值×100%(正向指标)
	消费对县域经济发展贡献率	县(市)社会消费品零售总额/国内生产总值×100%(正向指标)
民生幸福	城镇居民人均可支配收入	(正向指标)
	农村居民人均纯收入	(正向指标)
	城镇居民人均可支配收入增长率	县(市)报告期居民收入/基期居民收入×100%(正向指标)
	农村居民人均纯收入增长率	县(市)报告期居民收入/基期居民收入×100%(正向指标)
	恩格尔系数	食品支出占居民总支出的比例(逆向指标)
	基尼系数	在全部居民收入中,用于不平均分配的那部分收入占总收入的百分比(正向指标)
	人口就业率	县(市)从业人员/常住人口×100%(正向指标)
	城镇单位从业人员平均工资	(正向指标)
	在岗职工平均工资	(正向指标)
	县(市)居民人均储蓄额	县(市)居民储蓄存款/常住人口×100%(正向指标)
	城镇居民人均生活消费支出	(正向指标)
	农村居民人均生活消费支出	(正向指标)

一级指标	二级指标	指标计算及说明
发展可持续性	单位产值能源消耗量	县(市)能源消耗总量(标准煤)/国内生产总值×100%(逆向指标)
	单位国内生产总值水耗	县(市)水消耗总量/国内生产总值×100%(逆向指标)
	人均工业废水排放量	(逆向指标)
	人均工业废气排放量	(逆向指标)
	工业固体废物综合利用率	(正向指标)
	每立方米细颗粒物含量	(逆向指标)
	生活垃圾无害化处理率	(正向指标)
	农村饮水达标率	(正向指标)
	垃圾集中处理率	(正向指标)
	污水处理率	(正向指标)
	森林覆盖率	(正向指标)
科技创新	研究与开发投入占国内生产总值的比重	研究与开发经费投入额/同期国内生产总值×100%(正向指标)
	高技术产业增加值占国内生产总值的比重	高技术产业增加值/国内生产总值×100%(正向指标)
	专利授权指数	报告期获授权专利数/基期获授权专利数(正向指标)
发展外向度	进出口总值	(正向指标)
	进出口总值相当于国内生产总值比例	进出口总值/国内生产总值×100%(正向指标)
	利用外资和对外投资总额	(正向指标)
	服务贸易占对外贸易的比重	(正向指标)
农业基础能力	农林牧渔业总产值	通常是按农林牧渔业产品及其副产品的产量分别乘以各自单位产品价格求得(正向指标)
	粮食产量	进出口总值/国内生产总值×100%(正向指标)
	有效灌溉面积	(正向指标)
	农林水基本建设支出	(正向指标)

本报告对县域经济发展质量评价的方法选用：通过比较分析因子分析法、主成分分析法、模糊层次分析法（AHP）、数据包络分析（DEA）、熵值法等各类方法的优劣特性，结合数据基础，倾向于较客观地处理了指标权重问题的熵值法。

二 县域经济发展质量评价结果及分析

本报告的基础数据主要源于《河南统计年鉴》（2018 年）。但鉴于统计数据的局限，县域经济发展的生态环保、科技创新、对外开放等类指标尚未系统纳入统计范围，因而涉及较少。尽管如此，本报告的主要评价依据、遵循的基本原则、指标体系的选择确定和方法选用，其内在的代表性和科学性、合理性和实用性，预示着本报告仍具有科学性、实用性和可操作性。

（一）纳入中心城市组团发展范围的55个县（市）

1. 经济发展质量总体评价

位居前 10 位的依次分别是新郑市（0.7418，第 1 位）、荥阳市（0.6117，第 2 位）、新密市（0.5667，第 3 位）、登封市（0.5104，第 4 位）、偃师市（0.4872，第 5 位）、长葛市（0.4790，第 6 位）、义马市（0.4720，第 7 位）、沁阳市（0.4500，第 8 位）、新安县（0.4301，第 9 位）和孟州市（0.4210，第 10 位）。

2. 发展规模水平评价

位居前 10 位的依次分别是新郑市（0.9999，第 1 位）、荥阳市（0.7062，第 2 位）、新密市（0.5854，第 3 位）、登封市（0.5280，第 4 位）、长葛市（0.4918，第 5 位）、新安县（0.4902，第 6 位）、偃师市（0.4588，第 7 位）、沁阳市（0.4143，第 8 位）、灵宝市（0.4056，第 9 位）和禹州市（0.3693，第 10 位）。

3. 发展结构评价

位居前 10 位的依次分别是义马市（0.8899，第 1 位）、新郑市

（0.4898，第2位）、孟州市（0.4635，第3位）、长葛市（0.4535，第4位）、新密市（0.4442，第5位）、荥阳市（0.4403，第6位）、登封市（0.4396，第7位）、修武县（0.4364，第8位）、沁阳市（0.3833，第9位）和温县（0.3674，第10位）。

4. 发展潜力活力评价

位居前10位的依次分别是新郑市（0.8170，第1位）、新密市（0.6860，第2位）、荥阳市（0.6656，第3位）、禹州市（0.5892，第4位）、登封市（0.5363，第5位）、伊川县（0.4602，第6位）、长葛市（0.3905，第7位）、偃师市（0.3801，第8位）、濮阳县（0.3796，第9位）和灵宝市（0.3771，第10位）。

5. 发展效益评价

位居前10位的依次分别是新郑市（0.6926，第1位）、沁阳市（0.6275，第2位）、偃师市（0.6026，第3位）、新密市（0.5665，第4位）、博爱县（0.5599，第5位）、荥阳市（0.5552，第6位）、长葛市（0.5483，第7位）、登封市（0.5373，第8位）、孟州市（0.5314，第9位）和温县（0.5252，第10位）。

6. 民生幸福评价

位居前10位的依次分别是新郑市（0.9077，第1位）、荥阳市（0.8331，第2位）、义马市（0.8028，第3位）、新密市（0.7215，第4位）、偃师市（0.6895，第5位）、登封市（0.6305，第6位）、渑池县（0.5775，第7位）、沁阳市（0.5760，第8位）、孟州市（0.5614，第9位）和伊川县（0.5515，第10位）。

7. 农业综合能力

位居前10位的依次分别是唐河县（0.6536，第1位）、商水县（0.5709，第2位）、淮阳县（0.5388，第3位）、濮阳县（0.4863，第4位）、虞城县（0.4807，第5位）、西华县（0.4776，第6位）、汝南县（0.4740，第7位）、杞县（0.4648，第8位）、罗山县（0.4381，第9位）和项城市（0.4337，第10位）（见表2）。

表2 纳入中心城市组团发展范围的55个县（市）2018年评价结果

县市	综合评价		发展规模水平		发展结构		发展潜力活力		发展效益		民生幸福		农业综合能力	
	得分	排名	得分	排名	得分	排名	得分	排名	得分	排名	得分	排名	得分	排名
新郑市	0.7418	1	0.9999	1	0.4898	2	0.8170	1	0.6926	1	0.9077	1	0.1606	49
荥阳市	0.6117	2	0.7062	2	0.4403	6	0.6656	3	0.5552	6	0.8331	2	0.2121	40
新密市	0.5667	3	0.5854	3	0.4442	5	0.6860	2	0.5665	4	0.7215	4	0.1745	48
登封市	0.5104	4	0.5280	4	0.4396	7	0.5363	5	0.5373	8	0.6305	6	0.1765	46
偃师市	0.4872	5	0.4588	7	0.3626	12	0.3801	8	0.6026	3	0.6895	5	0.1320	53
长葛市	0.4790	6	0.4918	5	0.4535	4	0.3905	7	0.5483	7	0.5448	11	0.2667	34
义马市	0.4720	7	0.3284	13	0.8899	1	0.0677	47	0.3967	18	0.8028	3	0.0001	55
沁阳市	0.4500	8	0.4143	8	0.3833	9	0.2392	17	0.6275	2	0.5760	8	0.1813	45
新安县	0.4301	9	0.4902	6	0.3497	14	0.3219	13	0.5002	11	0.5299	12	0.1457	52
孟州市	0.4210	10	0.3556	12	0.4635	3	0.2016	22	0.5314	9	0.5614	9	0.1757	47
灵宝市	0.4080	11	0.4056	9	0.2992	22	0.3771	10	0.4644	12	0.5091	13	0.2617	37
禹州市	0.4072	12	0.3693	10	0.2830	24	0.5892	4	0.3972	17	0.4972	14	0.2669	33
渑池县	0.3643	13	0.3676	11	0.2873	23	0.1432	32	0.4197	15	0.5775	7	0.1554	50
温县	0.3573	14	0.2482	18	0.3674	10	0.1535	31	0.5252	10	0.4566	17	0.2115	41
辉县市	0.3551	15	0.2990	14	0.3076	21	0.2169	19	0.4386	14	0.4448	18	0.3505	21
博爱县	0.3521	16	0.2479	19	0.3412	15	0.1053	41	0.5599	5	0.4675	16	0.1485	51
伊川县	0.3422	17	0.2723	16	0.2215	36	0.4602	6	0.2714	43	0.5515	10	0.2486	39
武陟县	0.3407	18	0.2396	20	0.3270	16	0.2379	18	0.4472	13	0.4194	19	0.2919	30

续表

县市	综合评价		发展规模水平		发展结构		发展潜力活力		发展效益		民生幸福		农业综合能力	
	得分	排名	得分	排名	得分	排名	得分	排名	得分	排名	得分	排名	得分	排名
鄢陵县	0.3143	19	0.2206	22	0.3141	19	0.1636	29	0.4078	16	0.3933	21	0.3312	25
襄城县	0.3056	20	0.2559	17	0.2774	26	0.1667	26	0.3677	24	0.3944	20	0.3092	27
修武县	0.3052	21	0.1765	26	0.4364	8	0.0576	49	0.3637	25	0.4949	15	0.1135	54
孟津县	0.3028	22	0.2986	15	0.2642	27	0.1658	27	0.3719	23	0.3895	22	0.1881	44
临颍县	0.2923	23	0.1742	27	0.3635	11	0.1913	24	0.3782	20	0.3246	24	0.2913	31
濮阳县	0.2883	24	0.2078	23	0.2323	34	0.3796	9	0.3216	31	0.2457	36	0.4863	4
尉氏县	0.2777	25	0.2348	21	0.2247	35	0.2524	14	0.3306	29	0.2759	32	0.394	16
唐河县	0.2661	26	0.1103	38	0.2150	38	0.3393	12	0.2508	47	0.2899	30	0.6536	1
项城市	0.2653	27	0.1406	31	0.2443	30	0.2514	15	0.3728	22	0.2345	39	0.4337	10
汤阴县	0.2627	28	0.1801	25	0.3078	20	0.0208	53	0.3866	19	0.3220	25	0.2674	32
杞县	0.2472	29	0.1732	28	0.2397	32	0.1964	23	0.3151	32	0.2016	43	0.4648	8
镇平县	0.2459	30	0.1139	36	0.2481	29	0.3413	11	0.2268	49	0.3173	27	0.3107	26
通许县	0.2446	31	0.1651	29	0.2504	28	0.1268	35	0.3445	28	0.2609	35	0.3035	28
遂平县	0.2394	32	0.1577	30	0.2424	31	0.1045	43	0.2827	37	0.3181	26	0.3383	23
浚县	0.2313	33	0.0853	44	0.3225	17	0.0553	50	0.3128	33	0.2773	31	0.3612	20
延津县	0.2292	34	0.0786	47	0.3155	18	0.0198	54	0.3741	21	0.2698	33	0.2656	35
确山县	0.2258	35	0.1275	32	0.2059	39	0.0670	48	0.2665	45	0.3434	23	0.3619	19
清丰县	0.2247	36	0.1208	33	0.2213	37	0.1637	28	0.3025	35	0.2389	37	0.3453	22

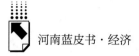
续表

县市	综合评价		发展规模水平		发展结构		发展潜力活力		发展效益		民生幸福		农业综合能力	
	得分	排名	得分	排名	得分	排名	得分	排名	得分	排名	得分	排名	得分	排名
罗山县	0.2217	37	0.0943	41	0.1775	44	0.1052	42	0.2812	38	0.3105	28	0.4381	9
舞阳县	0.2200	38	0.1143	35	0.2388	33	0.1557	30	0.3578	26	0.1568	50	0.3329	24
宜阳县	0.2150	39	0.1877	24	0.1548	52	0.2029	21	0.2758	40	0.2122	42	0.2623	36
虞城县	0.2147	40	0.1176	34	0.1731	47	0.1326	34	0.2737	41	0.2305	40	0.4807	5
西华县	0.2052	41	0.0961	40	0.1582	51	0.1714	25	0.3236	30	0.1394	53	0.4776	6
商水县	0.1998	42	0.0844	45	0.1204	55	0.1211	36	0.3073	34	0.1684	46	0.5709	2
民权县	0.1993	43	0.111	37	0.1771	45	0.1135	38	0.2499	48	0.2179	41	0.4250	13
卫辉市	0.1987	44	0.0620	50	0.2815	25	0.0261	51	0.2715	42	0.2946	29	0.2113	42
淮阳县	0.1960	45	0.0680	49	0.1328	53	0.2031	20	0.2695	44	0.1602	48	0.5388	3
汝南县	0.1958	46	0.0834	46	0.1785	43	0.1055	40	0.2641	46	0.1984	44	0.4740	7
方城县	0.1942	47	0.0859	43	0.1691	49	0.2398	16	0.1560	54	0.2638	34	0.3924	17
内黄县	0.1935	48	0.1063	39	0.1598	50	0.0788	46	0.3473	27	0.1290	54	0.4040	15
获嘉县	0.1931	49	0.0340	54	0.3531	13	0.0147	55	0.2876	36	0.2362	38	0.1898	43
柘城县	0.1883	50	0.0892	42	0.1715	48	0.1075	39	0.2765	39	0.1638	47	0.4271	12
叶县	0.1798	51	0.0769	48	0.1806	42	0.1342	33	0.2229	50	0.1698	45	0.4279	11
社旗县	0.1586	52	0.0604	51	0.1737	46	0.1143	37	0.1907	52	0.1599	49	0.3648	18
原阳县	0.1581	53	0.0572	52	0.2024	40	0.0924	44	0.1759	53	0.1467	52	0.4207	14
宁陵县	0.1348	54	0.0263	55	0.1835	41	0.0229	52	0.1947	51	0.1478	51	0.2966	29
鲁山县	0.1149	55	0.0484	53	0.1296	54	0.0826	45	0.1361	55	0.1162	55	0.2493	38

（二）基础条件比较好（人均 GDP2.5万元以上）的17个县（市）

1. 经济发展质量总体评价

位居前 5 位的依次分别是中牟县（0.5995，第 1 位）、巩义市（0.5904，第 2 位）、林州市（0.4301，第 3 位）、永城市（0.3778，第 4 位）、淇县（0.3540、第 5 位）。

2. 发展规模水平评价

位居前 5 位的依次分别是中牟县（0.6752，第 1 位）、巩义市（0.6609，第 2 位）、林州市（0.3951，第 3 位）、永城市（0.3885，第 4 位）和汝州市（0.3400，第 5 位）。

3. 发展结构评价

位居前 5 位的依次分别是巩义市（0.4880，第 1 位）、林州市（0.4489，第 2 位）、淇县（0.4464，第 3 位）、新乡县（0.4187，第 4 位）和中牟县（0.4016，第 5 位）。

4. 发展潜力活力评价

位居前 5 位的依次分别是中牟县（0.7869，第 1 位）、巩义市（0.7108，第 2 位）、永城市（0.3897，第 3 位）、林州市（0.3866，第 4 位）和汝州市（0.3116，第 5 位）。

5. 发展效益评价

位居前 5 位的依次分别是中牟县（0.6088，第 1 位）、巩义市（0.552，第 2 位）、安阳县（0.5246，第 3 位）、淇县（0.4539，第 4 位）和新乡县（0.4513，第 5 位）。

6. 民生幸福评价

位居前 5 位的依次分别是巩义市（0.7574，第 1 位）、中牟县（0.7099，第 2 位）、林州市（0.6478，第 3 位）、新乡县（0.5986，第 4 位）和栾川县（0.5577，第 5 位）。

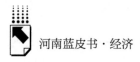
7. 农业基础能力

位居前 5 位的依次分别是永城市（0.6065，第 1 位）、新野县（0.3492，第 2 位）、嵩县（0.2756，第 3 位）、汝州市（0.2754，第 4 位）和洛宁县（0.2577，第 5 位）（见表3）。

（三）农区县33个

1. 经济发展质量总体评价

位居前 5 位的依次分别是长垣县（0.3621，第 1 位）、邓州市（0.2896，第 2 位）、固始县（0.2717，第 3 位）、鹿邑县（0.2543，第 4 位）和兰考县（0.2442，第 5 位）。

2. 发展规模水平评价

位居前 5 位的依次分别是长垣县（0.2566，第 1 位）、兰考县（0.2204，第 2 位）、邓州市（0.1847，第 3 位）、鹿邑县（0.1640，第 4 位）和固始县（0.1456，第 5 位）。

3. 发展结构评价

位居前 5 位的依次分别是长垣县（0.4777，第 1 位）、潢川县（0.2653，第 2 位）、内乡县（0.2319，第 3 位）、郏县（0.2301，第 4 位）和鹿邑县（0.2284，第 5 位）。

4. 发展潜力活力评价

位居前 5 位的依次分别是固始县（0.3747，第 1 位）、邓州市（0.3598，第 2 位）、鹿邑县（0.2379，第 3 位）、太康县（0.2282，第 4 位）和淅川县（0.2198，第 5 位）。

5. 发展效益评价

位居前 5 位的依次分别是南乐县（0.3538，第 1 位）、范县（0.3300，第 2 位）、长垣县（0.3229，第 3 位）、鹿邑县（0.3050，第 4 位）和西平县（0.2904，第 5 位）。

6. 民生幸福评价

位居前 5 位的依次分别是长垣县（0.5423，第 1 位）、淅川县（0.3478，

表3 基础条件比较好（人均GDP2.5万元以上）的17个县（市）2018年评价结果

县市	综合评价		发展规模水平		发展结构		发展潜力活力		发展效益		民生幸福		农业基础能力	
	得分	排名	得分	排名	得分	排名	得分	排名	得分	排名	得分	排名	得分	排名
中牟县	0.5995	1	0.6752	1	0.4016	5	0.7869	1	0.6088	1	0.7099	2	0.1897	10
巩义市	0.5904	2	0.6609	2	0.4880	1	0.7108	2	0.5529	2	0.7574	1	0.0919	17
林州市	0.4301	3	0.3951	3	0.4489	2	0.3866	4	0.3578	7	0.6478	3	0.1974	9
永城市	0.3778	4	0.3885	4	0.2378	13	0.3897	3	0.3431	8	0.4214	11	0.6065	1
淇县	0.3540	5	0.3117	6	0.4464	3	0.0515	15	0.4539	4	0.4637	8	0.1880	11
新乡县	0.3391	6	0.1726	11	0.4187	4	0.0169	17	0.4513	5	0.5986	4	0.1375	16
汝州市	0.3389	7	0.3400	5	0.3078	7	0.3116	5	0.3083	9	0.4375	9	0.2754	4
安阳市	0.3327	8	0.1827	10	0.2933	9	0.1812	8	0.5246	3	0.4366	10	0.2331	6
西峡县	0.3042	9	0.2410	8	0.2972	8	0.1819	7	0.2533	15	0.5575	6	0.1719	13
宝丰县	0.2914	10	0.2522	7	0.2919	10	0.1005	13	0.3900	6	0.3820	12	0.1814	12
栾川县	0.2897	11	0.2314	9	0.2224	15	0.1275	11	0.2892	10	0.5577	5	0.1494	14
新野县	0.2690	12	0.1481	12	0.2510	12	0.2660	6	0.2885	11	0.3567	13	0.3492	2
舞钢市	0.2500	13	0.1098	15	0.3447	6	0.0668	14	0.2298	16	0.4976	7	0.1383	15
新县	0.2205	14	0.1080	16	0.2568	11	0.0512	16	0.2838	12	0.3489	14	0.2017	8
桐柏县	0.2113	15	0.1332	14	0.2253	14	0.1636	9	0.2658	13	0.2446	16	0.2236	7
洛宁县	0.1869	16	0.1472	13	0.1141	17	0.1169	12	0.2540	14	0.2271	17	0.2577	5
嵩县	0.1815	17	0.0929	17	0.1170	16	0.1508	10	0.1910	17	0.2960	15	0.2756	3

第 2 位)、内乡县(0.325,第 3 位)、固始县(0.3144,第 4 位)和潢川县(0.3133,第 5 位)。

7. 农业基础能力

位居前 5 位的依次分别是邓州市(0.7054,第 1 位)、滑县(0.6783,第 2 位)、固始县(0.6090,第 3 位)、太康县(0.5906,第 4 位)和封丘县(0.5880,第 5 位)(见表 4)。

(四)105个县(市)总体评价

1. 经济发展质量总体评价

位居前 10 位的依次分别是新郑市(0.7418,第 1 位)、荥阳市(0.6117,第 2 位)、中牟县(0.5995,第 3 位)、巩义市(0.5904,第 4 位)、新密市(0.5667,第 5 位)、登封市(0.5104,第 6 位)、偃师市(0.4872,第 7 位)、长葛市(0.4790,第 8 位)、义马市(0.4720,第 9 位)和沁阳市(0.4500,第 10 位)。

2. 发展规模水平评价

位居前 10 位的依次分别是新郑市(0.9999,第 1 位)、荥阳市(0.7062,第 2 位)、中牟县(0.6752,第 3 位)、巩义市(0.6609,第 4 位)、新密市(0.5854,第 5 位)、登封市(0.5280,第 6 位)、长葛市(0.4918,第 7 位)、新安县(0.4902,第 8 位)、偃师市(0.4588,第 9 位)和沁阳市(0.4143,第 10 位)。

3. 发展结构评价

位居前 10 位的依次分别是义马市(0.8899,第 1 位)、新郑市(0.4898,第 2 位)、巩义市(0.488,第 3 位)、长垣县(0.4777,第 4 位)、孟州市(0.4635,第 5 位)、长葛市(0.4535,第 6 位)、林州市(0.4489,第 7 位)、淇县(0.4464,第 8 位)、新密市(0.4442,第 9 位)和荥阳市(0.4403,第 10 位)。

4. 发展潜力活力评价

位居前 10 位的依次分别是新郑市(0.817,第 1 位)、中牟县(0.7869,

表4 农区县33个2018年评价结果

县市	综合评价		发展规模水平		发展结构		发展潜力活力		发展效益		民生幸福		农业基础能力	
	得分	排名	得分	排名	得分	排名	得分	排名	得分	排名	得分	排名	得分	排名
长垣县	0.3621	1	0.2566	1	0.4777	1	0.1740	9	0.3229	3	0.5423	1	0.3528	21
邓州市	0.2896	2	0.1847	3	0.2125	8	0.3598	2	0.2478	15	0.3016	7	0.7054	1
固始县	0.2717	3	0.1456	5	0.2032	11	0.3747	1	0.2249	23	0.3144	4	0.6090	3
鹿邑县	0.2543	4	0.164	4	0.2284	5	0.2379	3	0.3050	4	0.2445	14	0.4542	14
兰考县	0.2442	5	0.2204	2	0.2108	9	0.1651	12	0.2856	6	0.2599	11	0.3426	22
潢川县	0.2436	6	0.1136	10	0.2653	2	0.1722	10	0.2593	10	0.3133	5	0.4348	15
西平县	0.2308	7	0.1101	11	0.1876	14	0.1686	11	0.2904	5	0.2709	9	0.4665	13
内乡县	0.2217	8	0.1183	8	0.2319	3	0.1944	6	0.2056	26	0.325	3	0.2994	25
滑县	0.2171	9	0.0956	17	0.1466	32	0.1599	15	0.2749	8	0.1917	24	0.6783	2
淅川县	0.2153	10	0.1083	13	0.2141	7	0.2198	5	0.1762	31	0.3478	2	0.2645	28
太康县	0.2151	11	0.0966	16	0.1779	21	0.2282	4	0.2541	12	0.1709	28	0.5906	4
南乐县	0.2128	12	0.1022	14	0.2184	6	0.0943	27	0.3538	1	0.2044	23	0.3016	24
泌阳县	0.2084	13	0.1138	9	0.2073	10	0.1170	20	0.2488	14	0.2429	15	0.4046	16
平舆县	0.2065	14	0.0946	18	0.1896	13	0.1306	19	0.2555	11	0.253	13	0.3995	18
夏邑县	0.2060	15	0.084	21	0.1744	23	0.1487	16	0.2367	20	0.2399	16	0.5131	8
郸城县	0.2018	16	0.0991	15	0.1792	19	0.1609	14	0.2782	7	0.1517	31	0.4980	9

续表

县市	综合评价		发展规模水平		发展结构		发展潜力活力		发展效益		民生幸福		农业基础能力	
	得分	排名	得分	排名	得分	排名	得分	排名	得分	排名	得分	排名	得分	排名
沈丘县	0.2016	17	0.1236	7	0.1869	15	0.1913	7	0.2375	19	0.1533	30	0.4794	11
光山县	0.2007	18	0.0715	23	0.1834	17	0.1337	18	0.2448	17	0.2737	8	0.3723	20
范县	0.1979	19	0.1309	6	0.1848	16	0.0991	25	0.3300	2	0.1639	29	0.2695	27
息县	0.1965	20	0.0626	27	0.1633	28	0.1870	8	0.1766	30	0.2565	12	0.5403	6
商城县	0.1911	21	0.0908	19	0.1721	26	0.1071	22	0.2466	16	0.2638	10	0.2840	26
上蔡县	0.1859	22	0.0655	25	0.1586	29	0.1341	17	0.2294	22	0.1881	26	0.5164	7
扶沟县	0.1829	23	0.0821	22	0.1812	18	0.1099	21	0.2497	13	0.1741	27	0.4032	17
正阳县	0.1759	24	0.0646	26	0.1501	30	0.0839	29	0.2020	27	0.2166	19	0.4940	10
郏县	0.1753	25	0.0889	20	0.2301	4	0.0900	28	0.2325	21	0.1888	25	0.2295	30
睢县	0.1741	26	0.0585	28	0.1736	24	0.1027	23	0.2086	25	0.2128	20	0.3993	19
淮滨县	0.1735	27	0.0669	24	0.1983	12	0.0981	26	0.1869	29	0.2327	17	0.3362	23
新蔡县	0.1693	28	0.0569	29	0.1475	31	0.0823	30	0.1984	28	0.2078	21	0.4712	12
封丘县	0.1676	29	0.0242	33	0.1679	27	0.0446	31	0.2398	18	0.1492	32	0.5880	5
汝阳县	0.1666	30	0.1099	12	0.1734	25	0.1002	24	0.2152	24	0.2055	22	0.1691	32
南召县	0.1539	31	0.0491	31	0.1769	22	0.1645	13	0.1646	32	0.2203	18	0.1662	33
台前县	0.1379	32	0.052	30	0.1780	20	0.0001	33	0.2614	9	0.1154	33	0.2081	31
卢氏县	0.1330	33	0.0346	32	0.0996	33	0.0253	32	0.1215	33	0.302	6	0.2318	29

第2位）、巩义市（0.7108，第3位）、新密市（0.686，第4位）、荥阳市（0.6656，第5位）、禹州市（0.5892，第6位）、登封市（0.5363，第7位）、伊川县（0.4602，第8位）、长葛市（0.3905，第9位）和永城市（0.3897，第10位）。

5. 发展效益评价

位居前10位的依次分别是新郑市（0.6926，第1位）、沁阳市（0.6275，第2位）、中牟县（0.6088，第3位）、偃师市（0.6026，第4位）、新密市（0.5665，第5位）、博爱县（0.5599，第6位）、荥阳市（0.5552，第7位）、巩义市（0.5529，第8位）、长葛市（0.5483，第9位）和登封市（0.5373，第10位）。

6. 民生幸福评价

位居前10位的依次分别是新郑市（0.9077，第1位）、荥阳市（0.8331，第2位）、义马市（0.8028，第3位）、巩义市（0.7574，第4位）、新密市（0.7215，第5位）、中牟县（0.7099，第6位）、偃师市（0.6895，第7位）、林州市（0.6478，第8位）、登封市（0.6305，第9位）和新乡县（0.5986，第10位）。

7. 农业基础能力

位居前10位的依次分别是邓州市（0.7054，第1位）、滑县（0.6783，第2位）、唐河县（0.6536，第3位）、固始县（0.6090，第4位）、永城市（0.6065，第5位）、太康县（0.5906，第6位）、封丘县（0.5880，第7位）、商水县（0.5709，第8位）、息县（0.5403，第9位）和淮阳县（0.5388，第10位）（见表5）。

（五）10个省直管县（市）的评价结果

1. 经济发展质量总体评价

位居前5位的依次分别是：巩义市（0.5861，第1位）、永城市（0.3827，第2位）、汝州市（0.3510，第3位）、长垣县（0.3269，第4位）、邓州市（0.3092，第5位）。

表5 河南105个县（市）2018年总体评价结果

县市	综合评价		发展规模水平		发展结构		发展潜力活力		发展效益		民生幸福		农业基础能力	
	得分	排名	得分	排名	得分	排名	得分	排名	得分	排名	得分	排名	得分	排名
新郑市	0.7418	1	0.9999	1	0.4898	2	0.817	1	0.6926	1	0.9077	1	0.1606	95
荥阳市	0.6117	2	0.7062	2	0.4403	10	0.6656	5	0.5552	7	0.8331	2	0.2121	77
中牟县	0.5995	3	0.6752	3	0.4016	14	0.7869	2	0.6088	3	0.7099	6	0.1897	84
巩义市	0.5904	4	0.6609	4	0.488	3	0.7108	3	0.5529	8	0.7574	4	0.0919	104
新密市	0.5667	5	0.5854	5	0.4442	9	0.686	4	0.5665	5	0.7215	5	0.1745	91
登封市	0.5104	6	0.5280	6	0.4396	11	0.5363	7	0.5373	10	0.6305	9	0.1765	89
偃师市	0.4872	7	0.4588	9	0.3626	18	0.3801	12	0.6026	4	0.6895	7	0.1320	102
长葛市	0.4790	8	0.4918	7	0.4535	6	0.3905	9	0.5483	9	0.5448	17	0.2667	65
义马市	0.4720	9	0.3284	18	0.8899	1	0.0677	90	0.3967	23	0.8028	3	0.0010	105
沁阳市	0.4500	10	0.4143	10	0.3833	15	0.2392	25	0.6275	2	0.576	12	0.1813	88
新安县	0.4301	11	0.4902	8	0.3497	20	0.3219	19	0.5002	14	0.5299	19	0.1457	99
林州市	0.4301	12	0.3951	12	0.4489	7	0.3866	11	0.3578	33	0.6478	8	0.1974	82
孟州市	0.4210	13	0.3556	16	0.4635	5	0.2016	33	0.5314	11	0.5614	13	0.1757	90
灵宝市	0.4080	14	0.4056	11	0.2992	30	0.3771	14	0.4644	15	0.5091	20	0.2617	69
禹州市	0.4072	15	0.3693	14	0.283	35	0.5892	6	0.3972	22	0.4972	22	0.2669	64
永城市	0.3778	16	0.3885	13	0.2378	48	0.3897	10	0.3431	37	0.4214	30	0.6065	5
渑池县	0.3643	17	0.3676	15	0.2873	34	0.1432	58	0.4197	20	0.5775	11	0.1554	96
长垣县	0.3621	18	0.2566	23	0.4777	4	0.174	41	0.3229	41	0.5423	18	0.3528	42
温县	0.3573	19	0.2482	26	0.3674	16	0.1535	55	0.5252	12	0.4566	26	0.2115	78

续表

县市	综合评价		发展规模水平		发展结构		发展潜力活力		发展效益		民生幸福		农业基础能力	
	得分	排名	得分	排名	得分	排名	得分	排名	得分	排名	得分	排名	得分	排名
辉县市	0.3551	20	0.2990	20	0.3076	29	0.2169	30	0.4386	19	0.4448	27	0.3505	43
淇县	0.3540	21	0.3117	19	0.4464	8	0.0515	95	0.4539	16	0.4637	25	0.1880	86
博爱县	0.3521	22	0.2479	27	0.3412	22	0.1053	75	0.5599	6	0.4675	24	0.1485	98
伊川县	0.3422	23	0.2723	22	0.2215	56	0.4602	8	0.2714	63	0.5515	16	0.2486	72
武陟县	0.3407	24	0.2396	29	0.327	23	0.2379	26	0.4472	18	0.4194	31	0.2919	57
新乡县	0.3391	25	0.1726	42	0.4187	13	0.0169	103	0.4513	17	0.5986	10	0.1375	101
汝州市	0.3389	26	0.3400	17	0.3078	27	0.3116	20	0.3083	45	0.4375	28	0.2754	61
安阳县	0.3327	27	0.1827	37	0.2933	32	0.1812	40	0.5246	13	0.4366	29	0.2331	73
鄢陵县	0.3143	28	0.2206	32	0.3141	26	0.1636	50	0.4078	21	0.3933	33	0.3312	50
襄城县	0.3056	29	0.2559	24	0.2774	37	0.1667	45	0.3677	30	0.3944	32	0.3092	52
修武县	0.3052	30	0.1765	39	0.4364	12	0.0576	93	0.3637	31	0.4949	23	0.1135	103
西峡县	0.3042	31	0.2410	28	0.2972	31	0.1819	39	0.2533	73	0.5575	15	0.1719	92
孟津县	0.3028	32	0.2986	21	0.2642	39	0.1658	46	0.3719	29	0.3895	34	0.1881	85
临颍县	0.2923	33	0.1742	40	0.3635	17	0.1913	36	0.3782	26	0.3246	41	0.2913	58
宝丰县	0.2914	34	0.2522	25	0.2919	33	0.1005	79	0.39	24	0.382	35	0.1814	87
栾川县	0.2897	35	0.2314	31	0.2224	55	0.1275	64	0.2892	50	0.5577	14	0.1494	97
邓州市	0.2896	36	0.1847	36	0.2125	61	0.3598	16	0.2478	78	0.3016	49	0.7054	1

续表

县市	综合评价		发展规模水平		发展结构		发展潜力活力		发展效益		民生幸福		农业基础能力	
	得分	排名	得分	排名	得分	排名	得分	排名	得分	排名	得分	排名	得分	排名
濮阳县	0.2883	37	0.2078	34	0.2323	49	0.3796	13	0.3216	42	0.2457	64	0.4863	15
尉氏县	0.2777	38	0.2348	30	0.2247	54	0.2524	22	0.3306	38	0.2759	54	0.3940	36
固始县	0.2717	39	0.1456	48	0.2032	65	0.3747	15	0.2249	88	0.3144	45	0.6090	4
新野县	0.2690	40	0.1481	46	0.251	41	0.266	21	0.2885	51	0.3567	36	0.3492	44
唐河县	0.2661	41	0.1103	62	0.215	59	0.3393	18	0.2508	74	0.2899	52	0.6536	3
项城市	0.2653	42	0.1406	49	0.2443	44	0.2514	23	0.3728	28	0.2345	71	0.4337	26
汤阴县	0.2627	43	0.1801	38	0.3078	28	0.0208	101	0.3866	25	0.322	42	0.2674	63
鹿邑县	0.2543	44	0.1640	44	0.2284	52	0.2379	27	0.305	47	0.2445	66	0.4542	23
舞钢市	0.2500	45	0.1098	65	0.3447	21	0.0668	92	0.2298	85	0.4976	21	0.1383	100
杞县	0.2472	46	0.1732	41	0.2397	46	0.1964	34	0.3151	43	0.2016	83	0.4648	22
镇平县	0.2459	47	0.1139	58	0.2481	43	0.3413	17	0.2268	87	0.3173	44	0.3107	51
通许县	0.2446	48	0.1651	43	0.2504	42	0.1268	65	0.3445	36	0.2609	60	0.3035	53
兰考县	0.2442	49	0.2204	33	0.2108	62	0.1651	47	0.2856	53	0.2599	61	0.3426	46
潢川县	0.2436	50	0.1136	60	0.2653	38	0.1722	42	0.2593	69	0.3133	46	0.4348	25
遂平县	0.2394	51	0.1577	45	0.2424	45	0.1045	77	0.2827	55	0.3181	43	0.3383	47
淩县	0.2313	52	0.0853	81	0.3225	24	0.0553	94	0.3128	44	0.2773	53	0.3612	41
西平县	0.2308	53	0.1101	63	0.1876	69	0.1686	44	0.2904	49	0.2709	56	0.4665	21

续表

县市	综合评价		发展规模水平		发展结构		发展潜力活力		发展效益		民生幸福		农业基础能力	
	得分	排名	得分	排名	得分	排名	得分	排名	得分	排名	得分	排名	得分	排名
延津县	0.2292	54	0.0786	86	0.3155	25	0.0198	102	0.3741	27	0.2698	57	0.2656	66
确山县	0.2258	55	0.1275	52	0.2059	64	0.067	91	0.2665	65	0.3434	39	0.3619	40
清丰县	0.2247	56	0.1208	54	0.2213	57	0.1637	49	0.3025	48	0.2389	69	0.3453	45
内乡县	0.2217	57	0.1183	55	0.2319	50	0.1944	35	0.2056	92	0.3250	40	0.2994	55
罗山县	0.2217	58	0.0943	75	0.1775	80	0.1052	76	0.2812	56	0.3105	47	0.4381	24
新县	0.2205	59	0.1080	67	0.2568	40	0.0512	96	0.2838	54	0.3489	37	0.2017	81
舞阳县	0.2200	60	0.1143	57	0.2388	47	0.1557	54	0.3578	32	0.1568	96	0.3329	49
渑池县	0.2171	61	0.0956	73	0.1466	99	0.1599	53	0.2749	60	0.1917	85	0.6783	2
淅川县	0.2153	62	0.1083	66	0.2141	60	0.2198	29	0.1762	100	0.3478	38	0.2645	67
太康县	0.2151	63	0.0966	71	0.1779	79	0.2282	28	0.2541	71	0.1709	89	0.5906	6
宜阳县	0.2150	64	0.1877	35	0.1548	96	0.2029	32	0.2758	59	0.2122	79	0.2623	68
虞城县	0.2147	65	0.1176	56	0.1731	87	0.1326	62	0.2737	61	0.2305	73	0.4807	16
南乐县	0.2128	66	0.1022	69	0.2184	58	0.0943	83	0.3538	34	0.2044	82	0.3016	54
桐柏县	0.2113	67	0.1332	50	0.2253	53	0.1636	51	0.2658	66	0.2446	65	0.2236	76
泌阳县	0.2084	68	0.1138	59	0.2073	63	0.1170	67	0.2488	77	0.2429	67	0.4046	31
平舆县	0.2065	69	0.0946	74	0.1896	68	0.1306	63	0.2555	70	0.2530	63	0.3995	34
夏邑县	0.2060	70	0.0840	83	0.1744	83	0.1487	57	0.2367	83	0.2399	68	0.5131	12

续表

县市	综合评价		发展规模水平		发展结构		发展潜力活力		发展效益		民生幸福		农业基础能力	
	得分	排名	得分	排名	得分	排名	得分	排名	得分	排名	得分	排名	得分	排名
西华县	0.2052	71	0.0961	72	0.1582	95	0.1714	43	0.3236	40	0.1394	102	0.4776	18
郸城县	0.2018	72	0.0991	70	0.1792	76	0.1609	52	0.2782	57	0.1517	98	0.4980	13
沈丘县	0.2016	73	0.1236	53	0.1869	70	0.1913	37	0.2375	82	0.1533	97	0.4794	17
光山县	0.2007	74	0.0715	88	0.1834	73	0.1337	61	0.2448	80	0.2737	55	0.3723	38
商水县	0.1998	75	0.0844	82	0.1204	102	0.1211	66	0.3073	46	0.1684	91	0.5709	8
民权县	0.1993	76	0.1110	61	0.1771	81	0.1135	70	0.2499	75	0.2179	76	0.4250	29
卫辉市	0.1987	77	0.0620	94	0.2815	36	0.0261	98	0.2715	62	0.2946	51	0.2113	79
范县	0.1979	78	0.1309	51	0.1848	71	0.0991	81	0.3300	39	0.1639	92	0.2695	62
息县	0.1965	79	0.0626	93	0.1633	92	0.1870	38	0.1766	99	0.2565	62	0.5403	9
淮阳县	0.1960	80	0.0680	89	0.1328	100	0.2031	31	0.2695	64	0.1602	94	0.5388	10
汝南县	0.1958	81	0.0834	84	0.1785	77	0.1055	74	0.2641	67	0.1984	84	0.4740	19
方城县	0.1942	82	0.0859	80	0.1691	90	0.2398	24	0.156	103	0.2638	59	0.3924	37
内黄县	0.1935	83	0.1063	68	0.1598	93	0.0788	89	0.3473	35	0.1290	103	0.4040	32
获嘉县	0.1931	84	0.0340	103	0.3531	19	0.0147	104	0.2876	52	0.2362	70	0.1898	83
商城县	0.1911	85	0.0908	77	0.1721	88	0.1071	73	0.2466	79	0.2638	58	0.2840	59
柘城县	0.1883	86	0.0892	78	0.1715	89	0.1075	72	0.2765	58	0.1638	93	0.4271	28
洛宁县	0.1869	87	0.1472	47	0.1141	104	0.1169	68	0.2540	72	0.2271	74	0.2577	70

续表

县市	综合评价		发展规模水平		发展结构		发展潜力活力		发展效益		民生幸福		农业基础能力	
	得分	排名	得分	排名	得分	排名	得分	排名	得分	排名	得分	排名	得分	排名
上蔡县	0.1859	88	0.0655	91	0.1586	94	0.1341	60	0.2294	86	0.1881	87	0.5164	11
扶沟县	0.1829	89	0.0821	85	0.1812	74	0.1099	71	0.2497	76	0.1741	88	0.4032	33
嵩县	0.1815	90	0.0929	76	0.117	103	0.1508	56	0.1910	96	0.296	50	0.2756	60
叶县	0.1798	91	0.0769	87	0.1806	75	0.1342	59	0.2229	89	0.1698	90	0.4279	27
正阳县	0.1759	92	0.0646	92	0.1501	97	0.0839	86	0.2020	93	0.2166	77	0.4940	14
郏县	0.1753	93	0.0889	79	0.2301	51	0.0900	85	0.2325	84	0.1888	86	0.2295	75
睢县	0.1741	94	0.0585	96	0.1736	85	0.1027	78	0.2086	91	0.2128	78	0.3993	35
淮滨县	0.1735	95	0.0669	90	0.1983	67	0.0981	82	0.1869	98	0.2327	72	0.3362	48
新蔡县	0.1693	96	0.0569	98	0.1475	98	0.0823	88	0.1984	94	0.2078	80	0.4712	20
封丘县	0.1676	97	0.0242	105	0.1679	91	0.0446	97	0.2398	81	0.1492	99	0.5880	7
汝阳县	0.1666	98	0.1099	64	0.1734	86	0.1002	80	0.2152	90	0.2055	81	0.1691	93
社旗县	0.1586	99	0.0604	95	0.1737	84	0.1143	69	0.1907	97	0.1599	95	0.3648	39
原阳县	0.1581	100	0.0572	97	0.2024	66	0.0924	84	0.1759	101	0.1467	101	0.4207	30
南召县	0.1539	101	0.0491	100	0.1769	82	0.1645	48	0.1646	102	0.2203	75	0.1662	94
台前县	0.1379	102	0.0520	99	0.178	78	0.0001	105	0.2614	68	0.1154	105	0.2081	80
宁陵县	0.1348	103	0.0263	104	0.1835	72	0.0229	100	0.1947	95	0.1478	100	0.2966	56
卢氏县	0.1330	104	0.0346	102	0.0996	105	0.0253	99	0.1215	105	0.3020	48	0.2318	74
鲁山县	0.1149	105	0.0484	101	0.1296	101	0.0826	87	0.1361	104	0.1162	104	0.2493	71

2. 发展规模水平评价

位居前 5 位的依次分别是：巩义市（0.6455，第 1 位）、永城市（0.3887，第 2 位）、汝州市（0.3124，第 3 位）、长垣县（0.2358，第 4 位）、兰考县（0.2091，第 5 位）。

3. 发展结构评价

位居前 5 位的依次分别是：巩义市（0.6569，第 1 位）、长垣县（0.5748，第 2 位）、汝州市（0.4678，第 3 位）、永城市（0.3275，第 4 位）、邓州市（0.3201，第 5 位）。

4. 发展潜力活力评价

位居前 5 位的依次分别是：巩义市（0.7641，第 1 位）、永城市（0.4185，第 2 位）、固始县（0.4041，第 3 位）、邓州市（0.3927，第 4 位）、汝州市（0.3358，第 5 位）。

5. 发展效益评价

位居前 5 位的依次分别是：巩义市（0.4453，第 1 位）、汝州市（0.2529，第 2 位）、鹿邑县（0.2425，第 3 位）、兰考县（0.2416，第 4 位）、永城市（0.2036，第 5 位）。

6. 民生幸福评价

位居前 5 位的依次分别是：巩义市（0.7013，第 1 位）、长垣县（0.5029，第 2 位）、汝州市（0.4321，第 3 位）、永城市（0.4124，第 4 位）、固始县（0.3126，第 5 位）。

7. 农业基础能力

位居前 5 位的依次分别是：滑县（0.8064，第 1 位）、邓州市（0.7970，第 2 位）、固始县（0.7630，第 3 位）、永城市（0.7101，第 4 位）、鹿邑县（0.5397，第 5 位）。

三　结论与反思

通过对河南 105 个县域经济中，纳入中心城市组团发展范围的县（市）

表6 10个省直管县（市）2018年评价结果

县市	综合评价		发展规模水平		发展结构		发展潜力活力		发展效益		民生幸福		农业基础能力	
	得分	排名	得分	排名	得分	排名	得分	排名	得分	排名	得分	排名	得分	排名
巩义市	0.5861	1	0.6455	1	0.6569	1	0.7641	1	0.4453	1	0.7013	1	0.1588	10
永城市	0.3827	2	0.3887	2	0.3275	4	0.4185	2	0.2036	5	0.4124	4	0.7101	4
汝州市	0.351	3	0.3124	3	0.4678	3	0.3358	5	0.2529	2	0.4321	3	0.3693	9
长垣县	0.3269	4	0.2358	4	0.5748	2	0.1933	7	0.1777	7	0.5029	2	0.3994	8
邓州市	0.3092	5	0.1826	6	0.3201	5	0.3927	4	0.1917	6	0.2837	6	0.797	2
固始县	0.2931	6	0.1521	8	0.3035	7	0.4041	3	0.1386	10	0.3126	5	0.763	3
鹿邑县	0.2604	7	0.1654	7	0.3199	6	0.2523	6	0.2425	3	0.229	8	0.5397	5
兰考县	0.2558	8	0.2091	5	0.3021	8	0.1746	8	0.2416	4	0.2695	7	0.4345	7
滑县	0.2203	9	0.0992	9	0.1933	10	0.1713	9	0.1697	8	0.1855	10	0.8064	1
新蔡县	0.1782	10	0.0582	10	0.2418	9	0.0889	10	0.1451	9	0.2133	9	0.5249	6

55个、基础条件比较好（人均生产总值2.5万元以上）的县（市）17个、农区县33个三大类，以及10个省直管县进行各类指标评价的多类别视角比较，可以发现河南县域经济发展分化明显与异质性挑战严峻，县域经济发展的各分层面指标的各个亚层功能作用具有明显的内在关联性与地位差异性，应借力相关河南的国家重大发展战略，培育县域经济发展特色，持续追求高质量发展。

（一）县域经济发展分化明显与异质性挑战严峻

依据现有的源自统计部门的可得的权威数据基础，基本能体现县域经济发展质量的规模发展水平、结构发展层次、增长潜力活力、发展效率效益、民生幸福获得感以及农业基础功能等层面的评价结果，表明县域经济发展的差距依然存在，部分县域之间甚至有差距拉大的态势，河南县域经济发展的空间地域非均衡格局挑战严峻。在县域经济发展总体105个县市之间，在纳入中心城市组团发展范围的55个县市之间，在基础条件比较好的17个县市之间，在农区县域经济33个县市之间，在省级直管县域经济10个县市之间，以及在体现县域经济发展质量的总体水平、规模档次、结构层次、潜力活力、效率效益、民生幸福以及农业基础7个层级之间等，均表现出明显的空间地域性异质性和发展的非均衡性态势。

1. 河南县域经济发展总体水平表现出明显的分化与异质性

一是极端数值水平差距明显。105个县（市）的总体发展绩效指数最大值0.7418，是最小值0.1149的6.46倍。二是分位数与均值相互之间差距明显。1%分位数〔即河南105个县（市）的分析对象数据，按照由小到大排序，该分位数大约在1%的位置上；分位数的内涵以下同〕为0.1330，是县域经济发展绩效指数平均值0.2743的48.48%；5%分位数为0.1581，是平均值的57.64%；95%分位数为0.5104，是平均值的1.86倍；99%分位数为0.6117，是平均值的2.23倍。

2. 河南县域经济发展规模水平表现出明显的分化与异质性

一是极端数值水平差距明显。105个县（市）的规模发展水平指数最大值为 0.9999，是最小值 0.0242 的 41.32 倍。二是分位数与均值相互之间差距明显。1% 分位数为 0.0263，是县域发展规模指数平均值 0.1939 的 13.56%；5% 分位数为 0.0491，是平均值的 25.32%；95% 分位数为 0.5211，是平均值的 2.72 倍；99% 分位数为 0.6974，是平均值的 3.60 倍。

3. 河南县域经济发展结构水平表现出明显的分化与异质性

一是极端数值水平差距明显。105 个县（市）的结构发展指数最大值 0.8899，是最小值 0.0996 的 8.93 倍。二是分位数与均值相互之间差距明显。1% 分位数为 0.1141，是县域经济结构发展指数平均值 0.3460 的 44.03%；5% 分位数为 0.1328，是平均值的 51.25%；95% 分位数为 0.4535，是平均值的 1.75 倍；99% 分位数为 0.4898，是平均值的 1.89 倍。

4. 河南县域经济发展潜力活力水平表现出明显的分化与异质性

一是极端数值水平差距明显。105 个县（市）的潜力活力发展指数最大值 0.8170，是最小值 0.0010 的 817.0 倍。二是分位数与均值之间差距明显。1% 分位数为 0.0147，是县域发展潜力活力指数平均值 0.1981 的 7.42%；5% 分位数为 0.0229，是平均值的 11.56%；95% 分位数为 0.5892，是平均值的 2.97 倍；99% 分位数为 0.7869，是平均值的 3.97 倍。

5. 河南县域经济发展效益水平表现出明显的分化与异质性

一是极端数值水平差距明显。105 个县（市）的效益发展指数最大值 0.6926，是最小值 0.1215 的 5.72 倍。二是分位数与均值相互之间差距明显。1% 分位数为 0.1361，是县域经济效益发展指数平均值 0.3232 的 42.11%；5% 分位数为 0.1762，是平均值的 54.52%；95% 分位数为 0.5599，是平均值的 1.733 倍；99% 分位数为 0.6275，是平均值的 1.94 倍。

6. 河南县域经济发展民生幸福获得感水平表现出明显的分化与异质性

一是极端数值水平差距明显。105 个县（市）的民生发展指数最大值 0.9077，是最小值 0.1154 的 7.87 倍。二是分位数与均值相互之间差距明显。1% 分位数为 0.1162，是县域经济民生发展指数平均值 0.3407 的 34.11%；5% 分位数为 0.1478，是平均值的 43.38%；95% 分位数为 0.7099，是平均值的 2.09 倍；99% 分位数为 0.8331，是平均值的 2.45 倍。

7. 河南县域经济发展农业综合功能水平表现出明显的分化与异质性

一是极端数值水平差距明显。105个县（市）的农业发展指数最大值0.7054，是最小值0.0010的705.4倍。二是分位数与均值相互之间差距明显。1%分位数为0.0919，是县域经济农业综合发展指数平均值0.3286的27.96%；5%分位数为0.1383，是平均值的42.08%；95%分位数为0.5906，是平均值的1.80倍；99%分位数为0.6783，是平均值的2.06倍。

（二）县域经济发展的亚层功能内在关联性与地位差异性明显

基于影响县域经济发展质量水平的规模发展档次、结构发展水平、增长潜力活力、发展效率效益、民生幸福获得感以及农业基础功能6个亚层面的划分，运用熵值法而得到不同评价亚层面的发展指数水平值，经过初步的统计与计量分析可以发现，县域经济发展水平的总指数与6个亚层面的分指数之间，不仅存在较为密切的内在相关性，而且6个亚层面的分指数在总指数中的地位作用存在差异。这一方面说明，不可以在影响县域经济发展质量水平的6个亚层面中，针对某一层面实施过度的单纬度突进，以违背6个亚层面相互之间的内在有机关联性；另一方面说明，需要针对某一薄弱层面、地位重要层面重点加强，以构建县域经济发展质量提升的关键根基。

1. 县域经济发展水平的总指数与6个亚层面的分指数相互之间的内在关联性明显

通过初步的相关分析可以发现，一是县域经济发展质量水平的总指数与规模、结构、潜力活力、效率效益、民生幸福以及农业基础6个亚层面的相关系数（显著性）依次分别为0.9682（0.0000）、0.7819（0.0000）、0.7936（0.0000）、0.8760（0.0000）、0.9253（0.0000）、-0.4456（0.0000）。可知，县域经济发展质量水平的总指数与6个方面的亚层之间的相关度较高；农业亚层面的作用为负值，亟须要压缩农业规模、提升效能。二是县域经济发展质量的规模水平指数与结构、潜力活力、效率效益、民生幸福以及农业基础5个方面的亚层面之间的相关系数（显著性）依次分别为0.6720（0.0000）、0.8185（0.0000）、0.8306（0.0000）、0.8685

（0.0000）、－0.4482（0.0000）。三是县域经济发展质量的结构水平指数与潜力活力、效率效益、民生幸福以及农业基础4个方面的亚层面之间的相关系数（显著性）依次分别为0.3640（0.0028）、0.7023（0.0000）、0.8185（0.0000）、－0.6004（0.0000）。四是县域经济发展质量的潜力活力水平指数与效率效益、民生幸福以及农业基础3个方面的亚层面之间的相关系数（显著性）依次分别为0.5525（0.0000）、0.6327（0.0000）、－0.0962（0.0000）。五是县域经济发展质量的效率效益水平指数与民生幸福以及农业基础2个方面的亚层面之间的相关系数（显著性）依次分别为0.7484（0.0000）、－0.4652（0.0000）。六是县域经济发展质量的民生幸福水平指数与农业基础方面的亚层面之间的相关系数（显著性）为－0.6074（0.0000）。

2. 县域经济发展质量水平的6个亚层面的分指数在总指数中的地位作用存在差异

通过初步的回归分析可以发现，规模、效率效益、民生幸福亚层面对县域经济发展质量改善的作用价值位居前三位。一是县域经济发展质量水平总指数对规模水平方面的回归系数（显著性）为0.2083（0.0000），二是县域经济发展质量水平总指数对结构水平方面的回归系数（显著性）为0.1608（0.0000），三是县域经济发展质量水平总指数对潜力活力水平方面的回归系数（显著性）为0.1253（0.0000），四是县域经济发展质量水平总指数对效率效益水平方面的回归系数（显著性）为0.2252（0.0000），五是县域经济发展质量水平总指数对民生幸福水平方面的回归系数（显著性）为0.2025（0.0000），六是县域经济发展质量水平总指数对农业基础水平方面的回归系数（显著性）为0.0777（0.0000），七是拟合度检验（R-squared = 1.0000；Adj R-squared = 1.0000）通过且较为理想，八是联合显著检验（Prob > F = 0.0000）通过且较为理想。

（三）县域经济发展质量改善的建议

1. 树立开放意识，融入区域经济发展的大棋局

一要树立大局思维，跳出县域经济的"行政边界"框范，谋求区域经

济空间大格局发展的红利。顺应经济发展新常态、产业转型升级与"互联网＋"深层交汇、外部风险与内部挑战交织叠加的时代背景，跳出县域经济发展空间的行政框框，打破县域经济发展的时空局限，谋求在全球、全国、全省和全市的发展大局中，探寻发展机遇，整合发展资源，培育比较优势，寻求更宽更广更深的要素利用和市场对接。

二要深刻领会国家区域发展战略顶层设计的本质指向，积极融入涉及全省发展大局的国家战略规划和平台。要积极参与郑州航空港经济综合实验区、中国（河南）自由贸易试验区、郑洛新国家自主创新示范区等塑造全省发展大局和定位、支撑未来发展等的引领性战略，不能迷失县域经济发展的方向参考；要积极协同中部地区崛起、中原城市群等覆盖全省地域、涉及领域全面的整体性战略规划，不能迷失县域经济发展的全局视野和定位把握；要积极融入中国（郑州）跨境电子商务综合试验区、国家大数据综合试验区等涉及特定领域和地域的专题性战略，不能错失县域经济发展的资源和市场对接机遇。

三要认清差距，找准定位，努力缩小县域经济发展差距。充分利用相关河南的区域性国家重大战略的叠加效应，促进县域经济间相互融通补充，助力构建更加有效的县域经济协调发展新机制，推动县域基本公共服务均等化，均衡县域经济基础设施通达程度。

2. 坚定特色发展意识，强化县域实体经济的微观基础

一要坚定特色发展思维，充分发掘利用县域经济的地方特色。要打造适合县域经济所在区域资源条件禀赋的产业化、规模化集群。更加高度重视县域产业发展的特色化和规模化，要研究利用县域产业发展的历史价值、文化价值积淀、特殊资源基础禀赋条件，依托县域经济发展特色和优势，积极培植县域特色名片，打造地方特色亮点，精心构建县域经济品牌。县域产业布局要拥有经济区域大视野，积极参与区域内产业分工，重视产业配套建设，吸引高端生产要素向县域流动，培育产业关联集成效应，促进县域特色产业集群的形成与壮大。

二要关注消费升级与提质的热点和态势，促进县域经济新动能集聚。要

充分利用县域经济在国民经济大系统中的"底色"地位和基层优势，高度关注健康、教育、旅游、养老、文体等重点领域，深入研究收入水平提高、消费品质诉求、消费结构之间的互动关系、发展趋势。针对消费升级大趋势和新热点，推动产品供给和服务创新，增加消费服务供给能力，创造消费新模式，更好满足消费多元化、个性化诉求，挖掘和释放消费潜力，打造县域经济发展新的驱动力量。

三要关注新兴产业增长点，促进县域经济结构优化升级。要关注县域经济之间的产业转移情况，积极发现和承接产业转移新机会，加大对产业向中高端发展的支持力度，促进县域产业优化升级。要关注新兴产业发展大趋势，把握新兴产业发展的区域集聚态势，探寻新一代信息技术产业、先进制造业、人工智能、新能源等高技术和新产业领域的投资机遇，抢占未来产业竞争制高点。

3. 提升高质量发展意识，创新县域经济体制机制

一要树立质量意识，构建县域经济高质量发展新模式。新常态下，由高速发展转为中高速发展，县域经济增速也显著下降。要转变县域经济发展思维，转向注重发展质量和效益，注重经济增速、质量和效益的协同共进。把实现好、维护好、发展好最广大人民的根本利益，作为县域经济发展的出发点和落脚点。依托科技和制度创新推动经济、社会、生态和文化的协调统筹发展。

二要创新县域经济发展体制机制。主动适应转向高质量发展新时代的新变化、新特征，建立健全有利于县域经济创新发展的体制机制。构建以企业、金融组织、政府与科研机构为主的四方交互融合机制，推动产业链、政策链、资金链、创新链相互支撑。要转变县域政府职能，简政放权，减少审批和放松管制，以激发县域民营和非公经济等的经营活力和创造力。树立民本和法治意识，重点关注和解决"市场失灵"问题，发挥好市场监管、公共服务、社会管理和保护环境等职能。

4. 树立创新意识，高度关注激发企业家精神与工匠精神

一要加快科技与制度创新，提高自主创新能力。积极探索县域经济视角

的创新驱动发展战略，积极融入"互联网＋"及"中国制造2025"战略，推动大众创业、万众创新，加快"创新型"县域经济进程。

二要完善产权保护体系。加强各种所有制县域经济成分的产权保护，打造平等保护产权的法律机制，为县域经济创新创业营造良好的制度氛围。

三要激发企业家精神与工匠精神。建立健全县域经济人才吸纳与回流激励机制，鼓励创新思维和创业勇气，激发企业家精神和工匠精神，提升县域人力资本的存量与质量，促进县域经济充分利用人口红利、人才红利、创新红利。

5. 树立成本意识，改善营商环境

一要落实减税降费措施，降低县域企业的经营成本。要切实落实中央减税降费政策，确保减税降费措施惠及实体经济的每个企业，有效减轻企业税费负担，充分激发企业经济活力，有效降低县域经济的微观运行成本。

二要特别重视优化县域经济的营商环境，充分激活民营经济发展动能。深刻充分认识到县域经济中的民营经济成分占有相当大的比重，整顿和规范县域经济市场秩序，建立公平、有序的市场竞争环境，降低、减少部分领域的民间资本准入门槛，拓宽民间资本的投资渠道，对县域经济发展意义重大。

6. 树立平台意识，完善县域经济产业互联网

一要深刻把握消费互联网正在向产业互联网转移、互动和深度融合的大趋势，完善县域经济发展的产业互联网功能基础。县域经济发展要重视和完善消费互联网连接消费者，更好地促进产品的销售和流通。

二要深度了解和研究产业互联网借力现有消费联网基础，应用云计算、大数据、人工智能等技术手段，提升传统企业更好地满足消费者需求的产品设计能力，更有效地组织生产、更快捷地实现销售，从整体上优化组织结构，提升生产效率。依托产业互联网的功能完善，探寻县域经济发展机遇，促进县域经济新旧发展动能转换，促进县域产业优化升级，提升县域经济竞争力。

参考文献

李京文:《快速发展中的中国经济:热点 对策 展望》,社会科学文献出版社,1996。

任保平:《以质量看待增长:对新中国经济增长质量的评价与反思》,中国经济出版社,2010。

武义青:《经济增长质量的度量方法及其应用》,《管理现代化》1995年第10期。

郭克莎:《论经济增长的速度与质量》,《经济研究》1996年第1期。

钟学义等:《增长方式转变与增长质量提高》,经济管理出版社,2001。

毛海波:《浅谈经济增长质量的内涵》,《企业导报》2009年第4期。

单薇:《基于熵的经济增长质量综合评价》,《数学的实践与认识》2003年第10期。

李俊霖、叶宗裕:《中国经济增长质量的综合评价》,《税务与经济》2009年第7期。

毛燕玲、肖教燎、傅春:《中部6市经济增长质量的综合比较》,《统计与决策》2008年第5期。

王文彬、王雅华:《中部地区6省经济增长质量的评价与分析》,《价值工程》2009年第4期。

河南省发改委:《关于发布2014年度产业集聚区考核综合排序的通知》〔豫集聚办(2016)1号〕,河南省发改委豫集聚办,2016年5月4日。

分析预测篇

Analysis and Forecast

B.5

2018～2019年河南农业农村发展形势分析与展望

陈明星　侯红昌*

摘　要：　2018年，河南农业农村发展呈现总体平稳、稳中有进、稳中提质的良好态势，主要农产品产量稳定增长，农业结构优化升级加快，农民收入持续增长，农村改革全面深化。但同时也面临着提质增效亟待加快、历史欠账亟待弥补、发展系统性亟待增强等突出问题。2019年，尽管面临经济下行压力加大、外部环境发生深刻变化的复杂形势，但有利条件也在逐步累积，全省农业农村发展整体将呈现稳中有进、不断提升优化态势，农产品生产将总体保持稳定，

---

* 陈明星，河南省社会科学院农村发展研究所副所长，研究员；侯红昌，河南省社会科学院农村发展研究所副研究员。

农业结构将持续优化，农民收入将持续增长，城乡融合将进一步加速。

关键词： 河南省　农业农村　乡村振兴

一　2018年河南农业农村发展形势分析

发轫于农村的改革开放，为中原大地带来了辉煌巨变。在新的历史起点上，2018年，河南制定出台乡村振兴战略实施意见、战略规划和专项行动计划，围绕农业强、农村美、农民富，调结构、提质量、强动力、促增收，全省农业农村发展呈现稳中有进、稳中向好的良好态势。

（一）粮食产量再创历史新高，农业发展基础不断夯实

2018年，全省粮食总产量1329.78亿斤，占全国粮食总产量的9.67%，比上年增产24.93亿斤，增长1.9%，再创历史新高，连续6年稳定在1200亿斤以上，实现在高起点、高基数上的新突破。粮食增产主要得益于单产的持续提高和秋粮的增产，2017～2018年全省粮食播种面积均维持在1.64亿亩，但全省粮食亩产首次突破400公斤，达到406.4公斤，比上年增加7.95公斤，增长1%。其中，夏粮总产量722.74亿斤，占全国夏粮总产量的26.1%，比上年减产20.46亿斤，下降2.8%；秋粮总产量607.04亿斤，比上年增产45.39亿斤，增长8.1%（见图1）。

2018年，全省猪牛羊禽肉总产量662.68万吨，增长2.4%，增速下降1个百分点；其中，猪肉产量479.04万吨，增长2.6%；禽蛋产量413.61万吨，增长3.1%。生猪出栏6402.38万头，增长2.9%；生猪存栏4337.15万头，同比下降1.2%（见表1）。

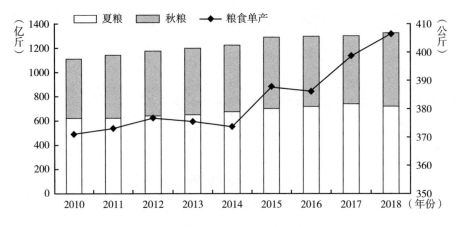

图 1　2010～2018 年河南粮食产量变动情况

资料来源：历年《河南省国民经济和社会发展统计公报》。

表 1　2017～2018 年河南主要畜禽产品产量情况

年份	猪牛羊禽肉		猪肉		禽蛋		生猪出栏		生猪存栏	
	产量（万吨）	增速（％）	产量（万吨）	增速（％）	产量（万吨）	增速（％）	数量（万头）	增速（％）	数量（万头）	增速（％）
2017	655.90	3.4	466.9	3.6	422.80	0.1	6220	3.6	4390	2.5
2018	662.68	1.0	479.04	2.6	413.61	−2.2	6402	2.9	4337	−1.2

资料来源：历年《河南省国民经济和社会发展统计公报》。

（二）农业结构优化升级加快，农村发展活力明显提升

2018 年，全省"四优四化"持续推进，在稳定小麦种植面积基础上，重点发展市场需求旺盛的优质强筋、弱筋小麦，夏收优质专用小麦订单率达到 88% 以上，高于市场价格 10% 左右；依托全国第一花生种植大省的优势，重点打造沿黄、豫南、豫西南花生生产基地，稳步提升优质花生种植面积，优质花生面积发展到 2200 万亩，全省花生种植面积 30 万亩以上的县达到 14 个；全省百头以上规模奶牛场比重达到 85%，高出全国 26 个百分点，奶牛平均单产达到 7.4 吨，高出全国平均水平 0.4 吨，国内知名龙头企业和本土乳品企业快速发展，全省乳品加工能力达 300 万吨，奶类产量和乳品加工

量分别居全国第四位、第三位。全省各类新型农业经营主体发展到 28 万家，各类新型职业农民超过 53 万人。农产品加工业已成为全省经济总量重要板块，全省规模以上农产品加工企业 7250 家，营业收入、利润总额、上缴税金分别占规模以上工业的 21.9%、28.1% 和 36%，营业收入居全国第二位，成为全省第一大支柱产业。全省第一产业固定资产投资增长 16.9%，第一产业增加值为 4289.38 亿元，占全省 GDP 的比例继 2017 年首次降至 10% 之后继续下降，并突破 9%，降至 8.9%（见图 2）。

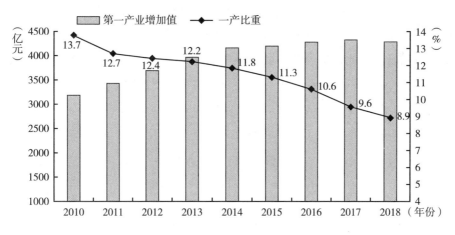

图 2　2010～2018 年河南第一产业增加值及占比情况

资料来源：历年《河南省统计年鉴》。

（三）新业态新模式加速培育，农业发展动能持续增强

随着"四优四化"的全力推进，农业转型升级加快，农村产业融合发展加速。一是农村电子商务发展迅速，镇平县和光山县均入围由阿里研究院评出的 2018 年电商创业最活跃贫困县十强名单，其中镇平县位居第一，孵化的淘宝直播基地吸引 200 多家企业入驻，和田玉直播年销售额已达 5 亿元；光山县网店数截至 2018 年 11 月已突破 2 万家，辐射相关从业人员达 5 万多人。二是特色产业加快发展，依托资源禀赋和产业基础，涌现西峡猕猴桃、柘城辣椒、正阳花生、方城黄金梨、鄢陵花卉、泌阳夏南牛、原阳稻

米、灵宝苹果等一大批特色农业，并借助电子商务等现代载体，实现从卖产品到卖品牌的蝶变。三是发展模式不断创新，休闲农业、设施农业、农光互补、田园综合体、共享农业、农业＋新零售等模式不断涌现，产城融合、农业内部融合、产业链延伸、农业功能拓展、新技术渗透、多业态复合等农村产业融合模式不断创新。

（四）脱贫攻坚持续推进，农民获得感显著增强

2018年4月和8月，在经过一系列贫困县退出程序后，舞阳、新蔡、新县、沈丘先后成功实现脱贫摘帽，意味着全省2017年度脱贫攻坚目标任务圆满完成。至此，加上此前脱贫摘帽的兰考、滑县，全省的贫困县总量降至47个。2018年拟退出的19个国定贫困县和14个省定贫困县、2365个贫困村及121.7万贫困人口脱贫工作进展顺利，贫困地区农民人均可支配收入增速高于全省平均水平1.6个百分点左右。先后出台《河南省打赢脱贫攻坚战三年行动计划》等，实施贫困地区产业提升工程，结合"四优四化"发展优势特色产业，共安排53个贫困县中央和省级项目37类706个，投入财政资金12.3亿元，占资金总量70%以上，发展优质专用小麦410万亩，优质花生1187万亩，优质林果231.6万亩，设施蔬菜273万亩，稻渔综合种养40.73万亩，中药材产量76万吨，覆盖带动贫困人口130万人以上。2018年全省农民人均可支配收入增长8.7%，高于城镇居民可支配收入0.6个百分点，与8.8%的全国平均水平基本持平。

（五）城乡融合步伐加快，基础设施和公共服务不断完善

一是农村基础设施进一步完善。2018年，河南共完成农村公路新改建5900千米，全省农村公路总里程达到23.1万千米，位列全国第四，兰考等6个县（区）被命名为"四好农村路全国示范县"，入选数量全国第一；共完成13个贫困县、1235个深度贫困村的电网改造升级，完成兰考等40个县的1300个行政村电网改造升级，全省贫困县电量同比增长14.7%，较全省电量平均增速高出6.4个百分点；共落实农村饮水安全巩固提升项目资金

31.56亿元，完成1146个村的饮水安全巩固提升任务，受益总人口152万人。

二是公共服务设施进一步健全。2018年，全省改造农村户用无害化卫生厕所200万户，新（改）建乡镇公厕5307座；77.5%以上的行政村生活垃圾得到有效治理。

三是社会保障进一步加强。2018年，全省城乡居民基础养老金最低标准进一步提高，由此前每人每月80元提高至98元；农村低保对象月人均财政补助水平由不低于142元提高为不低于154元，特困人员年供养标准从4095元提高到4485元。基本医保、大病保险、困难群众大病补充医疗保险基本实现贫困人口全覆盖。

四是城乡融合加快，2018年全省城镇化率达到51.7%，提高1.54个百分点（见图3），新增农村劳动力转移就业56.18万人，返乡下乡创业新增23万人、带动就业223万人。

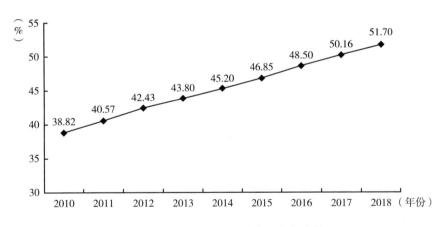

图3　2010～2018年河南城镇化率变动情况

资料来源：历年《河南省统计年鉴》。

五是乡村治理进一步完善，顺利完成4.6万个行政村"两委"换届选举，集中整顿软弱涣散基层党组织4732个，扫黑除恶专项斗争全方位推进，农村社会文明程度不断提升，县级以上文明乡镇占70.8%，90%以上的行政村建立"一约四会"。

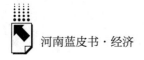

（六）农村改革全面深化，农业开放发展持续提速

2018 年，河南稳步推进农村集体产权制度改革，全面铺开农村集体资产清产核资工作，全省共 4146 个行政村完成了家底排查，为实施"确权—赋能—活权"、盘活农村集体资产奠定了基础。全面推进农业水价综合改革试点工作，出台精准补贴和节水奖励意见，修订农业灌溉用水定额，出台农业水权交易办法，健全农业水价综合改革制度。农业对外开放进一步加快，2018 年前 11 个月，全省农产品出口值达 137.8 亿元，同比增长 22.3%，其中得益于蘑菇罐头等高附加值农产品的研发和海外市场的深耕，"小蘑菇"表现抢眼，干食用菌类出口值达到 74.3 亿元，同比增长 43%。目前，全省蘑菇罐头已远销越南、韩国等 33 个国家和地区，仅 2018 年上半年出口总值就近 8 亿元，超过上年全年的出口值。

二　2019年河南农业农村发展形势展望

2019 年是决胜全面建成小康社会第一个百年奋斗目标的关键之年，尽管各种传统和非传统挑战叠加凸显，但有利条件也在逐步累积，全省农业农村发展仍将赢得较大的提升空间，整体将呈现稳中有进、不断提升优化态势。

（一）主要问题

1. 农业提质增效亟待加快

尽管全省农产品产量高、占比大，但优质产品少，农业大而不强、结构不优，品牌优势不突出，高效种养业存在"四专"（专种、专收、专储、专用）水平较低、基础设施滞后、保障能力较弱等问题。同时，种养业结构与市场需求不匹配，农业价值链发掘不足，集约化、规模化、组织化程度不高，农产品加工体量大但精深加工少，农民专业合作社数量多但发展不平衡、不规范，部分农业龙头企业经营困难增多，新产业、新业态发展尚处于起步阶段，产业融合度低，市场竞争力、抵御市场风险能力不强，在发展农产品冷链物流、提升产业集聚水平、增强辐射带动能力等方面还有相当大的提升空间。

2. 农业农村欠账亟待弥补

经过近年来的发展尤其是脱贫攻坚的努力，全省贫困村的村容村貌、基础设施、产业发展等方面普遍得到根本性提升，但一般村落发展缓慢，农村集体经济薄弱，基层组织带头人队伍亟须壮大，农村环境和生态问题依然比较突出，农村面源污染、白色污染严重，城乡公共服务和基础设施水平差距依然较大。因此，在农村基础设施和公共服务设施整体上还面临提档升级与弥补欠账的双重任务，普遍存在投入不足、人才制约、建设用地缺乏等难题，如何在落实农业农村优先发展原则中弥补农业农村发展的历史欠账，是当前和今后一段时期的重要任务。

3. 乡村发展系统性亟待提升

当前全省乡村振兴开局良好进展顺利，但在乡村发展中需要进一步增强系统性。比如，在农村人居环境上，一些地方存在脏乱差现象，表面上体现的是人居环境的问题，实则是社会转型过程中乡村治理重构、乡风文明建设不足的问题，亟待针对农村人口老龄化、村庄"空心化"明显等新形势下城乡格局变动的规律和趋势，强化精准思维与系统思维，突出规划引领、分类施策、系统推进，立足中心村、特色文化村、"空心村"等不同形态和功能，科学规划、统筹布局，在基础设施、公共服务、文化传承、乡村治理、绿色发展等方面系统治理，真正实现乡村"五大振兴"。

（二）有利因素

1. 坚持农业农村优先发展将提供新的历史机遇

中央农村工作会议对"三农"工作指出，解决"三农"问题始终是全党工作的重中之重，并确定了2019年和2020年"三农"工作的总基调。刚刚过去的2018年，在以习近平同志为核心的党中央坚强领导下，河南省粮食再获好收成，乡村振兴开局良好，农业发展稳中有进，农村改革深入推进，农村社会和谐稳定。2019年和2020年是河南打赢脱贫攻坚战和实施乡村振兴战略的重要历史交汇期，面对当前国内外环境的新变化，按照坚持农业农村优先发展的"四个优先"原则，通过"抓重点、补短板、强基础"，落实"三农"硬任务，稳住"三农"发展基本盘，有利于推动河南乡村振兴战略深入发展和走在全国前列。

2. 全面建成小康社会硬任务的落实将进一步累积有利因素

全面建成小康社会的硬任务包括打赢脱贫攻坚战、保障国家粮食安全、抓好农村人居环境整治、实现农民收入翻番等，这些在2020年必须完成的硬任务，给河南2019年的"三农"工作带来新的有利发展因素，有助于河南在脱贫攻坚的重点和难点上集中力量，提高质量，巩固成效；有助于河南主要农产品向优势区域集中，确保粮食安全；有助于河南农村环境的进一步改善和提升，特别是在农村垃圾、污水治理和村容村貌提升，以及农村人居环境的整治等方面带来有利影响。

3. 农业供给侧结构性改革的深入落实将进一步培育发展新动能

2019年是全面落实"巩固、增强、提升、畅通"方针、深化农业供给侧结构性改革的重要一年，要深化农业供给侧结构性改革，增强农村微观主体活力，促进农村一二三产业融合，疏通城乡要素双向流动机制。要激发市场活力和改革发展动力，从根本上破解过去体制不顺、机制不活等顽疾，推动城乡要素平等交换和公共资源均衡配置，真正让农村资源要素活起来，让广大农民积极性和创造性迸发出来，从而有助于全面激发激活河南实施乡村振兴战略的新动能。

（三）态势展望

展望2019年，河南农业农村将会呈现以下的发展态势。

1. 农业综合生产能力将稳步提升

按照习近平总书记打好粮食生产这张王牌的嘱托，河南深入实施"藏粮于地、藏粮于技"战略，严守耕地红线，加快推进粮食生产核心区建设，大力完善农业基础设施，特别是高标准农田建设的持续推进，划定了7580

万亩粮食生产功能区和 1000 万亩重要农产品生产保护区，并细化落实到具体地块。2019 年全省的粮食综合生产能力将会进一步得到稳步提升，为保障国家粮食安全作出新的贡献。

2. 农村产业结构将持续优化

随着农业供给侧结构性改革的深化，河南将进一步坚持农业由增产导向转向提质导向，"四优四化"将持续推进，十大优势特色农业发展基地会初见成效。全年优质专用小麦、优质花生、优质林果将分别达到 1300 万亩、2300 万亩、1300 万亩以上，优质草畜将新增肉牛 22 万头、奶牛 5.5 万头，粮油深加工和主食产业化将进一步发展，农村产业结构将向更深一步持续优化。

3. 城乡融合将持续深入推进

实施乡村振兴战略，河南将坚持乡村振兴和新型城镇化两手抓，把城市和乡村作为一个整体进行规划和发展，按照多规合一的要求，统筹谋划全省城乡产业发展、基础服务的设施建设，以及能源开放与环境保护等主要布局，构建与资源环境承载能力相匹配、生产生活生态相协调的农业农村空间发展格局，这将有助于形成河南的田园乡村与现代城镇各具特色的空间形态，推动 2019 年全省的城乡融合发展向更深层次推进。

4. 精准脱贫攻坚战将取得决定性进展

2019 年是打好打赢、决战决胜脱贫攻坚战具有决定性意义的关键一年，河南将进一步聚焦深度贫困县村、特殊贫困群体、重点贫困县区，重点解决 14 个国定贫困县、1221 个贫困村、104.3 万贫困人口的脱贫攻坚，同时，着力提高脱贫质量、巩固脱贫成果，减少和防止脱贫人口返贫，统筹贫困地区和非贫困地区发展，解决好贫困"边缘户"帮扶问题，促进脱贫攻坚与乡村振兴的统筹衔接。

三 扎实推进现代农业强省建设的建议

河南是农业大省、农村人口大省，实施乡村振兴战略，是新时代必须坚定扛起的重大历史责任，也是破解"三农"困局、推动高质量发展的重大历史机遇。面对农业农村发展的战略机遇和严峻挑战，需要抢抓机遇、乘势而上，加强规划引领，突出提质导向，推动农业农村优先发展、创新发展、绿色发展，高起点、高质量实施乡村振兴战略，扎实推进现代农业强省建设。

（一）推动城乡发展一体化布局

坚持把城市和乡村作为一个整体，统筹谋划城乡产业发展、基础设施、公共服务、资源能源、生态环境保护等主要布局，形成田园乡村与现代城镇各具特色的空间形态。发挥各地比较优势，划定粮食生产功能区和重要农产品生产保护区。创建特色农产品优势区，促进主要农产品向优势区域集中。将乡村生产逐步融入区域性产业链和生产网络，引导服务业向县城和乡镇的产业集聚区、生产园区集中。差异化推进乡村建设，综合考虑全省村庄的多样性、差异性，顺应村庄发展演变规律和趋势，鼓励各地探索各具特色的发展路径，按照分类指导、梯次推进的原则建设美好村庄。

（二）打好打赢精准脱贫攻坚战

深入实施脱贫攻坚战，完成产业扶贫、就业创业扶贫、金融扶贫等硬任务，开展健康扶贫、教育扶贫、危房改造、扶贫扶志等行动，实施交通扶贫、水利扶贫、电网升级和环境整治等工程。强化产业扶贫，强调引进龙头企业带动实现就业扶贫，从根本上解决长远生计和发展问题。推广金融扶贫卢氏模式和兰考县普惠金融经验，完善精准扶贫金融领域的信用建设和监管。进一步巩固脱贫攻坚成果，着力增强贫困地区"造血"功能和发展后劲，保持扶贫政策的连续性和稳定性。建立正向激励机制，将帮扶政策措施与群众参与相挂钩，采用劳务补贴、奖励性补贴等措施，培育提高贫困群众自身的基本能力。注重扶贫与扶志、扶智相结合，破除"等靠要"思想。

（三）不断加大资金投入力度

完善财政支农投入稳定增长机制，坚持把农业农村作为财政支出的优先保障领域，明确和强化各级政府"三农"投入责任。建立涉农资金统筹整合长效机制，加大对调整农业产业结构、农村人居环境、基本公共服务等重点领域和薄弱环节的投入倾斜力度，提升金融服务"三农"的能力和效率，大力发展供应链金融和农村承包土地的经营权、农民住房财产权、农村集体经营性建设用地使用权、林权四权抵押贷款业务。积极吸引社会资本投入农村，采取股权投资引导基金、事后补助、以奖代补、贷款贴息、保费补偿、风险补偿等方式，撬动金融和社会资本更多投向农业农村。

（四）建设绿色生态宜居乡村

持续改善全省农村人居环境，以农村垃圾、污水治理和村容村貌提升为主攻方向，加大整治农村人居环境的力度，重点抓好农村垃圾、厕所、污水治理。推动农村基础设施提档升级，持续完善农村交通运输网络，全面推进"四好农村路"建设，推动现有农村道路拓宽提质，推动通村组硬化路建设，建立完善的县域农村客运网络，推行农村客运公交化运营，确保群众出行需求。优化农村能源供给结构体系，实施农村电网改造升级工程，支持供气、供热管网向农村延伸覆盖。

（五）不断加强基层党组织建设

强化基层党组织领导核心地位，以提升组织力为重点，巩固提升农村基层党组织领导核心地位，坚持和健全农村重大事项、重要问题、重要工作由党组织讨论决定机制。加强农村基层党组织干部队伍建设，实施农村党组织带头人优化提升行动和村干部"素质提升"工程，健全从优秀村党组织书记中选拔乡镇领导和干部队伍的长效机制。加强基层党员队伍建设，推动实施基层党员素质提升工程，加强对农村党员的教育培训，引导广大农村党员用习近平新时代中国特色社会主义思想武装头脑，把农村党员培养成推动发展、带动致富、服务群众、引领文明的先锋模范。

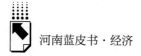

参考文献

陈锡文：《从农村改革四十年看乡村振兴战略的提出》，《上海农村经济》2018年第8期。

韩长赋：《实施乡村振兴战略　推动农业农村优先发展》，《人民日报》2018年8月27日。

韩俊：《谱写新时代农业农村现代化新篇章》，《人民日报》2018年11月5日。

李国祥：《加快推进农业由增产导向转向提质导向》，《经济日报》2018年1月4日。

叶兴庆：《改革创新乡村振兴财政支持投入机制》，《农村工作通讯》2018年第11期。

B.6
2018~2019年河南工业发展态势分析与展望

赵西三 杨梦洁 *

摘 要： 面对外部环境深刻复杂的变化，2018年河南全省上下贯彻落实党的十九大精神，坚持新发展理念，对表高质量发展要求，聚焦智能制造，工业经济运行平稳，产业结构继续优化，但是利润增速明显放缓，工业投资增长乏力。预计2019年，河南工业经济仍将在合理区间平稳运行，规模以上工业增加值增速将保持在6.5%~7.0%的合理区间，工业运行整体呈现"增速窄幅波动，产业结构优化，转型升级提速，质量效益提升"的良好发展趋势，为此需要着力在促进工业投资、提升产业能级、推进产业融合、强化创新引领、推广智能制造、优化营商环境等方面更下功夫。

关键词： 河南工业 高质量发展 创新引领 智能制造

2018年，面对外部环境深刻变化，河南全省上下贯彻落实党的十九大精神，坚持新发展理念，对表高质量发展要求，深入推进供给侧结构性改革，实施创新驱动发展战略，突出把智能制造作为推进制造业高质量发展的关键抓手，全年工业经济运行平稳，产业结构继续优化，新旧动能加速转换，整体形势符合预期。

---

* 赵西三，河南省社会科学院工业经济研究所副所长，副研究员；杨梦洁，河南省社会科学院工业经济研究所助理研究员。

一 2018年河南工业发展态势分析

（一）工业增速继续回落

2018 年全省规模以上工业增加值增长 7.2%，与上年同期相比回落了 1.0 个百分点。分月度看，河南工业经济运行下行压力不断加大，上半年工业增速较为稳定，基本在 7.6% ~7.8% 的区间内窄幅波动，但进入下半年以来，工业增速出现较大回落，10 月份同比增速仅为 4.5%，低于全国平均水平 1.4 个百分点，但是 11、12 月份工业增速有所回升，规模以上工业增加值同比增长分别达到 6.7%、9.2%，12 月增速比上月加快 2.5 个百分点，高于全国平均水平 3.5 个百分点（见图 1）。

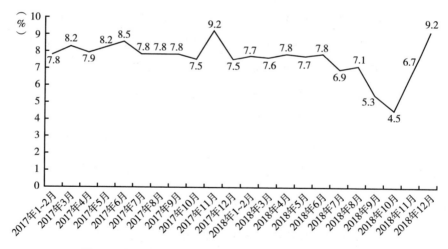

图 1 2017~2018 年河南规模以上工业增加值分月增速

资料来源：河南省统计局、国家统计局河南调查总队：《河南统计月报》。

（二）产业结构持续优化

工业内部结构持续优化，2018 年，装备制造、食品制造、新型材料制造、电子制造、汽车制造五大主导产业增加值增长 7.7%，高技术制造业同比增长

12.3%，战略性新兴产业同比增长 12.2%，分别高于全省规模以上工业同期增速 0.5、5.0 和 5.1 个百分点，也高于同期传统产业、高耗能工业的增速（分别为 6.7% 和 7.3%）（见图 2）。新产品较快增长，2018 年，锂离子电池产量增长 142.8%，新能源汽车产量增长 70.4%，服务机器人增长 37.8%，而同期塑料制品、有色金属、平板玻璃等产品产量不同程度萎缩，表明产业产品结构优化趋势明显。新旧动能转换加速，同时，先进制造模式快速渗透，2018 年 4 月省政府出台《河南省智能制造和工业互联网发展三年行动计划（2018～2020 年)》《河南省支持智能制造和工业互联网发展若干政策》，加大对先进制造模式项目的支持，3 个项目均入选 2018 年国家工业互联网试点示范项目名单，10 个项目申报 2018 年国家制造业与互联网融合发展试点示范，61 个项目列为 2018 年省级制造业与互联网融合发展试点示范，4 家企业入选 2018 年河南省工业互联网平台拟培育名单，5 个基地入选 2018 年河南省制造业与互联网融合"双创"基地，103 个车间入选 2018 年河南省智能车间，47 个工厂入选 2018 年河南省智能工厂。一大批先进制造模式项目建成投产，不仅优化了工业投资结构，更有力支撑了产业结构优化和新旧动能转换。

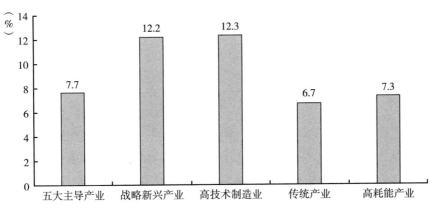

图 2　2018 年分产业规模以上工业增加值同比增速

资料来源：河南省统计局、国家统计局河南调查总队：《河南统计月报》。

（三）利润增速明显放缓

受需求疲软和成本上升影响，工业企业利润增速明显放缓。2018 年 1～

11月，全省规模以上工业企业利润总额同比增长16%，比上年同期提高5.7个百分点。但是，2018年河南规模以上工业企业利润增速一直承压，与上年同期相比大幅下降，11月快速反弹（见图3）。我们在调研中也感受到，2018年工业企业经营相对比较困难，原材料、劳动力以及财务等方面成本上升明显，而由于需求疲软难以向消费端传导，大大侵蚀了企业利润，甚至有部分企业已经陷入困境。企业表现明显分化，近年来研发投入多、技改力度大、新产品开发快的企业盈利能力较强，过度依赖传统技术、传统产品、传统发展方式的企业面临困难较多。由于环保管控加强和去产能工作持续推进，钢铁、煤炭等主要能源、原材料工业品价格持续高位运行，传统行业企业主要是国有企业经济效益继续改善，2018年1~11月，规模以上国有控股工业企业利润总额同比增长71.2%。

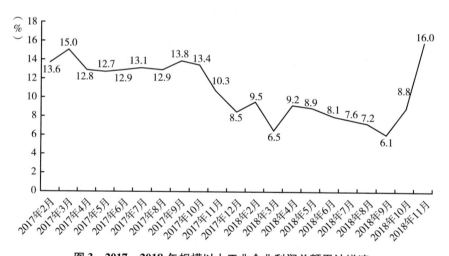

图3　2017~2018年规模以上工业企业利润总额累计增速

资料来源：河南省统计局、国家统计局河南调查总队：《河南统计月报》。

（四）工业投资结构优化

2018年，工业投资增长乏力，尤其是上半年工业投资增速一直处于负增长区间，7月份由负转正后小幅回升，但与上年同期相比增速明显放缓。2018年1~12月，全省工业投资同比增长2.0%，低于固定资产投资增速

6.1个百分点，低于上年同期工业投资增速1.2个百分点。2018年工业技改投资同比增长21.5%，高于工业增速19.5个百分点。分产业看，2018年1~12月，五大主导产业、传统产业、高技术制造业、高耗能产业投资增速分别为2.5%、–1.3%、–4.3%、–1.7%，而去年同期增速分别为–5.9%、7.9%、0.2%、4.6%，投资结构明显优化（见图4）。

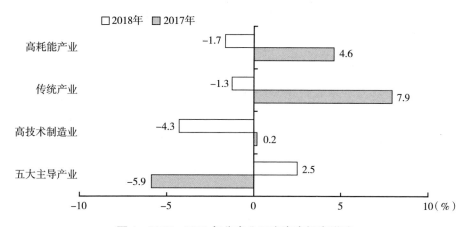

图4　2017~2018年分产业固定资产投资增速

资料来源：河南省统计局、国家统计局河南调查总队：《河南统计月报》。

二　2019年河南工业经济发展趋势展望

（一）发展形势研判

2018年是改革开放40周年和贯彻十九大精神的开局之年，2019年是建国70周年也是全面建成小康社会的关键之年，中国经济整体处于百年巨变和重要的战略机遇叠加期，内外部经济形势复杂，河南工业发展将长期机会和挑战并存。

1. 面临的机遇与有利条件

一是支持制造业高质量发展的政策持续加力。过去一年里，关于制造业高质量发展的一系列规划措施不断出台。从国家层面看，2018年3月，《工业和信息化部办公厅关于做好2018年工业质量品牌建设工作的通知》发布；2018年6月，《工业互联网发展行动计划（2018~2020年)》等一系列促进工业互联网发展的规划出台；2018年6月，国家出台退税政策，对符合《中国制造2025》明确的新一代信息技术等10个重点领域和高新技术企业、科技型中小企业等满足条件的予以退还增值税期末留抵税额。从省级层面看，2018年4月，河南省政府出台《河南省智能制造和工业互联网发展三年行动计划（2018~2020年)》；随后发布《关于做好2018年降成本重点工作的通知》，以降低制造业企业相关税负；《高新技术企业倍增计划实施方案》《2019年省先进制造业发展专项资金项目申报指南》等产业扶持及优惠政策也陆续发布。

二是先进制造模式加速渗透。过去一年里，河南制造业积极拥抱新一代科技革命和产业革命，加大支持力度，智能制造、工业互联网等先进制造模式发展不断提速，对传统产业的改造提升作用明显。截至2018年底，河南共有14个项目入选国家智能制造试点示范项目和国家智能制造综合标准化与新模式应用项目名单，包括麦斯克电子材料有限公司的大规模集成电路硅基底智能制造试点示范、豫北转向系统（新乡）有限公司的汽车转向系统智能制造试点示范等。此外，2018年11月，在国家工信委最新公示的《2018年工业互联网试点示范项目名单》中，河南共有三家入选平台集成创新应用试点示范项目名单，分别是中信重工的"矿山装备工业互联网平台"、第一拖拉机股份有限公司的"现代农业装备工业互联网平台"、卫华集团的"基于工业互联网平台的起重机装备远程运维新模式应用"。2018年10月，河南省工信委拟认定103个智能车间、47家智能工厂。智能车间主要分布在汽车制造、食品加工、生物科技等产业，智能工厂包括郑州日产汽车有限公司、中国平煤神马集团开封炭素有限公司等，均为河南制造智能化改造的先行者，旨在以多层级示范发挥引领作用。

三是河南承接产业转移仍处于战略机遇期。受全球产业变革不断推进的影响，制造业分工协作与持续的动能转换是当下主题。而河南近年来围绕培育高成长性制造业、壮大战略性新兴产业、支持传统支柱产业转型升级等做了大量工作，使得工业水平大幅提升，为河南制造业承接产业转移创造了更多机遇。此外，河南地处中原连接东西，新一代区域协调发展战略强调轴带引领，东西联动，在密切河南与东西部地区经济联系的同时，为河南打通了开展全球经济合作的新通道，以高质量的开放带动高质量的产业合作成为趋势。河南紧抓产业转移的战略机遇，坚持集群化、链条化、高端化的引进原则，工作成效显著。以汽车制造业为例，2017年河南引进上汽乘用车整车项目，2018年上汽发动机工厂投产，2018年11月，又通过产业对接活动，促成上汽乘用车和郑州经开区管委会签约了配套产业园项目，满足项目整体的近地化配套。2018年12月，中原内配集团与德国凯思公司合作，年产180万只国VI发动机钢质活塞项目首条智能生产线在焦作孟州建成投产。

2. 面临的挑战与制约因素

一是全球经济与国际贸易不确定性增加。当前国际市场中深层次、结构性矛盾较为突出，以美国为代表的一些发达国家新近推出的贸易政策干扰了世界经济缓慢复苏的脚步，全球经济发展形势复杂，国际贸易不确定性增加。这一时期对中国影响最为显著的是美国针对中国制造业挑起的贸易摩擦。关税的增加将会直接提高中国工业产品出口成本，影响正常出口，对中国经济增长带来不利影响，同时，美国采取一系列措施吸引高技术制造业中低端回流，限制技术及研发环节的出口，打断了中国通过产业转移提升科技创新能力、完善创新链的进程。此外，美国可能建立国际同盟，对中国产品共同征收关税。贸易保护主义抬头，进一步扩大了贸易摩擦对中国经济的影响。

二是区域制造业高质量发展竞争进入新赛道。推动经济高质量发展成为各个地区适应新时期经济发展新需求的重要路径，制造业高质量发展是实现经济高质量发展的重要抓手，围绕制造业高质量发展的区域竞争激烈程度不断升级。就中部地区而言，湖南、安徽、湖北纷纷配合《中国制造2025》行动纲要提出了明确的省地方发展规划。湖南实施"1274"行动计划，提出12大重点产业、7大专项行动、4大标志制造业强省的重点工程。湖北提出了成为制造业强省，迈上全国制造业第一方阵的明确时间计划。在中部地区竞相构建制造业高质量发展框架的同时，面对新一代科技革命和产业革命的时代机遇，东部地区也纷纷聚焦先进制造业布局谋划，从东部沿海地区出台的各项"十三五"规划中可以看出，先进制造业是各个地区首要发展的重点领域，而东部地区相对拥有更多技术创新优势和区位优势，这将进一步加剧区域之间的竞争。

三是企业家投资信心不足。从河南2018年1～11月工业投资情况来看，这一增速明显低于固定资产投资和上年同期水平，反映出企业家整体工业投资信心不足的局面。从国际上看，当前发达国家普遍实施多种举措的再工业化政策，增加了中国承接产业转移的难度，相对于中国人口红利逐步消失，东南亚国家吸引国际投资的劳动力优势日益突出，进一步挤压中国工业发展空间。受中美贸易摩擦深层影响，中国制造业出口形势极不确定，美国的一系列动作将明显改变全球制造业投资预期和趋势。从国内看，中国处在百年未有之巨变的战略机遇期，持续创新及转换发展动能是时代选择的必需生存之道，创新伴随着成本和收益的不确定性。内外因素交织降低了企业参与投资的意愿和信心。

（二）发展趋势展望

展望2019年，中美经贸摩擦影响更加显现，中国经济运行稳中有变、变中有忧，外部环境更加复杂严峻，经济下行压力更大，但中国经济迈向高质量发展新轨道的步伐更加稳健，经济结构更加优化，先进生产方式加速渗透。在此背景下，河南工业高质量发展前景广阔，预计2019年，河南工业经济仍将在合理区间平稳运行，规模以上工业增加值增速将保持在6.5%到7.0%之间，工业运行整体呈现"增速窄幅波动，产业结构优化，转型升级提速，质量效益提升"的良好发展趋势。

分产业看，五大主导产业仍将保持平稳增长，高技术制造业、战略新兴产业将实现较快增长，占比持续提高，传统产业、高耗能产业增速继续放缓，占比继续降低，产业产品结构进一步优化升级。环保倒逼与成本倒逼下，工业企业表现继续分化，重视新技术、新产品、新业态的企业将持续创造新的增长点，反之将会被市场淘汰，生产要素将继续向优质企业集聚，产业集中度明显上升。智能化改造、绿色化改造、技术改造等三大改造将有效带动工业投资结构优化，先进制造模式加速渗透，助推河南工业迈向高质量发展新轨道。

三 推动河南工业高质量发展的对策建议

（一）着力在促进工业投资上更下功夫

当前的投资结构就是未来的产业结构，新一轮科技革命与产业变革渗透必然引发新一轮产业投资，近年来，河南工业投资增速逐渐放缓，需要在工业投资量和质上更下功夫，增强工业发展后劲，以工业有效投资推动工业经济高质量发展。

一是加大政策支持。参考广东经验，建议省政府出台工业稳投资推动高质量发展的政策及行动计划等，形成系统的政策体系，在资金引导、招商引资、金融支持、土地保障、集群培育等方面出台更加具有竞争力的政策措施。完善以奖促投政策，对于获得国家级试点示范项目的企业给予资金奖励，引导企业投资符合国家鼓励支持的高质量产业项目。

二是加强项目谋划。从战略层面找准产业升级新趋势与区域要素支撑的最佳结合点，积极与国家产业发展战略以及大型企业集团战略布局对接，重点谋划承接龙头型、基地型、链主型的制造业项目，尤其是要谋划当前投资热点的集成电路、新型显示、新型材料、智能装备等领域，积极谋划对接国内外龙头企业，超常规承接重大项目落地。

三是加力技改投资。聚焦"三大改造"扩大省先进制造业专项资金规模，鼓励有条件的地方设立技术改造专项资金，支持工业企业实施智能化改造、绿色化改造和设备更新换代等项目，加快推进工业企业数字化、网络化、智能化和绿色化，以投资推动先进制造模式落地，形成新生产能力和新型业态。

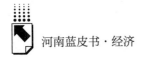
（二）着力在提升产业能级上更下功夫

当前，区域产业竞争已经由企业与项目层面的竞争转向产业链与生态圈的竞争，一个地方的产业竞争力不仅体现在产业规模上，更重要的是是否拥有高附加值环节，是否具备产业整合能力。河南工业规模大，但是产业能级偏低，整体竞争力不高。未来要着力提升产业能级，构建优势产业链和产业生态圈，进而促进产业整合。

一是提升产业定位。作为国家中心城市的郑州要对产业定位进行再梳理，全面提升产业定位，聚焦研发设计、高端制造、解决方案、生产服务等环节，聚集高端生产要素，加强与国际、国内大城市的要素交流，为全省工业企业转型升级提供强大支撑。

二是提升产业平台。近年来，各省均在谋划打造新的产业平台，如贵州的中国国际大数据产业博览会、安徽的世界制造业大会、江苏的世界智能制造大会、陕西的全球硬科技创新大会、重庆的中国国际智能产业博览会、湖北的光博会等，把区域产业比较优势与全球产业资源无缝对接起来，吸引了全球制造业企业的目光，成为"走出去""引进来"的重要平台，有力带动了区域产业转型升级。河南要在提升产业平台上下功夫，依托郑州国家中心城市，谋划迈向全球高端产业开放合作平台。

三是提升产业载体。引导各地聚焦优势培育特色产业集群，引导产业集聚区围绕主导产业构建现代产业分工合作体系，尤其是要放大国家战略叠加效应，支持郑州及其周边的高新区、产业集聚区、商务中心区等完善丰富产业基础设施，吸引高端产业落地。引导中心城市周边的产业集群依托主导产业完善产业链，打造特色基地。

（三）着力在推进产业融合上更下功夫

当前产业利润区越来越向研发、服务等两端高附加值环节集中，而这是河南工业的弱项，要跳出工业抓工业，从价值链视角看产业升级，培育壮大生产性服务业，引导工业企业上下延链、左右拓展、硬软结合，推动先进制造业与现代服务业深度融合，提升产业价值链。

一是大力发展创新创意经济。重点引入域外创新创意产业资源，加大对研发服务、工业设计、数字创意等领域的支持，促进传统工业企业开发新产品新市场，推动制造业转型升级。发挥郑州在创新创意发展中的引领作用，培育文化创意产业集聚区，依托轨道交通轴带超前谋划创新创意产业带，发展地铁口附近楼宇经济，吸引创新创意创业要素集聚，培育壮大都市型产业。

二是积极培育平台经济。近年来沿海地区平台经济崛起，成为集聚资金、产业、人才等生产要素的新平台，"平台＋生态圈"彰显区域新竞争力，河南应抓住工业互联网平台崛起的机遇，引导平台商与本地龙头企业合作培育综合性、行业性工业互联网平台，支持现有工业电子商务平台、供应链平台等向工业互联网平台转型升级，助推工业企业整合产业链、供应链，提高产业链竞争力。

三是引导制造型企业向综合解决方案提供商转型。支持制造型企业发展服务型制造，培育壮大一批工程总承包商、系统集成商和综合解决方案提供商，引导河南工业企业由卖产品向卖解决方案转型。

（四）着力在强化创新引领上更下功夫

创新是打造经济新引擎，实现高质量发展的第一动力。未来河南仍需聚焦郑洛新国家级自主创新示范区，把培育引进"四个一批"作为科技创新工作的中心任务，即发展一批创新引领型企业、培育一批创新引领型人才、建设一批创新引领型平台、引进一批创新引领型机构，辐射带动全省创新能力提升。当前创新引领工作初见成效，但仍面临着创新环境亟待优化、创新资源占有不足等问题。未来还需从以下几点更下功夫。

一是加快建立技术协同创新体系。对于由政府引导设立的创新类基础设施，加大资源开放共享程度，便于更多企业获取创新信息。突出大中型国有企业在技术创新中的优势，和中小型科技企业以需求推动的创新相配套，改善基础研究与产业化之间存在的脱节问题。

二是加速形成有利于创新的良好环境。紧抓产业技术创新联盟、产业技术创新研究院、军民融合协同创新研究院等各类平台建设，构建河南制造创新发展的基础支撑。引入各类有利于创新的中介机构来河南发展，完善河南创新体系建设。

三是强化军民融合领域技术创新。发挥河南创新资源的优势，坚定推动军民融合，创建军民融合试验区，加快军用技术向民用市场转移的步伐，形成军工研发和商业市场需求推动下的双轮创新驱动关系。

四是深入推进体制机制改革。打破行政体制干涉过多的局面，激发企业参与创新活动的动力活力。坚定推动科研管理体制和收益分配机制改革。保障科研人员成为科技创新突破与成果转化中受益最大的群体，广泛吸纳各层次创新人才，为创新引领型人才提供合适的创新团队。

五是以高质量的开放促进创新发展。坚持以开放促发展、以开放促创新的开放式创新战略，坚持高质量的"引进来、走出去"，综合利用全球高端创新资源。

（五）着力在推广智能制造上更下功夫

近年来，智能制造与工业互联网快速渗透，已经成为工业转型升级的核心支撑，尤其是浙江、江苏、广东等沿海地区通过智能化改造，制造模式和产业业态呈现新局面。2018年4月，河南出台了《河南省智能制造和工业互联网发展三年行动计划（2018～2020年)》《河南省支持智能制造和工业互联网发展若干政策》，引导工业企业加快智能化改造，取得积极效果。当前智能制造与工业互联网发展处于需求爆发期和推广窗口期，河南传统产业规模大，智能化改造空间广阔，要突出把智能制造作为推动工业高质量发展的主攻方向，加大推广力度。

一是导入先进制造模式。借鉴海尔、酷特、美的、三一等企业智能化转型模式，依托智能制造综合解决方案提供商，引导本土工业企业导入成熟的行业智能化转型模式，结合企业实际探索落地方式，提高智能化改造效率。

二是培育推广标杆项目。在装备、食品、汽车、材料、化工等优势产业领域培育一批智能工厂、智能车间等智能化转型样本，评选年度智能制造标杆项目，开展企业家观摩活动，形成示范引领效应。

三是组建省级智能制造研究机构。引导省内外智能制造综合解决方案提供商、工业互联网平台、行业龙头企业等联合起来，探索成立省级智能制造研究院，开展智能制造培训，加强典型案例研究，打造智能化改造推广平台。

（六）着力在优化营商环境上更下功夫

新时期对于企业投资的竞争已从拼优惠、拼低价转移到拼政府服务、信用、法规、公平有序的市场环境等方面上，为契合新时期新的发展要求，国家提出包括坚持简政放权、推进"放管服"改革，深刻转变政府职能等一系列措施在内的优化营商环境策略。2018年11月，习近平总书记在中国国际进口博览会上指出，"营商环境只有更好，没有最好"。持续深入优化营商环境是河南通过制度体制创新激活发展动力的必行之举。

一是深入贯彻学习中央精神要求及先进经验。继续深化"放管服"改革，建设服务型政府，践行中央对于优化营商环境的各项工作部署。落实"五个为"和"六个一"的工作要求，学习推广其他地区优化营商环境典型做法，创新监管方式，试行信用风险分类监管，制定新兴行业分类指导目录、大数据监管等。

二是大力推动投资便利化。严格按照国家公布的《市场准入负面清单（2018年版）》和《外商投资准入特别管理措施（负面清单）（2018年版）》执行市场准入标准，全面提升河南一般制造业招商引资水平和服务业开放程度。抓住自贸区政策先行先试优势，进一步简化投资企业设立手续流程，简化企业消防、环评等行政审批过程，简化电商外贸进出口通关时间，形成经验加速推广。深入推进"互联网＋政务"，依靠"互联网＋"为企业办理政务提供便利，缩短等待办理时间。

三是构建"亲""清"的政商关系。深刻推动政府服务职能转变，形成政府与投资企业长期的良好互动关系。开展与企业座谈、企业对政府评议等

活动，及时了解政府工作的不足之处，以及企业生产发展中遇到的难题，有的放矢地加以解决。

四是加快开展区域营商环境评价。运用科学合理的评价指标体系对河南营商环境进行测评，客观了解河南营商环境真实水平与特点，找准不足，以问题为导向加以改进。

参考文献

卢山：《2017～2018 年中国工业发展蓝皮书》，人民出版社，2018。

黄群慧：《推动我国制造业高质量发展》，《人民日报》2018 年 8 月 17 日。

吕铁、闵宏：《着力优化产业结构　推动河南经济高质量发展》，《河南日报》2018 年 7 月 25 日。

刘晓慧：《创新驱动河南省制造业高质量发展路径研究》，《当代经济》2018 年第 15 期。

田振中：《科技服务业与制造业发展互动关系实证研究——以河南省为例》，《财会通讯》2018 年第 17 期。

B.7

2018~2019年河南服务业发展形势分析与展望

张长星 *

摘　要： 2018年，河南省服务业保持快速发展的良好态势，对经济增长的支撑作用不断增强，产业转型升级步伐逐步提速，载体平台和重大项目加快建设，服务业供给侧结构性改革深入推进，实现了十九大良好开局。2019年，建议继续坚持高端化、融合化、智能化、绿色化方向，强化生产性服务业和生活性服务业"双轮驱动"，促进服务业与制造业、农业融合发展，加快重点产业转型、新兴服务业集群培育、服务新业态推广和服务供给质量提升，不断提升服务业发展的质量和效益。本文在系统回顾2018年河南省服务业发展状况的基础上，结合中央和省委经济工作会议精神，预测2019年服务业发展形势，提出了加快现代服务业强省建设的对策建议。

关键词： 河南省　服务业　产业结构　融合创新

　　2018年，在河南省委、省政府的正确领导下，围绕高成长服务业强省建设，坚持高质量发展方向和供给侧结构性改革主线，深入贯彻落实新发展

---

　　* 张长星，河南省宏观经济研究院院长，管理学博士。

理念，谋划思路举措、提升发展载体、创新工作路径，全省服务业呈现实力强化、结构优化、改革深化、融合创新的"三化一新"态势。

一　2018年河南省服务业发展概况

（一）服务业支撑经济增长的作用持续增强

2018 年，全省上下深入贯彻新发展理念，全面落实供给侧结构性改革的各项举措，服务业助推经济增长的主力军地位持续巩固提升，呈现出"一快三高"特征。一是服务业增加值较快增长。2018 年，全省服务业实现增加值达到 21731.65 亿元，同比增长 9.2%，高于 GDP 增速 1.6 个百分点，高于全国服务业增速 1.6 个百分点，对 GDP 增长的贡献率达到 50.0%，拉动经济增长的主力军作用持续巩固。二是服务业增加值占比持续提高。服务业占 GDP 比重达到 45.2%，同比提高 1.9 个百分点。三是服务业投资占比大幅提高。全省服务业投资增长 10.6%，高于全省固定资产投资增速 2.5 个百分点，占固定资产投资的比重达到 66.8%，同比提高 15.9 个百分点。四是服务业税收保持较高增速。全省服务业税收增长 17.6%，高于全部税收增速 5.2 个百分点；占全部税收比重达到 61.2%，同比提高 2.7 个百分点。

（二）产业升级步伐明显加快

一是物流、科技服务、商务服务等生产性服务业快速发展。2018 年，规上生产性服务业企业营业收入增长 8.8%，规上科技服务业、租赁/商务服务业企业营业收入分别增长 9.7% 和 20.9%。全省物流业实现增加值突破 2500 亿元，增长 8.8% 左右，占服务业和 GDP 比重分别达 11.5% 和 5.2%；物流业完成固定投资增长 26.2%；郑州机场货邮吞吐量突破 51.5 万吨，跻身全球 50 强，居全国第 7 位，中部六省第 1 位；中欧班列（郑州）实现往返"九去八回"高频常态开行，2018 年开行 752 班，货值超 32.3 亿美元，货重34.68万吨，货值、货重、满载率等综合指标居全国首位；快递服务企业业务量同比增长42.14%，高出全国平均增速16.34个百分点；冷藏车、冷库保有量分居全国第2位和第4位。二是旅游、文化、体育、健康等幸福产业发展步入快车道。全省接待海内外游客7.9亿人次，实现旅游收入8218亿元，分别增长20%和22%；其中"十一"黄金周增长33.5%和37.7%，高于全国24.1和28.7个百分点；旅游总收入相当于GDP的比重为37.8%，同比提高2.7个百分点。家政服务市场规模不断扩大，各类家庭服务机构达到2.2万家，营业收入突破120亿元，从业人员突破100万人，较年初增加20万人，占城镇新增就业的14.4%。三是以互联网相关产业为代表的现代新兴服务业引领作用增强。受"提网速、降网费"政策带动，电信业务总量爆发式增长，同比增长1.7倍，增速居全国前三。全省电子商务交易额、网络零售额分别达到15048亿元和3203亿元，分别增长20.0%、28.4%；跨境电商进出口（含快递包裹）1289.2亿元，增长25.8%。

（三）载体平台和重大项目建设加快推进

服务业"两区"优化升级步伐加快，2018年完成投资3500多亿元，同比增长近20%。两批78个省级服务业专业园区规划编制工作完成，海昌海洋公园、新乡现代公铁物流园、温县太极文化创意产业园等项目顺利实施。郑州国际物流园和豫东综合物流产业园成功获批国家第二批示范物流园区，国家级示范物流园区数量全国第一；保税中心买卖全球网和鲜易冷链马甲列入全国首批骨干物流信息平台试点。1000个服务业重点项目完成投资超过4000亿元，万通陆港电商物流中心、栾川旅游风情度假小镇等一批投资规模大、市场前景好、带动作用强的服务业项目建成投用。开封宋都古城国家级文化产业示范园区、国家动漫产业发展基地（河南基地）等产业园区集聚带动效应日益明显。

（四）服务业供给侧结构性改革不断深化

物流降本增效成效显著，全省社会物流总费用与GDP的比率下降到

15.3%，同比降低 0.4 个百分点。房地产去库存效果明显，2018 年末，商品房待售面积 2800.92 万平方米，较年初减少 45.68 万平方米。金融服务实体经济能力增强，银行业金融机构逐步回归银行信贷主业，表内结构不断优化，高杠杆、高风险的同业、投资、委外等业务明显收缩；年末全省金融机构存款余额 63867.63 亿元，比上年末增长 8.1%，贷款余额 47834.76 亿元，增长 14.6%。短板加快补齐，教育、文化体育和公共管理、社会保障等短板领域投资同比增长 16.6%、18.7% 和 38%。

二 2019年服务业发展形势分析及预测

从风险挑战看，河南服务业发展既面临一些共性问题，也存在一些自身特有的矛盾制约。一方面，外部综合环境依然错综复杂。全球价值链和供应链调整加快，贸易保护主义思潮泛起等不稳定、不确定因素增加，全球经济增长面临压力，贸易摩擦等事件不断发酵。我国经济在结构性、周期性和外在性因素的共同作用下，经济运行下行压力较大，投资需求不足、消费需求放缓、实体经济转型较慢、行业分化明显、风险隐患等问题逐渐积累，导致经济增长内生动力不足，去杠杆、抑制金融风险、挤泡沫难度加大，再加上当前国内货币贬值、流动性、债务危机、信用风险等潜在问题，经济下行态势不减，宏观调控和深化改革面临的两难多难选择增多。另一方面，河南自身内部还存在多方面问题。产业结构欠优，河南省第三产业增加值只占生产总值的 45.2%，低于全国的 52.2%，物流、信息、金融、研发设计、商务中介等生产性服务业比重明显低于全国平均水平，交通运输、批发零售、住宿餐饮、房地产等传统行业占比偏高。服务业新旧动能转换不足，传统服务业增速下滑，2018 年以来，批发零售住宿餐饮业、金融业、交通运输仓储邮政业，受居民消费回落、金融去杠杆、工业生产不振等多重因素影响，前三季度分别增长 5.2%、4.4% 和 5.6%，同比下降 1.3、4.1 和 2.3 个百分点；全省房地产开发投资同比下降 1.1%，商品房销售面积增速 5.1%，比 2017 年全年回落 12.7 个百分点，拉动经济增长减弱，预计 2019 年这一情况仍难有大的改观；科技服务、文化创意、健康养老等新兴服务业发展较快，但体量规模较小，对全省服务业的拉动作用还有待增强。

从机遇条件看，河南服务业仍处于快速发展时期，特别是精细化、高端化、品质化的幸福产业和新兴服务业等新的增长点加快发展，服务业发展内生动力将逐步增强。从全国看，国家把加快服务业发展作为深化供给侧结构性改革，促进形成强大国内市场，推动经济高质量发展的战略重点，先后出台《完善促进消费体制机制实施方案（2018～2020年)》《关于推动物流高质量发展促进形成强大国内市场的意见》等相关政策文件，推动服务业持续"领跑"我国经济增长，引导服务消费成为居民消费升级的主要方向。从河南看，在当前经济下行压力加大的背景下，服务业持续保持平稳较快发展，规模不断扩大、占比持续提高、贡献率日益提升，为稳增长保态势提供了有力支撑。随着国家和河南加快服务业发展一系列政策效应的逐步显现，现代物流、金融、文化旅游、健康养老等主导产业支撑带动能力进一步增强，教育培训、商务服务、家政服务等新兴产业快速成长，服务业结构不断优化升级，未来服务业发展空间巨大、前景广阔。

综合分析，预计2019年服务业增加值将达到2.4万亿元，增长8.5%以上，高于全省经济增速1个百分点以上，服务业占GDP比重提升到45%左右；固定资产投资完成2.6万亿元，增长8.5%以上，高于全省固定资产投资增速1个百分点以上。

三　加快推进现代服务业强省建设的措施建议

（一）以转型升级为核心，推进服务业高质量发展

围绕供给侧结构性改革，突出需求导向、目标导向、问题导向，着力推动体制机制改革和开放创新，释放增长潜力，促进服务业发展扩量提质增效。

一是加快主导产业转型升级。落实好枢纽网络、多式联运、降本增效等

重点任务，全面提升物流支撑服务能力。加快建设一批陆港型、空港型、商贸服务型、生产服务型等物流枢纽，深入实施冷链、快递、电商物流转型发展等工程，积极引入物流龙头企业，培育"一单到底、货通全球"的多式联运模式，降低实体经济物流成本。提升旅游服务质量和管理水平，加快构建全域旅游、品牌旅游、智慧旅游和乡村旅游，推进创建国家全域旅游示范区，实施乡村旅游提质三年行动计划，引育旅游新业态，擦亮"老家河南"新名片。围绕医养融合、社区养老、机构养老等重点领域，推进健康养老"十百千"示范工程，带动健康养老服务专业化、规范化发展。推进大运河文化带建设，实施隋唐洛阳城国家历史文化公园等重大工程，加快建设郑州市中央文化区、楚汉文化产业园、滑县大运河文化创意产业园等。提升金融服务实体经济功能，注重服务实体经济，防范金融风险，推进深化金融改革，创新金融业态、服务模式及产品供给，不断加强金融业务与科学技术的深度融合，做强"金融豫军"。加快电子商务、大数据云计算、物联网等信息服务业发展，完善基础设施，全面提升信息服务渗透融合能力，开展试点示范，强化应用普及。

二是激发新兴服务业释放动能。聚焦科技服务、数字创意、跨境电商等新兴产业，集中力量，强化扶持，培育一批千亿级新兴服务业集群。积极推进郑洛新国家自主创新示范区硅谷创新中心、国家超算中心和生物育种中心建设，加快建设郑州国家知识产权服务业集聚发展示范区，规划建设一批离岸外包和在岸外包联动发展的服务外包产业园，推进一批检验检测基地建设。推广"互联网＋"家政服务新模式，加快建设巾帼"伊家政"等信息服务平台，建立家政服务机构和家政服务员信用档案数据库，实施家政服务技能人才提升工程，建设一批省级家庭服务职业培训示范基地。大力发展在线教育，培育大型开放式网络课堂、在线辅导等互联网教育市场，引入高质量教育培训模式，开展先进示范点。

三是促进传统服务业提质增效。广泛利用先进理念、现代技术和新型商业模式，强化商贸流通线上线下融合互动、城市乡村双向流动，推动传统商圈向体验式智慧化转型，积极培育发展会商旅文体联动发展新模式。培育房地产与产业融合新业态，做大房屋租赁、装修装潢、策划设计等专业服务市场。统筹规划建设内联外通的大流通网络，提升全省消费集聚、产业服务、民生保障功能，商贸流通充分利用外资，积极响应"引进来"政策，鼓励外商投资。统筹供给与需求，因城施策化解房地产库存，促进房地产业健康发展。

（二）以协同融合为支撑，引导服务业深层次创新

鼓励产业创新发展，推广跨界融合新模式，开展"服务业＋"新业态，大力发展新产业、新业态、新模式，培育新的增长点。一方面，探索不同产业渗透融合新模式。推进服务业与农业的深度融合，扩大农业生产社会化服务试点。建立完善省级农业物联网云平台，开展农业大数据、物联网应用试点示范，实施大田种植智能示范方、智能化种植养殖产业化集群建设工程，建设新郑好想你等国家数字农业试点。服务乡村振兴战略，推动农商文旅体融合发展。推进服务业与制造业的有效融合。适当引导制造业的集聚发展，通过产业集聚效应和规模经济的发挥扩大对生产性服务业的有效需求，培育综合服务提供商，加快制造业服务化。引导有条件制造企业与生产性服务业融合，促进自身生产效率提升，整合价值链，持续开展"服务型制造进百企"系列活动，培育一批服务型制造示范企业（平台）。另一方面，实施服务业创新工程。深入推进供给侧结构性改革，推动服务业创新发展，优化创新环境，深入推进大众创业、万众创新，促进新技术、新产业、新业态、新模式蓬勃发展。以跨部门跨行业领域为重点，实施物流枢纽、大运河文化带、全域旅游、远程医疗、在线教育、跨境电商、新零售、供应链管理八大服务业融合创新培育工程，研究制定专项促进政策，开展先进模式示范推广，培育一批服务业创新发展典型。

（三）以扩容集聚为导向，推动服务业载体平台升级

围绕构建服务业集聚区体系，提升商业中心区、特色商业区和专业园区扩容增质，集聚高端要素，强化主导产业，激发新兴产业新动能，推动形成

梯次推进、协调互促的服务业发展载体格局。

一是推动服务业"两区"提质升级。明确产业园区规划路线,建立相关产业引导目录,根据园区规划进行精准招商引资,明确园区企业准入原则。加大企业培训力度,促进企业内部质量、组织结构转型升级,对园区企业进行监督评级,实施按照相应标准进行达标考核制度,对于不达标企业通过相应帮扶、警告、清理等方式,强化动态管理,对发展速度较快、产业特色鲜明、发展空间严重受限的"两区"规划进行调整,对多年考核不达标的实行退出机制。完善服务体系建设,树立品牌意识,引导企业积极转型,完善小升规、规升股、股上市流程,培育一批示范企业,强化龙头企业带动作用,帮扶其他企业转型升级。优化工作流程,信息公开透明,在坚持政府主导的同时强化市场运作。延伸产业园区集聚功能,促进周边企业协同发展,引领区域产业升级和分工协作,提升区域经济整体实力。

二是推进发展服务业专业园区建设。研究制定省级服务业专业园区规划建设指导意见,推进产业园区突出主导产业、突出集聚集约、创新运营管理。合理确定专业园区服务区域、功能定位、标准原则,培育发展特色产业,促进上下游产业协同发展。结合新区开发、旧城改造、工业企业"退二进三",整合资源,集聚专业人才、风险投资、孵化器等高端要素,探索"管委会+公司"等开发模式,吸引社会资本参与专业园区建设。积极申报国家示范物流园区,开展第二批省级示范物流园区筛选培育工作,推动组建河南省物流园区联盟,上线运营河南省仓储物流公共服务平台。

三是积极搭建改革创新试点示范平台。积极推进大众创业万众创新,高标准地规划建设一批综合科创社区单元、创新创业园区、企业孵化器、宜居宜业宜游的特色小镇,重点推进国家服务业综合改革试点、国家现代物流创新发展试点、旅游业改革创新先行区、国家医养结合试点等国家级试点建设,推动试点单位在体制机制创新、业态模式创新、开放合作创新等方面先行先试,探索形成一批成功经验在全省推广。整合创业创新资源,引导资金专项扶持,鼓励企业创新发展。

（四）以改革发展为契机，营造服务业发展的良好环境

深入推进供给侧结构性改革，加大重点领域关键环节市场化改革力度，推进服务领域双向开放，释放服务业新动能，激发服务业新活力。

一是深化重点领域改革。深化"放管服"政策，持续精简行政许可事项，按照直接取消审批、审批改为备案、实行告知承诺制、优化准入服务等方式实施"证照分离"制度，加强事中事后监管，加强部门间信息流动、协同监管、联合奖惩机制，形成全过程监管体系。推进服务业领域行政事项"一网通办""三级十同"。复制推广河南自贸区"一次办妥"、商事简便、快捷高效的政务服务，实施互联互通、物流全球、一单到底的多式联运服务体系。扩大服务贸易发展，整合地区资源，营造宽松便捷的市场准入环境，加大力度放宽企业准入限制，简化审批手续，规范审批行为，深化"先照后证"改革。利用"互联网＋"模式，推进政府数字化转型，建立公共服务平台，公开政务，随时通过网络确认办理事项、办理细则、办理进度，简化相关办理手续，便捷办理模式，提升效率。推进政务服务系统数据整合，统一数据共享平台，实现各部门数据共享，优化信息检索和查询模式。

二是加大服务业开放力度。扩大航空港经济综合试验区、自由贸易试验区、中欧班列（郑州）等平台载体效应，招商引资，吸引外商落地投资，积极引进知名综合性服务业企业，深化服务业领域对内对外开放，发展服务贸易新业态、新模式，培育跨境文化电子商务，探索文化贸易金融服务创新。扩大招才引智，引进专业对口人才。借助"一带一路"与沿线地区开展深度交流，推动服务贸易自由化、便利化，拓宽合作领域，探索服务贸易发展模式、开放路径、管理体制创新，促进技术、人才、商贸的互流互通。全面落实新版外商投资注入特别管理措施，优化完善外商投资企业商务备案与工商登记"一口办理"流程。推动有条件的地区和城市加快形成若干服务业外包中心，推进服务外包基地城市公共平台建设及企业发展。完善出口通关"绿色通道"，简化出入境手续。

三是完善服务业发展政策体系。支持服务企业产品研发，提供相应的资

金支持，出台相关优惠税收政策。积极扩大信息技术、知识产权服务、服务外包、现代物流等生产性服务业发展的税收优惠政策试点。落实用地、用能、税收、价格扶持政策，健全知识产权保护、信息安全、社会组织管理、统计等基础性制度，建立完善物流统计和景气指数定期发布制度。加强服务业人才使用和激励政策引导，打破制度障碍，完善职称评定、薪酬制度、社会保障等配套政策体系。清理限制产业分工、业务外包等影响服务业发展的不合理规定。对于文化、教育、体育、服务外包等行业和专业人才"走出去"提供政策支持。

参考文献

国家统计局：《2018 年国民经济和社会发展统计公报》。

河南省统计局：《2018 年河南省国民经济和社会发展统计公报》。

河南省统计局、国家统计局河南调查总队：《河南统计月报》2018 年 10 月。

陈润儿：《2018 年河南省政府工作报告》，《河南日报》2019 年 1 月 23 日。

田珍、王文丽：《基于开放载体建设的河南省服务业吸引外资与创新竞争力研究》，《郑州轻工业学院学报》2018 年第 5 期。

曹亚军：《河南省服务业发展现状分析》，《发展研究》2018 第 S2 期。

B.8

河南省固定资产投资效率分析
及对策建议

摘　要： 本研究以河南固定资产投资效率为视角，在对河南固定资产投资的主要特点进行分析的基础上，利用固定资产投资率、固定资产投资效果系数、增量资本产出率、房地产开发投资占比等指标，对河南省固定资产投资效率进行分析，进而从推动固定资产投资数量型向质量型转变、优化固定资产投资结构、加大创新驱动领域投资力度、释放有效投资需求潜力等角度，提出提高河南固定资产投资效率的对策建议，为相关部门制定决策提供科学有效的借鉴和参考。

关键词： 河南省　固定资产投资　投资效率

在高质量发展背景下，固定资产投资作为拉动经济增长的重要因素之一，意味着将更加注重固定资产投资的质量和效率。鉴于此，对河南固定资产投资的现状进行梳理，并对其投资效率进行定量分析，找出河南固定资产投资效率的制约因素，对于扩大河南有效投资，提升投资效率，助推河南经济走高质量发展道路具有重要的意义。

---

* 李斌，河南省社会科学院经济研究所助理研究员，管理学博士。

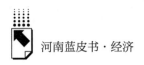

一 河南省固定资产投资总体状况

（一）固定资产投资规模呈逐年上升趋势

近年来，河南省固定资产投资持续保持增长态势，投资规模稳步增长
（见表1）。2018年1~12月，全省固定资产投资（不含农户）同比增长
8.1%，增速比1~11月回落0.1个百分点。分产业看，第一产业投资同比
增长16.9%，增速比1~11月回落0.1个百分点；第二产业投资同比增长
1.7%，增速比1~11月回落1.2个百分点；第三产业投资同比增长10.6%，
增速加快0.6个百分点。从三大主要领域看，工业投资同比增长2.0%，增
速比1~11月回落1.2个百分点；基础设施投资增长18.5%，增速回落1.8
个百分点；房地产开发投资同比下降1.1%，降幅收窄0.3个百分点。

表1 2012~2017年河南省地区生产总值、固定资产投资及房地产开发投资数据

单位：亿元

年份	地区生产总值	固定资产投资额	房地产开发投资
2012	29810.14	21761.54	3035.29
2013	32155.86	26220.92	3843.76
2014	34939.38	30782.16	4375.71
2015	37010.25	35660.34	4818.93
2016	40160.01	39753.93	6179.13
2017	44988.16	43890.36	7090.25

资料来源：《河南省统计年鉴》。

（二）固定资产投资对经济拉动效应凸显

投资作为驱动经济增长的三驾马车之一，对河南经济增长的拉动效应显
著。2012年以来，河南固定资产投资着力于基础设施、民生工程、企业技

术改造升级、房地产等领域，客观上对推动经济增长起到了巨大的作用。从表1可以看出，2017年河南省固定资产投资完成43890.36亿元，是2012年的2.01倍，同期，河南省地区生产总值达到44988.16亿元，是2012年的1.56倍，由此可见2012年以来，河南省固定资产投资与地区生产总值变化趋势基本一致。此外，固定资产投资与同期经济增长之间存在一定滞后性，因此，近年来固定资产投资对河南经济增长的拉动作用依然巨大。在经济高质量增长的背景下，保持适度的固定资产投资额和增速，对于抵御经济下行风险，推动高质量增长依然十分重要。

（三）固定资产投资内部结构逐步改善

近年来，随着河南省深入推进供给侧结构性改革，河南固定资产投资以"转动力、夯基础、补短板、拓空间、惠民生"为导向，加大了在创新驱动战略、技术设备升级、重大基础设施项目、新型城镇化建设、社会公共服务、绿色低碳循环经济等领域的投资力度，固定资产投资在三次产业内部的结构逐步优化。2017年全省第一产业投资完成2382.58亿元，为2012年的3倍；第二产业投资完成19172.70亿元，为2012年的1.7倍；第三产业投资完成22335.07亿元，为2012年的2.52倍。

（四）固定资产投资空间结构分化明显

近年来，河南省固定资产投资在空间分布上呈现出两大趋势，一是固定资产投资在省辖市层面上向区域重点城市集聚；二是在园区层面上，固定资产投资逐步向产业集聚区集聚。从河南省各省辖市层面来看，2017年，郑州、洛阳、南阳、新乡四个省辖市固定资产投资达到18083.59亿元，与2012年的9212.95亿元相比，增加了96%；2017年上述4市固定资产投资占全省固定资产投资额的比重达到了41.2%。从产业集聚区层面来看，2017年全省180多个产业集聚区共完成固定资产投资21897.98亿元，与2012年的10229.57亿元相比，增长了1.14倍；2017年产业集聚区固定资产投资占全省固定资产投资的比重达到49.9%，比2012年提高了2.9个百分点。

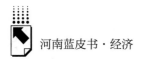

二 河南省固定资产投资效率分析

固定资产投资效率及结构是反映区域固定资产投资质量高低的重要标志，一般常用固定资产投资率、固定资产投资效果系数、增量资本产出率、房地产开发投资占比等指标来衡量。本研究选择河南省 2012～2017 年相关经济数据，结合湖南、湖北、浙江等省份和河南省省辖市同期相关数据，对河南省固定资产投资效率进行分析，目前河南固定资产投资存在如下问题及制约因素。

（一）经济增长依赖投资驱动的现象尚未改观

固定资产投资率是指当年固定资产投资规模占国内生产总值的比重，反映的是固定资产投资对经济增长的贡献，也反映区域经济对投资的依赖程度。近年来河南省及相关省份固定资产投资率情况如图 1 所示。

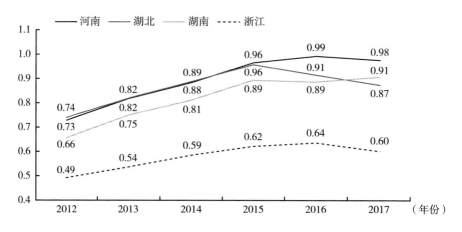

图 1　2012～2017 年河南、湖北、湖南、浙江四省固定资产投资率趋势比较

从图 1 可知，2012 年以来，河南省固定资产投资率从 0.73 一路增加，2016 年达到 0.99，2017 年由于供给侧结构性改革的原因，固定资产投资率比 2016 年略有下降，达到 0.98。纵观 2012 年以来固定资产投资率变动

情况，河南省经济增长依赖投资驱动的现象依然存在，并且呈现逐步递增的趋势。这一现象与河南省的产业结构有密切的关系，由于长期以来，河南省产业结构中第二产业占主导地位，例如 2017 年河南省三次产业结构为9.6：47.7：42.7，这一因素导致固定资产投资不可避免地主要投向以重资产为特征的第二产业。同处于中部地区的湖南省和湖北省，在固定资产投资率方面，也因为产业结构造成的路径依赖效应，2012 年以来固定资产投资率居高不下，自 2014 年以来一致维持在 0.8 以上。这反映出河南以及湖南、湖北等中部省份，经济增长过度依赖投资驱动。同期，浙江省固定资产投资率一直维持在 0.49 ~ 0.64 之间，这与浙江省产业结构的轻量化特征有关，2017 年浙江三次产业结构为3.9：43.4：52.7，第三产业占据主导地位，区域经济增长对固定资产投资的依赖程度明显比中部省份低。当前，在高质量发展背景下，投资作为驱动经济增长的三驾马车之一，保持适度的固定资产投资率对经济增长将会起到推动作用，但是目前阶段，河南固定资产投资率已经过高，超出了经济系统的实际承受能力，将会导致挤占居民消费意愿，造成资源的闲置和浪费、降低投资效益等一系列不利影响。

（二）投资对经济拉动作用呈现出边际效应递减

固定资产投资效果系数反映单位固定资产投资额所能带来 GDP 的增量，是衡量固定资产投资最终效益的指标，用来说明投资规模、投资效益和经济增长之间的关系。其计算公式为：固定资产投资效果系数 = 报告期国内生产总值增加额/报告期固定资产投资额。考虑到由于投资项目种类、政策效应、经济结构调整等因素的存在，当年的固定资产投资额对当年新增地区国内生产总值会产生"滞后效应"，因此必须考虑到新增的国内生产总值与滞后固定资产投资之间的关系。2012 ~ 2017 年河南、湖北等四省当年期、滞后一期、滞后二期的固定资产投资效果系数如表 2 所示。

表2 2012～2017年河南、湖北、湖南、浙江四省固定资产投资效果系数

省份	河南			湖北			湖南			浙江		
年份	当年	滞后一期	滞后二期	当年	滞后一期	滞后二期	当年	滞后一期	滞后二期	当年	滞后一期	滞后二期
2012	0.12	0.11	0.13	0.16	0.15	0.16	0.17	0.16	0.17	0.15	0.17	0.15
2013	0.09	0.11	0.08	0.12	0.13	0.11	0.13	0.14	0.11	0.15	0.13	0.14
2014	0.09	0.07	0.10	0.11	0.09	0.11	0.12	0.09	0.10	0.11	0.12	0.15
2015	0.06	0.09	0.14	0.08	0.08	0.15	0.08	0.08	0.13	0.10	0.13	0.20
2016	0.08	0.12		0.09	0.14		0.08	0.12		0.12	0.18	
2017	0.11			0.13			0.11			0.17		

　　据《河南省统计年鉴》数据计算，2008年河南省固定资产投资效果系数为0.32，意味着2008年河南省每100元固定资产投资能够创造32元的地区生产总值，自2009年开始河南固定资产投资效果系数一路走低，如表2所示，2012年降为0.12，2015年则为0.06，意味着每100元固定资产投资只能带来6元的地区生产总值增量。2015年后随着供给侧结构性改革的推进，"三去一降一补"各项措施的落地，2017年河南固定资产投资效果系数略有回升，达到0.11，但仍处于较低的水平。此外，考虑到固定资产投资对区域生产总值贡献的滞后效应，通过分析河南省滞后一期和滞后二期的投资效果系数，仍能发现2012年以来，河南省固定资产投资呈现比较明显的回落或波动趋势，反映出依靠投资拉动经济增长的模式已经触及了当前经济结构下经济增长的"天花板"，表现出较为明显的边际效应递减特征。

　　从横向对比角度来看，2012年以来浙江省固定资产投资效果系数一直在0.1～0.17范围内波动，而河南则处于0.06～0.12的区间，仅2012年、2017年突破0.1，湖北、湖南固定资产投资效果系数略高于河南，而与东部地区的浙江相比仍存在较大的差距。浙江省固定资产投资效果系数较高的原因与其产业结构调整、创新驱动发展能力、供给侧结构性改革的力度等因素有关，其中创新驱动发展能力是导致河南与浙江固定资产投资效率存在较大差异的重要原因。例如，浙江省2017年全社会R&D经费支出1260亿元，

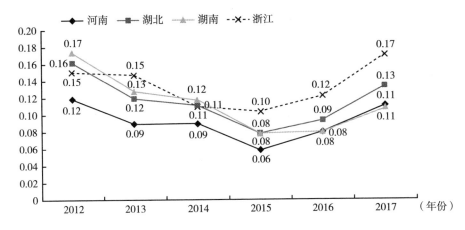

图2　2012～2017年河南、湖北、湖南、浙江四省固定资产投资效果系数

R&D经费投入强度为2.43%；河南省2017年全社会R&D经费支出为582.1亿元，仅为浙江省的46.2%，R&D经费投入强度为1.29%，低于浙江省1.14个百分点。由此可见，河南、湖北等中部地区省份，在固定资产投资边际效用日益递减的趋势下，需要强化区域创新能力，逐步摆脱经济增长对固定资产投资的路径依赖，走创新驱动发展之路。

（三）高增量资本产出率反映经济运行成本增加

增量资本产出率（the Incremental Capital Output Ratio，ICOR）是衡量投资效率的主要经济指标，反映增加经济产出所需要的投资增量，即投资与经济产出增量之比。增量资本产出率提高时，说明增加单位总产出所需要的资本增量增大，也就意味着投资的效率下降。因此，增量资本产出率越小，投资效率则越高。2012～2017年河南、湖北等四省增量资本产出率如图3所示。

当前，在供给侧结构性改革深入推进的背景下，高投资的区域经济增长模式正在受到地方政府债务高企和民间投资积极性下降的双重约束，投资效益下滑，经济运行成本增大。2017年，河南省全社会固定资产投资总额占GDP的比重高达98%，投资规模的快速扩张带来投资边际效率明显下降，

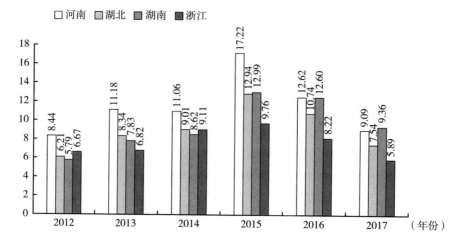

图3 2012～2017年河南、湖北、湖北、浙江四省增量资本产出率

主要表现在增量资本产出率（ICOR）大幅度上升。2012～2017年，河南省新增单位GDP所需的资本形成总额呈现出先增后降的趋势，从2012年的8.44上升到2015年的17.22，2017年回落至9.09，这表明2015年河南创造单位产出所花费的投资成本比2012年提高了约1倍，2017年比2012年上涨7.7%。从省际横向对比来看，2012～2017年河南、湖北、湖南、浙江四省份增量资本产出率均值分别为11.60、9.13、9.53和7.74，由此可见，在中部省份中，湖北、湖南固定资产投资效益略高于河南省，浙江省固定资产投资效益最高，反映出其经济运行的成本相对较低。河南省较高的增量资本产出率折射出的经济运行高成本问题，已经在一定程度上制约了经济高质量发展，必须在加大供给侧结构性改革力度、优化固定资产投资结构上做文章，推动区域经济新旧动能转换。

（四）经济增长对房地产投资依赖程度较为严重

"房地产开发投资占固定资产投资比重"及"房地产开发投资占GDP比重"可以看作衡量一个地方经济增长对房地产投资依赖度的指标。比重越高，说明地产投资依赖程度越严重。2012年以来河南省房地产投资变化情况如图4所示。

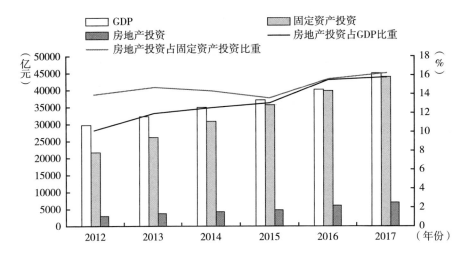

图4 2012～2017年河南省房地产投资占GDP及固定资产投资比重

从固定投资指标中房地产开发投资来看，2017年河南房地产开发投资7090.25亿元，比上年增长14.7%。其中，住宅5330.80亿元，增长17.0%。从2012年以来的数据来看，房地产投资占GDP的比例由2012年的10.18%上升到2017年的15.76%；房地产投资占固定资产的比例也一直处于上升趋势中，由2012年的13.95%上升到2017年的16.15%。由此可见，河南省房地产投资占比持续保持高位运行，区域经济发展对房地产行业的依赖程度相对较高。其中，郑州市表现得最为突出，2012年以来，郑州市房地产投资从1095.1亿元增长到2017年的3358.8亿元，增加了2.06倍，同期房地产投资占GDP的比重由19.74%增长到2017年的36.79%，房地产投资占固定资产投资的比重分别由29.84%增长到44.35%（见图5）。郑州市"房地产开发投资占固定资产投资比重"及"房地产开发投资占GDP比重"两项指标均为近10年来最高水平，郑州市经济发展对房地产投资的依赖程度在一定程度上可以反映河南省经济增长对房地产的依赖。此外，从全国范围来看，2018年前三季度，河南省房地产投资占GDP的比重达到14%，在中部六省中仅次于安徽省的24%，分别高于湖北省1个百分点、湖南省3个百分点、江西省4个百分点、山西省5个百分点，也高于东部地区的江苏省1个百分点。

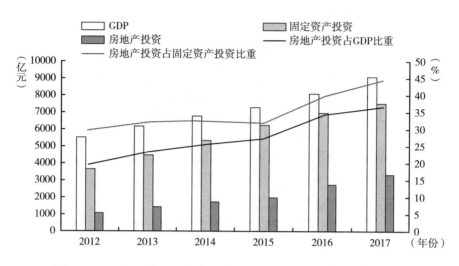

图5　2012～2017年郑州市房地产投资占GDP及固定资产投资比重

近年来，河南省较高的房地产投资GDP占比和固定资产投资占比，折射出区域经济对房地产投资的高度依赖性，导致房地产投资挤压实体经济投资及居民消费。据《河南省统计年鉴》数据计算，2012年以来，河南省房地产开发投资由3035.29亿元增加到2017年的7090.25亿元，增加了1.34倍，同期，社会消费品零售总额和工业领域固定资产投资分别增加了0.83倍、0.71倍，工业领域投资和居民消费增幅远低于房地产投资增幅。未来，要推动河南经济高质量发展，提高固定资产投资效率，必须进一步优化固定资产投资结构，降低区域经济增长对房地产投资的依赖程度，引导投资向实体经济回流。

三　提高河南省固定资产投资效率的对策建议

（一）引导由数量型向质量型转变，全面提升投资效率效益

面对河南省固定资产投资效率持续低水平运行的现状，需要转变投资理念，以投资效果系数和固定资本形成总额两项指标为导向，促进固定资产投

资由数量扩张型向质量效益型转变，缓解固定资产投资对经济增长边际效应递减的趋势。一是转变投资导向，推动固定资产投资高质量发展。在区域经济高质量发展背景下，固定资产投资领域应坚持"质量第一、效益优先"的原则，在推动投资领域供给侧结构性改革过程中，坚决杜绝低水平重复投资，摒弃传统的以投资总量和增速为导向的投资理念，注重投资的效率和质量"双修"，以高质量的投资，推动区域经济高质量发展。二是以投资结构驱动产业结构优化，提升实体经济运行效率。提升固定资产投资效率，要紧紧围绕调整存量、优化增量，加快新旧动能转换这一主基调，把投资领域供给侧结构性改革与提升投资效率和优化产业结构结合起来，坚持"稳定一产，优化二产，提升三产"的固定资产投资结构布局，增加高技术产业、战略性新兴产业、现代服务业等行业投入，促进投资向实体经济集聚。三是维持合理的投资规模，兼顾投资的短期和长期效益。固定资产投资作为驱动经济增长的重要因素，在高质量发展背景下，仍需要保持合理的投资规模。固定资产投资项目谋划要长短结合，既要规划一批投入少、建设周期短、见效快的项目，又要谋划一批对投资有强拉动、利长远、增后劲的"关键性、支撑性、标志性"重大建设项目，扩大有效投资，提高投资效益，为河南经济高质量发展发挥支撑作用。

（二）深化投资领域供给侧结构性改革，优化固定资产投资结构

针对河南省固定资产投资结构不优，经济增长对房地产投资依赖度高，民生领域及服务业领域投资不足，固定资产投资效率不高等问题，需要深化供给侧结构性改革，优化投资领域资源配置。一是扩大制造业投资，推动投资"由虚向实"。严格落实关于房地产市场调控的相关政策，降低经济增长对房地产投资的依赖度，引导固定资产投资向制造业等实体经济领域回流，积极培育经济增长新动能。以"提高技术水平、增强制造能力、优化产业结构、延长产业链条"为导向，加大对装备制造、食品制造、新型材料制造、电子制造、汽车制造五大主导产业；冶金、建材、化工、轻纺、能源等传统产业；智能制造装备、生物医药、节能环保、新能源装备、新一代信息

技术等新兴产业领域的投资力度，提高投资供给体系质量和效率。二是加大薄弱环节投资，补齐经济高质量的短板。区域经济是一个复杂系统，任何薄弱环节都会影响经济运行的整体效率。要提高区域投资效率效益，需要加大短板行业领域的投资力度，提高短板行业投资的经济效益和社会效益。加强高新技术产业投资，激发高质量发展的动能和后劲。坚持产业内部均衡发展的理念，围绕基础设施、现代农业、新兴服务业、民生工程等方面，进一步加大投入力度，补齐高质量发展的短板。

（三）加大创新驱动领域投资力度，激发区域经济发展动能

要提升固定资产投资效率，改变增量资本产出率较高、经济运行成本持续高涨的现状，从长远来看需要从根本上降低经济增长对投资驱动的依赖性，加大创新领域投资力度，提升区域创新驱动发展能力，积极培育支撑未来经济增长的动力动能。一是强化创新体系建设投资。围绕战略性新兴产业、高新技术产业，大力推动重点领域创新投资，依托国家级重点实验室和工程（技术）研究中心、制造业创新中心、"双创"基地平台、产业技术创新战略联盟等创新载体，构建现代创新体系，推动创新驱动发展。二是加大对创新型业态的投资力度。围绕战略性新兴产业、先进制造业、知识密集型服务业等创新型产业，选择一批市场前景好、研发能力强的企业，加强对其投资力度，支持其发挥先发优势引领全省创新发展，同时注重引进创新型企业，强化对科研院所和高等院校的创新投资力度，发挥其对企业技术创新的源头支持作用。三是强化制造业技术设备升级投资力度。围绕高成长性制造业、战略性新兴产业、传统支柱产业，加大制造业技术设备升级投资力度，优化制造业产业链布局和产业规模，提升制造业运行效率和投资效益。

（四）坚持财政投资与民间投资并重，释放有效投资需求潜力

提高固定资产投资效率，需要在优化财政投资的同时，提振民间投资的信心，扩大民间投资规模，释放有效投资需求的潜力。一是进一步提高财政投资的效率效益。在加大对产业发展短板、重大基础设施、社会民生工程等

关键领域和薄弱环节投资力度的同时，以投资效率效益为导向，坚决压缩绩效不高项目的预算安排，增加均衡性转移支付和困难地区财力补助。二是着力激发民间资本投资活力。深化投资领域行政审批制度改革，进一步放宽市场准入，增强民间资本参与 PPP 等项目的意愿，提振民间投资信心，释放有效投资潜力。扩大实体经济直接融资的比重，支持企业利用短期融资券、企业债等方式融资。综合运用产业政策、发展规划、投资信息等措施，以及结构性减税、差别化信贷政策、补助、贴息、奖励等手段，吸引社会资本投向先进制造业、现代服务业、现代农业、基础设施等领域，不断提升产业层次。

参考文献

陈治：《中国固定资产投资跨期效应研究》，《宏观经济研究》2018 年第 4 期。

孟晓倩、张家璇：《我国固定资产投资与经济增长实证分析》，《合作经济与科技》2018 年第 10 期。

吕林静：《固定资产投资效率影响因素研究》，《佳木斯职业学院学报》2017 年第 11 期。

胡淑红、赵艳、李荷娟：《河南省投资与经济增长的关联度实证研究》，《金融理论与实践》2017 年第 4 期。

B.9
2018~2019年河南省消费品市场形势分析与展望

石　涛*

摘　要： 2018年，河南省消费品市场仍旧保持了稳中趋升的发展态势，增速继续高于全国平均水平，增速持续收窄，较上年同期收窄1.3个百分点。格局上，河南省在中部省份仍旧保持第一规模优势，增速优势回落，省内消费品市场仍旧集中于郑州等地市。结构上，餐饮消费增幅继续高于商品类，全省十五种限额以上商品增幅由"十升五降"转为"三升十二降"，其中，化妆品类消费降幅最高。在全球经济发展不确定预期持续加大，以及国内经济下行压力加大的现实背景下，河南省消费品市场仍旧机遇与挑战并存，预计2019年，全省消费品零售商品市场规模继续扩大，增速继续收窄，增速保持在10.0%左右。

关键词： 河南省　消费品市场　全社会消费品零售总额　网络零售

2018年是党的十九大开局之年，是河南省全力打好三大攻坚战，全面步入新时代的关键之年。面对国内外复杂的宏观经济环境，河南省抢抓消费热点，持续挖掘消费潜力，全省消费品市场整体保持了较快的发展态势。2019年，"不确定性"是全球社会经济发展的关键词，河南省社会经济发展

---

* 石涛，河南省社会科学院经济研究所助理研究员，经济学博士。

仍旧面临较大的下行压力。深入分析2018年全省消费品市场发展现状，展望2019年全省消费市场发展趋势，对于促进河南省消费品市场健康稳定发展具有十分重要的现实意义。

一 2018年河南省消费品市场运行总体状况

2018年，河南省消费品市场运行总体平稳，实现商品零售总额20594.74亿元，同比增长10.3%，增速高于全国平均水平1.3个百分点，较上年收窄1.3个百分点。同时，河南省消费品市场态势处于中部地区较好位次，规模优势进一步释放。

（一）河南省规模及总体状况

图1显示了2018年3～12月河南省和全国全社会消费品零售总额及增速趋势。规模上，河南省全社会消费品零售总额规模逐步扩大。2018年全国全社会消费品总额达到380987.0亿元，河南省全社会消费品总额占比为5.4%，与上年基本持平。同时，2018年3～12月河南省和全国全社会消费

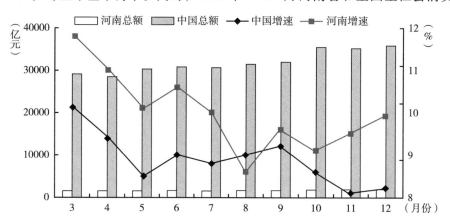

图1 2018年3～12月中国和河南全社会消费品零售月度总额及增速趋势

资料来源：河南省统计局、国家统计局河南调查总队：《河南统计月报》。

品零售总额平均值达到 1706.86 亿元、31990.5 亿元，较去年分别提高66.76 亿元、1468.7 亿元，增幅较大。增速上，河南省全社会消费品零售总额增速稳步加快。2018 年河南省和全国全社会消费品零售总额增速分别达到 10.3%、9.0%，分别较上年同期收窄 1.7 个分点、1.4 个百分点。同时，2018 年 3～12 月河南省和全国全社会消费品零售总额增速均值分别达到10.02%、8.89%，河南增速高于同期全国平均水平 1.13 个百分点。可见，河南省消费品市场规模逐步扩大，增速稳中略收窄。

（二）中部六省发展速度对比分析

表 1 显示了 2018 年中部六省全社会消费品零售总额规模及增速对比情况。从该表中可以看出：规模上，2018 年，河南省、湖北省、湖南省、安徽省、江西省、山西省的全社会消费品零售总额分别达到 20594.74 亿元、18300.00 亿元、15638.26 亿元、12100.00 亿元、7566.40 亿元、7338.50 亿元，其中，河南省全社会消费品零售总额分别高出湖北省、湖南省、安徽省、江西省、山西省 2294.74 亿元、4956.48 亿元、8494.74 亿元、13028.34 亿元、13256.24 亿元，河南省全社会消费品零售总额规模继续保持中部第一。增速上，河南省、江西省、安徽省、湖北省、山西省、湖南省全社会消费品零售总额增速分别达到 10.3%、10.9%、10.0%、11.6%、11.0%、8.2%，河南增速降至中部第四位，较上年同期下降两个位次，分别低于安徽省、湖北省、江西省 1.3 个、0.6 个和 0.7 个百分点，分别高于山西省、湖南省 2.1 个、0.3 个百分点。可见，河南省全社会消费品零售市场规模在中部地区继续保持领先位次，增速较去年有所下降。

表 1 2018 年前三季度中部六省全社会消费品零售总额增速对比

单位：亿元，%

地区	总额	规模差	增速	增速差
河南	20594.74	0	10.3	0
湖北	18300.00	−2294.74	10.9	0.6
湖南	15638.26	−4956.48	10	−0.3

地区	总额	规模差	增速	增速差
安徽	12100.00	-8494.74	11.6	1.3
江西	7566.40	-13028.34	11	0.7
山西	7338.50	-13256.24	8.2	-2.1

注：规模差以河南总额为基准值，增速差以河南增速为基准值。

资料来源：河南省统计局、国家统计局河南调查总队：《河南统计月报》。

（三）河南省地市状况

图 2 显示了 2018 年前 11 个月河南省 18 个省辖市全社会消费品零售总额及增速趋势。总体上，2018 年 18 个省辖市全社会消费品零售总额规模均值达到 935 亿元，同比增速 10.5%，较上年同期降低 56.6 亿元、1.4 个百分点，18 个省辖市全社会消费品零售总额规模保持平稳态势，增速有所提高。规模上，2018 年，河南省 18 个省辖市全社会消费品零售总额规模前五位的省辖市从大到小依次是郑州、洛阳、南阳、周口、信阳，前五位省辖市全社会消费品零售总额占 18 个地市总额的 51.75%，较上年同期上升 0.5 个百分点，前四位省辖市全社会消费品零售总额均值高于其余 18 个省辖市的同期均值，全省全社会消费品市场继续保持集中的空间分布态势。增速上，全社会消费品零售总额增速前五位的省辖市从大到小依次是驻马店、漯河、南阳、开封、商丘，前五位增速均值达到 11.1%，高于全省均值 0.8 个百分点。同时，全省仅有 4 个省辖市增速未达到全省平均值，18 个省辖市全社会消费品增速普遍较高。

二 2018年河南省消费品市场运行特点分析

2018 年，河南省消费品零售消费总额继续保持稳步扩大的态势，增速较去年同期继续收窄。同时，全省消费结构继续保持升级态势，城乡差距持续收窄，餐饮行业增速仍旧快于商品零售行业，建筑及装潢材料、服装鞋帽及针纺织品、烟酒等产品保持较为稳定的增长态势，有力地支撑了全省消费品市场的稳定发展。

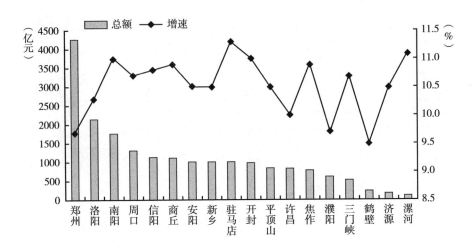

图2　2018年前11个月河南省18个省辖市全社会消费品零售总额及增速趋势

资料来源：河南省统计局、国家统计局河南调查总队：《河南统计月报》。

（一）餐饮行业增长快于商品零售行业

图3显示了2018年3～12月河南全社会餐饮及商品零售收入总额及增速趋势。总体上，商品零售行业规模仍旧高于餐饮行业，但是，餐饮行业增速快于商品零售行业。2018年，河南省限额以上单位消费品零售额实现收入5692.47亿元，同比增长8.0%，较上年回落3.2个百分点。其中，商品零售、餐饮收入实现销售额分别达到5262.61亿元、429.86亿元，占比分别达到92.4%、7.6%，餐饮收入市场份额仍旧较小，但其市场份额较上年同期提高1.3个百分点。从月份来看，2018年3～12月商品零售、餐饮收入实现销售额均值分别达到505.9亿元、40.1亿元，较上年同期分别回落156.7亿元、4.2亿元，降幅较大；增速均值分别为7.2%、9.7%，较上年同期分别回落4.3个、3.4百分点。增速上，2018年商品零售、餐饮收入增速前高后低，月均增速分别达到7.2%、9.7%，餐饮收入略高2.5个百分点，比上年提高2.1个百分点，餐饮增速较高。

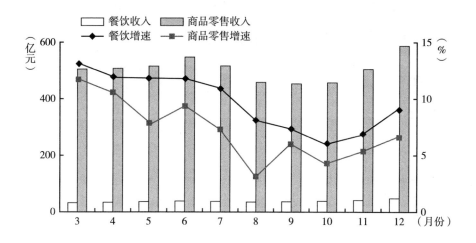

图3 2018年3～12月河南全社会餐饮及商品零售收入总额及增速趋势

资料来源：河南省统计局、国家统计局河南调查总队：《河南统计月报》。

（二）消费结构逐步升级

图4显示了2017年和2018年河南全社会15种消费品累计零售总额及增速趋势。总体上，2018年河南省全社会15种消费品零售总额规模达到4954.2亿元，增速达到10.8%，较上年同期分别降低2160.5亿元，回落3.3个百分点，特定消费品消费规模有所缩小，增速明显回落。规模上，2018年全省15种消费品零售商品消费总额规模前五位从大到小的商品种类依次是汽车、石油及制品、粮油食品、服装鞋帽与家用电器和音像器材，针纺织品、家用电器和音像器材与2017年位次保持一致，销售规模分别达到1746.6亿元、692.2亿元、493.1亿元、443.8亿元、313.1亿元，其中，前五位商品销售总额3688.8亿元，占比达到74.5%，销售额集中度较高。增速上，2018年15种消费品零售总额增速前五位从大到小依次是中西药品、化妆品、家具、建筑及装潢材料、烟酒，增速分别为13.7%、13.7%、13.5%、13.3%、12.5%。值得注意的是，2018年仅有建筑及装潢材料、服装鞋帽及针纺织品2种商品增速

保持上升态势，分别较上年同期提高 2.2 个、2.1 个百分点，烟酒与上年持平，其余种类商品增速有所下滑。

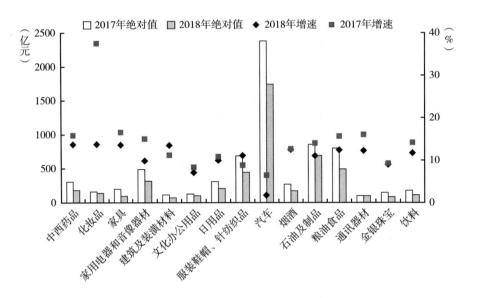

图4 2017 年、2018 年河南全社会 15 种消费品累计零售总额及增速趋势

资料来源：河南省统计局、国家统计局河南调查总队：《河南统计月报》。

（三）城乡差异收窄

图 5 显示了 2018 年 3～12 月河南城镇和乡村全社会消费品零售月度总额及增速趋势。2018 年，河南省城镇和农村全社会消费品零售总额分别达到 5250.0 亿元、442.5 亿元，分别较 2017 年下降 2315.7 亿元、173.9 亿元，城乡消费品市场规模有所缩小。2018 年 3～12 月份农村居民和城镇居民全社会消费零售总额月均规模分别达到 43.5 亿元、502.4 亿元，增速均值分别达到 5.5%、7.5%。同时，全年城乡限额以上单位消费总额增速分别达到 8.0%、7.1%，分别较上年同期回落 3.2、3.9 个百分点，农村居民消费增速明显慢于城镇居民市场。值得注意的是，2018 年城镇和农村消费零售总额比值达到 11.9，较 2017 年同期比值下降达 0.8，城乡居民消费差距持续收窄。

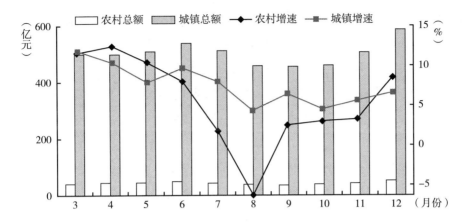

图5　2018年3~12月河南城镇和乡村全社会消费品零售月度总额及增速趋势

资料来源：河南省统计局、国家统计局河南调查总队：《河南统计月报》。

三　2018年河南省消费市场的关键影响因素

2018年，河南省社会经济持续发力，省内消费活力持续释放，为全省消费品市场的有序发展提供了有力支撑。但是，在国内宏观经济下行压力大等多种因素的干扰下，2018年全省社会消费品零售总额增速继续保持放缓态势。

（一）河南省消费品市场发展的支撑因素

2018年，河南省互联网基础设施持续改善，消费服务模式持续创新，消费活力持续释放，居民消费热情持续激活，有效地推动了全省消费品市场的稳定发展。

1. 城乡居民收入持续提高，消费能力逐步增加

2018年，全省全体居民人均可支配收入达到21963.54元，同比增长8.9%，其中、农村、城镇居民人均可支配收入13830.74元、31874.19元，较上年分别增长101.14元、2316.29元，城乡居民可支配收入持续上升。同时，2018年，城镇、农村居民人均生活消费支出分别达到20989.15元、

155

10392.01 元，分别同比增长 8.1%、12.8%，居民消费需求持续释放，为全省消费品市场的持续扩大奠定了良好基础。

2. 消费服务模式持续创新，消费热情进一步释放

随着互联网便利性优势的逐步凸显，以网购、网络外卖订餐等为典型的消费服务模式持续创新，释放了全省大众消费的活力。2018 年，河南省网络零售额达到 3203.0 亿元，同比增长 28.4%，总量国内第 5 位、增幅全国第 8 位，位居中西部第 1。同时，全省餐饮行业持续回暖，全年实现收入 3018.5 亿元，同比增长 11.7%，较上年同期上升 1 个百分点，增速超过商品零售行业 1.7 个百分点，居民消费热情逐步释放。

3. 居民意识逐步增强，消费结构持续升级

2018 年，全省消费升级最为显著的是消费类商品销售额的增长。其中，化妆品零售总额达到 139.1 亿元，同比增长 13.7%，增幅最高。服装鞋帽及针纺织品零售总额达到 443.8 亿元，同比增长 10.9%，较上年同期上升 2.1 个百分点；烟酒零售总额达到 173.6 亿元，同比增长 12.5%，增幅与上年持平。此外，2018 年全省限额以上单位通信器材类、体育娱乐用品类、计算机及其配套产品类分别增长 12.2%、10.7%、13.3%，分别高出限额以上单位消费零售总额增速 4.2 个、2.7 个和 5.3 个百分点。

4. 互联网基础持续提升，信息消费用户持续提高

截止到 2018 年 11 月底，河南省互联网用户达到 1.1 亿户，同比增长 15.9%，全省 IPTV、4G 用户、移动及固定宽带网络用户新增数均位居全国前列；电信业务总量完成 3495.5 亿元，同比增长 171.0%。同时，全省所有行政村实现光纤接入全覆盖，手机、流量以及长途漫游费全部取消，全省用户减少通信支出 6.6 亿元。由于互联网基础设施水平的持续提高，截止到 11 月底，全省电子商务交易 1.4 万亿元，同比增长 19.5%，信息消费群体持续扩大。

（二）河南省消费品市场发展的制约因素

2018 年，面对国内宏观经济下行压力较大，新的消费热点尚未形成等诸多因素的干扰，河南省消费品市场发展出现减缓迹象。

1. 省内经济下行压力较大

2018年，国内经济增长压力较大，增速较上年同比回落0.2个百分点，2019年经济增速继续调低。同期，河南省经济增速7.6%，较上年同期回落0.2%，经济下行压力持续加大。2018年，河南省全社会消费品总额增速10.3%，较上年同期回落1.3个百分点，持续出现增速收窄态势，如扣除价格等因素的干扰，实际收窄的幅度仍将继续加大。

2. 消费指数继续高位运行

2018年全省消费价格指数较上年上涨2.3%，涨幅同比提高0.9个百分点。上涨幅度最高的种类分别是医疗保健、教育文化和娱乐、交通和通信、居住，分别上涨6.1%、3.0%、2.2%和2.2%，医疗保健、教育文化和娱乐、居住仍旧是全省消费价格指数上升的主要种类。同时，城镇、农村分别上涨1.4%、1.2%，较上年同期提高1.0个、0.8个百分点，居民消费价格持续上升，居民消费成本继续加大。尤其是2015年以来，河南CPI指数连续4年高位运行，2018年CPI指数高于全国0.2个百分点，仍旧在一定程度上抑制了全省居民的消费意愿。

3. 消费热点尚未形成

2018年，全省15种限额以上单位消费品除了服装鞋帽及针纺织品、建筑及装潢材料以及烟酒等商品增幅保持稳定外，其余12种商品消费增幅出现下滑。一是金银珠宝、日用品及文化办公用品等日常类消费品小幅下滑。2018年，全省金银珠宝、日用品及文化办公用品同比增幅回落0.4个、0.9个、1.3个百分点。二是石油及制品、汽车类商品增幅回落较大。受限于1.6升及以下小排量汽车的购置税回调，2018年汽车、石油及制品类商品销售额分别回落4.6个、2.9个百分点，由于基数较大，对全省限额以上单位消费品零售额回落产生较大影响。三是化妆品类商品增幅回落最高。2018年，全省化妆品类商品限额以上单位零售额同比增长13.7%，较上年同期回落23.8个百分点，是15种限额以上商品销售额增幅回落最高的商品。此外，受限于其他多种因素的干扰，中西药品、饮料、家具、粮油食品及通信器材类商品零售额增幅均出现了回落迹象。

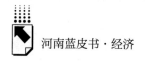

四　2019年河南省消费品市场运行态势分析

2019年是打好三大攻坚战，深入进行供给侧结构性改革，实现新旧动能转化，全面建成小康社会的关键之年，在宏观经济下行压力加大等国内外复杂消费环境下，全省消费品市场仍旧保持稳中趋缓的发展态势，预计2019年全年全省全社会消费品零售总额增速保持在10.0%左右，低于2018年同期水平。

（一）2019年河南省消费品市场稳定增长的支撑条件

1. 消费体制机制进一步优化

2018年9月，国务院办公厅关于印发《完善促进消费体制机制实施方案（2018～2020年）》的通知，进一步破解制约消费扩大和升级的体制机制障碍，重点优化和完善监管机制、质量和标准体系以及信用体系和消费者权益保护机制，不断提高消费政策适应消费需求的现实性，有利于进一步维护省内消费者消费权益，激活消费热情，促进省内消费结构的改善，提升消费水平。

2. 河南对外开放持续实现新突破

2018年4月，卢森堡旅游签证（郑州）便捷服务平台揭牌，6月，河南卢森堡中心开工建设，7月，河南省政府与中国民用航空局联合下发《郑州国际航空货运枢纽战略规划》，11月，国务院印发通知支持郑州机场在对外航权谈判中利用第五航权，河南持续实现对外开放多项零突破，加速建设空中、陆上、网上和海上"丝绸之路"，进一步释放内陆开放高地的优势，有利于"买全球""卖全球"，为创造和凝固全省消费热点提供了有利条件。

3. 信息消费潜力进一步挖掘

2018年河南省人民政府办公厅印发《河南省进一步扩大和升级信息消费持续释放内需潜力实施方案（2018～2020年）》的通知，明确提出到2020年，全省信息消费规模年增长11%，拉动相关领域产出年增长11%，信息产业主营业务收入过万亿的总体目标，围绕生活服务信息消费、行业类信息消费等四大领域，实施15项行动，进一步升级信息基础设施、优化信息消费环境，打造信息消费升级版，从而不断满足省内持续增长的信息消费需求，促进省内消费市场健康持续发展。

（二）2019年河南省消费品市场稳定增长的制约因素

1. 国内外经济发展仍旧面临较大不确定性

2018年英国脱欧等地缘政治问题导致的不确定性持续增加，地缘政治风险仍旧存在。随着"美国优先"战略的深入实施，全球反全球化情绪持续增加，区域经济体之间的合作难度进一步加大，在中美贸易摩擦持续不确定预期下，全球经济发展持续面临较大的不稳定性。面对日趋不确定的国内外宏观经济形势，IMF等多家权威机构下调了全球经济预期，认为2019年中国经济增速将持续回落，经济发展面临的不确定性因素增加。2019年，全球经济发展面临的不确定性因素，给省内居民收入、消费预期同样带来较大的负向影响，一定程度上不利于消费市场的稳定发展。

2. 房地产市场管控进一步加强

党的十九大报告指出"房子是用来住的"，伴随省内各地楼市限购、首付比例上调等趋紧的管控政策出台，省内房地产市场进一步降温，尤其是省内三四线城市房地产市场明显降温，二手住宅价格指数持续回落。在"房子是用来住的"大背景下，房地产市场管控趋严是大趋势，这不利于省内房地产行业相关消费品的发展。

3. 消费环境仍需持续优化

一是消费维权数量继续上升。2018年，仅一季度全省工商12315工作机构受理消费诉求12.79万件，同比增长11.9%，其中，商品类投诉量首次同比上升，达到1.61万件，占投诉总量的59.0%，同比上升3.6个百分点。二是消费投诉区域集中度高。2018年，过半消费投诉量集中于郑州，郑州等地消费环境有待进一步优化。三是消费类基础设施仍旧存在较大的提升空间。一方面是充电桩、停车场等传统消费基础设施需要进一步夯实发展

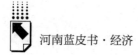

基础，同时，无线 WIFI 覆盖、4G/5G 网络等信息消费基础设施还存在一定的提升空间，一定程度上制约省内新消费热点的激活。四是文明消费环境建设还存在较大空间。如何在文明城市建设大背景下，建设好文明消费环境，仍旧存在较大的提升空间。

参考文献

河南省统计局、国家统计局河南调查总队：《河南统计月报》，2018 年 12 月。

河南省工商行政管理局：《2018 年一季度河南省 12315 消费维权数据分析报告》，2018 年 4 月。

赵振杰：《新消费释放澎湃动能》，《河南日报》2019 年 1 月 27 日。

赵振杰：《新业态带动消费显著增长》，《河南日报》2019 年 1 月 29 日。

孙静：《新消费理念催热新市场》，《河南日报》2019 年 3 月 23 日。

2018～2019年河南对外贸易形势
分析与展望

陈 萍*

摘 要： 2018年河南省对外贸易进出口总量又创新高，月度变化季节性强，进出口结构持续优化，国际贸易地位持续改善，美国依然是第一贸易大国，替代市场效果逐渐显现，民营企业进出口成主力军，地市进出口增速明显，国家战略开始发力，载体平台效应显现。但是2019年河南对外贸易发展的国际经济形势并不稳固，国内经济基本保持稳定增长，河南省内经济结构持续优化，对外贸易发展面临转型。为此，要积极研究河南对外贸易发展的新形势，积极对接国家对外贸易发展和河南经济建设的新要求，2019年河南对外贸易要在营商环境建设，提升对外开放的通道优势和平台优势，构建跨境电子商务生态系统，促进对外贸易市场多元化，培育新兴贸易市场，打造特色外贸产业基地等方面下足功夫。

关键词： 河南省 对外贸易 跨境电子商务

2018年，在以习近平同志为核心的党中央坚强领导下，河南全省上下把持续打好"四张牌"作为落实新发展理念、深化供给侧结构性改革、推进高

---

* 陈萍，河南省社会科学院副研究员。

质量发展的关键举措和抓手，调结构转方式、抓改革增动力、防风险降杠杆、抓攻坚补短板、优环境扩开放、扩就业惠民生，推动全省经济保持了"稳、进、好"的态势。在这样的背景下，河南的对外开放整体表现出开放水平更高、开放领域更宽、开放机制更活、开放载体更强的态势。但是对外贸易发展过程中依然存在诸多问题，深入剖析河南 2018 年对外贸易现状，综合研判 2019 年对外贸易发展形势，才能更好指导 2019 年河南对外贸易发展。

一　2018年河南对外贸易总体运行情况

2018 年河南多措并举，对外贸易快速发展。与往年相比，不管是对外贸易总量还是增速，都取得了不错的成绩。

（一）进出口总量又创新高，月度变化季节性强

2018 年，河南省进出口总值 5512.7 亿元，比 2017 年同期增长 5.3%，进出口总值历史首次突破 5500 亿元，再创历史新高。其中出口总值 3579 亿元，比 2017 年同期增长 12.8%；进口总值 1933.7 亿元，比 2017 年同期下降 6.2%，全年贸易顺差 1645.3 亿元，扩大 48%。进出口总额、出口总额创近 5 年新高（见图 1）。

2018 年，全国进出口总额 305050 亿元，比 2017 年同期增长 9.7%。其中，出口总额 164177 亿元，与 2017 年同期相比增长 7.1%；进口总额 140874 亿元，与 2017 年同期相比增长 12.9%。河南进出口总值在全国居第 11 位，居中部地区第 1 位。和全国进出口增速相比，河南进出口总额变化态势整体比全国稍慢，出口增幅与全国基本相当。但进口增速却大大低于全国平均水平。从近 5 年的数据来看，2014～2018 年，河南的进出口总额、进口总额、出口总额的增长速度整体好于同期全国平均水平，尤其是出口总额的增速，一直都领先于全国水平。但是河南的进口总额 2017～2018 年连续两年增速慢于全国水平，在河南对外贸易快速发展的大背景下，这一现象值得关注（见图 2、图 3、图 4）。

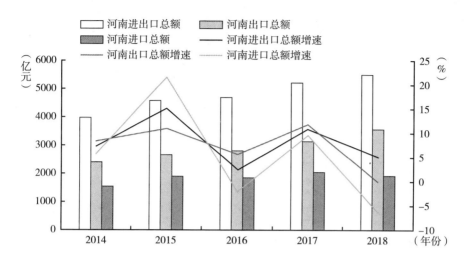

图1　2014～2018年河南进口总额、出口总额、进出口总额及其增速变化趋势图

资料来源：2014～2017年数据来自《河南统计年鉴》（2009～2018年）；2018年数据来自郑州海关网站，http：//zhengzhou. customs. gov. cn/zhengzhou_ customs/501404/501406/501407/0e9d768a－3. html。

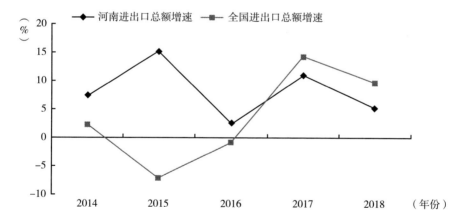

图2　2014～2018年河南省进出口总额增速和全国进出口总额增速对比

资料来源：《河南统计年鉴（2018）》《中国统计年鉴（2018）》；2018年河南进出口总额及增速数据来自郑州海关网站，http：//zhengzhou. customs. gov. cn/zhengzhou_ customs/501404/501406/501407/2147278/index. html；2018年全国进出口总额及增速数据来自中国海关总署网站，http：//www. customs. gov. cn/customs/302249/302274/302276/1420951/index. html。

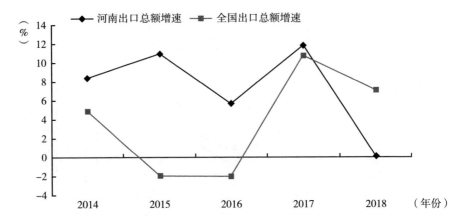

图3　2014～2018年河南出口总额增速与全国出口总额增速对比

资料来源：《河南统计年鉴（2018）》《中国统计年鉴（2018）》；2018年河南出口总额及增速数据来自郑州海关网站，http：//zhengzhou. customs. gov. cn/zhengzhou_ customs/501404/501406/501407/2147278/index. html；2018年全国出口总额及增速数据来自中国海关总署网站，http：//www. customs. gov. cn/customs/302249/302274/302276/1420951/index. html。

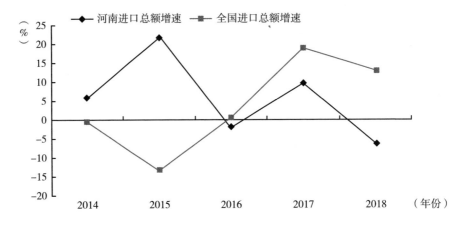

图4　2014～2018年河南进口总额增速与全国进口总额增速对比

资料来源：《河南统计年鉴（2017）》《中国统计年鉴（2018）》；2018年河南进口总额及增速数据来自郑州海关网站，http：//zhengzhou. customs. gov. cn/zhengzhou_ customs/501404/501406/501407/2147278/index. html；2018年全国进口总额及增速数据来自中国海关总署网站，http：//www. customs. gov. cn/customs/302249/302274/302276/1420951/index. html。

从月度变化趋势来看，河南进出口总额、出口总额、进口总额的变化趋势基本一致，从1月的高值到2月大幅回落，3月开始又曲折上升，随着9

月苹果手机新品上市，富士康在豫企业进出口表现突出，9～10月分别增长106.6%、55.9%，对全省对外贸易增长发挥了至关重要的作用，河南进出口总额也在9月迅速增长，并达到2018年最高值，10～12月又有所回落，这与往年河南的进出口动态基本一致（见图5）。

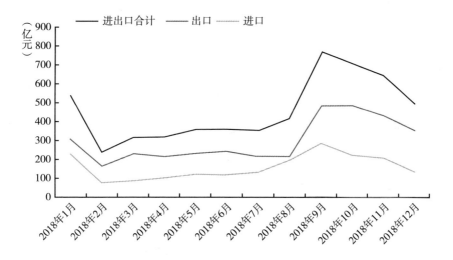

图5　2018年河南进出口总额、进口总额、出口总额变化趋势

资料来源：根据郑州海关网站统计数据整理，http://zhengzhou.customs.gov.cn/zhengzhou_customs/501404/501406/501407/2310057/index.html。

（二）进出口结构持续优化，国际贸易地位持续改善

进出口商品结构的变化是区域经济水平、产业结构和在国际分工中地位的重要标志。2018年，河南进口商品结构继续优化，其中机电产品的进口总额占全省进口总额的72.5%，高新技术产品占60%。进口额居全省前五位的商品为：集成电路，电视、收音机及无线通信设备的零部件，仪器仪表，铜矿砂，农产品（见图6）。集成电路仍是河南第一大进口商品，河南集成电路进口额达710.8亿元，占据河南进口总额的36.7%，同比下降9.1%；电视、收音机及无线通信设备的零部件192.4亿元，占全省进口总额的9.9%，同比下降14.7%；进口仪器仪表108.8亿元，占进口总额的

5.6%；进口铜矿砂 106.2 亿元，占进口总额的 5.5%，同比增长 56.5%；农产品进口额达 85.8 亿元，占进口总额的 4.4%。

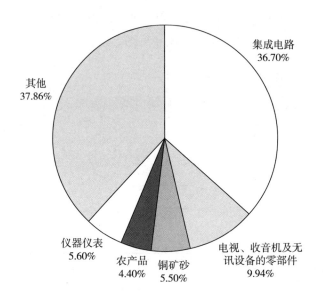

图 6　2018 年河南进口主要商品分布

资料来源：郑州海关网站，http：//zhengzhou. customs. gov. cn/zhengzhou＿ customs/ 501404/501406/501407/2283209/index. html。

2018 年河南出口商品结构也在继续提升。其中机电产品的出口总额占全省出口总额的 72.8%，高新技术产品占 63.6%。出口额居全省前列的商品为：电器及电子产品、农产品、机械设备、未锻轧铝及铝材、衣着鞋帽、人发制品（见图 7）。电器及电子产品出口总额为 2303.0 亿元，占全省出口总额的 64.3%，其中电话机出口总额为 2115.8 亿元，占全省出口总额的 60.0%，农产品出口额为 169.1 亿元，占全省出口总额的 4.7%，同比增长 19%；机械设备出口额为 131.3 亿元，占全省出口总额的 3.7%；未锻轧铝及铝材出口额为 101.2 亿元，占全省出口总额的 2.8%，同比增长 34.2%；衣着鞋帽出口额为 229.8 亿元，占全省出口总额的 6.4%，同比增长 28.1%；人发制品出口额为 112.7 亿元，占全省出口总额的 2.9%，同比增长 28.5%。

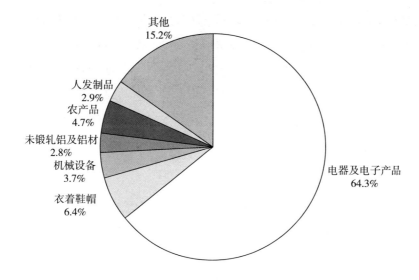

图7　2018年河南主要出口商品分布

资料来源：郑州海关网站，http://zhengzhou.customs.gov.cn/zhengzhou_customs/501404/501406/501407/2283213/index.html。

《国际贸易商品标准分类》（SITC）把产品分为初级产品和工业制成品。根据上述数据，目前在河南的进出口产品结构中，初级产品的进出口在河南进出口额中所占比重不足30%，而工业制成品进出口在河南进出口中所占份额已超过70%，这充分表明，河南的经济技术水平在不断提高，产业结构状况在逐年改善，技术含量较高的机电产品国际竞争力大幅提高，在国际分工和国际贸易中的地位也在逐步改善。

（三）美国依然是第一贸易大国，替代市场效果逐渐显现

2018年，河南前五大贸易合作伙伴为美国、中国台湾、日本、越南、韩国，五位贸易伙伴的进出口总额占全省进出口总额的55.23%（见图8）。相较合作组织，河南对美国、欧盟、东盟进出口总额均保持大幅增长。2018年，河南对美国进出口总额1382.7亿元，同比增长27.6%，主要原因是对美出口手机及配件1085.1亿元，同比增长33.9%；对欧盟进出口总额647.5亿元，同比增长2.04%；对东盟进出口总额638.8亿元，

同比增长 38.81%，这一增长主要源于 2018 年对东盟进口集成电路、取像模块的增长，尤其是前十个月，分别增长 149.3%、134.6%，带动对东盟进出口增长 62.7%；上述三者合计进出口总额占同期河南进出口总额的 47.9%①。同期，河南对"一带一路"沿线国家进出口 1187.9 亿元，增长 23.0%，高于全省整体增速 17.7 个百分点。应对中美贸易摩擦，开发替代市场效果显现。

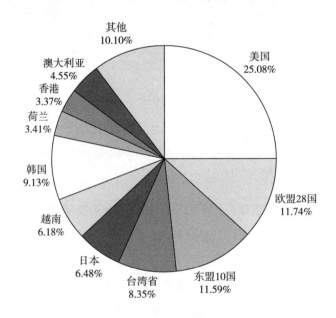

图 8　2018 年河南进出口总额的国家和地区分布

资料来源：根据郑州海关网站统计数据整理，http://zhengzhou.customs.gov.cn/zhengzhou_customs/501404/501406/501407/2283179/index.html。

河南出口前五位的国家和地区分别是美国、日本、中国香港、荷兰和英国。其出口总额占河南出口总额的 57.5%，而对美国的出口总额占 37.1%，美国是河南最主要的贸易伙伴国。其中对美出口 1326.0 亿元，相对 2017 年增长 31.43%，对美进口总额 56.6 亿元，相对 2017 年下降 24.1%。

———————————

① 河南省商务厅：《2018 年全省商务运行情况分析》。

河南进口前五位的国家和地区分别是中国台湾、越南、韩国、日本、澳大利亚，其进口总额占河南进口总额的 58.5%。值得一提的是，河南与越南的进、出口总额在进出口总额中所占的比重都位居河南贸易结构前五，一方面说明这些新兴国家逐步兴起，并成为我们的贸易伙伴，同时也说明河南与这些新兴国家的贸易结构极为相似，可成为新贸易增长点。

（四）民营企业进出口成主力军，地市进出口增速明显

民营企业进出口大幅增长，外商投资企业进出口占比超 6 成。2018 年，河南民营企业进出口总额 1501.2 亿元，比 2017 年同期增长 23.2%，占河南对外贸易总额的 27.2%；外商投资企业进出口总额 3562.4 亿元，比 2017 年同期下降 0.8%，占同期河南对外贸易总额的 64.6%。国有企业进出口 455.5 亿元，同比增长 6.4%，占同期河南对外贸易总值的 12.2%。2018 年 1～11 月，郑州市对外贸易进出口总额 3736.1 亿元，增长 12.1%，占同期全省对外贸易总值的 74.4%。增速方面，全省 18 地市中共有 17 个地市保持正增长，其中开封市、鹤壁市、濮阳市进出口保持快速增长，增速分别达到 71%、62%、39.3%①。

（五）国家战略开始发力，载体平台效应显现

与河南对外贸易发展紧密相关的三大战略，航空港经济综合实验区、中国（河南）自由贸易试验区、中国（郑州）跨境电子商务综合试验区，自批复以来，全省凝神聚力，发展成效显著。

跨境电子商务在全省对外贸易格局中开始发力，跨境电商监管新模式的实施，极大体现了自贸试验区先行先试的制度优势，并为全省经济发展释放出更大动能。河南跨境电子商务进口货源地覆盖 60 个国家左右，出口地覆盖 70 多个国家和地区，累计备案商品种类达 25.9 万种。跨境电子商务累计备案企业 1405 家，其中电商企业 619 家，集交易链、物流链、金融供应链、

---

① 郑州海关网站，http://zhengzhou.customs.gov.cn/zhengzhou_customs。

多业态集聚融合发展。2018 年，郑州海关共监管跨境电商进出口清单9507.3 万票，进出口商品总值 120.4 亿元，同比分别增长 4.2% 和 5.7%，监管量持续稳定增长。其中进口清单 7714.3 万票，进口商品总值 112.2 亿元，同比分别增长 4.7% 和 5.8%；出口清单 1793 万票，出口商品总值 8.2 亿元，同比分别增长 1.8% 和 4.4%①。1210 备货模式、O2O 新零售交易模式等郑州监管方案，让河南的跨境电商成为行业领跑者。快速发展的跨境电商新业态也吸引跨境电商全产业链各类要素集聚，为河南打造万亿产业链和高标准建设 EWTO 核心区奠定了坚实基础。

河南自贸试验区建设为河南发展开放型经济、推进贸易强省建设、实现对外贸易弯道超车提供了新路径和新空间。实施了以减证带动简政和提升服务效能的"二十二证合一"改革，由于具备超前性和可复制、可推广价值，从而在全国推广；"政银合作直通车"通过将工商登记服务窗口延伸到银行，在全国自贸试验区中率先实现银行网点代办企业商事登记业务，"一站式"金融综合服务极大提升了政务服务效能，降低了企业成本。原产地证书"信用签证"监管服务新模式，以出口货物产地溯源机制为核心的新模式助力企业进一步拓展国际贸易空间。2018 年，河南自贸试验区全年新设企业 2.63 万家，累计达到 4.99 万家，注册资本 3011 亿元，累计达到 6190 亿元，自贸试验区越来越成为投资热点。

二 2018~2019年河南对外贸易发展的国内外环境

(一)世界经济复苏基础并不稳固

从国际经济形势来看，2018 年世界经济复苏基础并不稳固。主要表现在，虽然世界经济增长动力有所增强，但是"逆全球化"和贸易保护主义势力抬头。根据中国社科院世界经济与政治研究所发布的《全球宏观经济

---

① 《河南省 2018 年跨境电商进出口总值超 120 亿元》，《河南日报》2019 年 1 月 28 日。

形势季度报告》，2018年3季度中国外部经济综合CEEM－PMI54.8①，较第二季度下降0.5个点。除了美国以外的其他主要发达经济体经济景气程度均出现不同程度回落，主要新兴市场经济体景气程度也多呈现回落，全球经济处于经济周期下半场。

（二）国内经济保持稳定增长

2018年，国内经济坚定践行新发展理念，按照推动高质量发展要求，继续深化供给侧结构性改革，经济运行保持总体平稳、稳中有进发展态势。全国规模以上工业企业实现利润总额66351.4亿元，比上年增长10.3%。全国服务业生产指数同比增长7.7%。1～10月份，战略性新兴服务业、科技服务业和高技术服务业企业营业收入同比分别增长14.9%、15.0%和13.4%。全国固定资产投资635636亿元，同比增长5.9%。社会消费品零售总额同比增长9.0%。全国居民消费价格同比上涨2.1%。进出口总额30.51万亿元，同比增长9.7%。总的来看，目前中国的进口占全球份额的1/10左右，已经成为全球最大的市场之一。2019年中国经济稳中有进、稳中向好的发展态势将不断巩固，会带动进口持续快速增长，这也会给河南对外贸易发展创造一个良好的发展环境。

（三）河南省经济运行总体平稳，经济结构持续优化

2018年河南经济保持了"稳、进、好"的态势。2018年全省生产总值48055.86亿元，增长7.6%，高于全国平均水平1.0个百分点，增速居全国第11位。工业生产平稳增长，企业利润增速加快。全省规模以上工业增加值比上年增长7.2%，高于全国平均水平1.0个百分点。固定资产投资增速稳中趋缓，基础设施投资保持快速增长。全省固定资产投资（不含农户）比上年增长8.1%，高于全国平均水平2.2个百分点。居民消费价格温和上

---

① China External Environment Monitor PMI，是根据中国经济外需分布计算，简称CEEM－PMI。该数据由中国社会科学院世界经济与政治研究所制作并发布，旨在反映中国外部经济环境的变化。

涨，全省居民消费价格比上年上涨 2.3%，涨幅同比提高 0.9 个百分点。供给侧结构性改革持续深化，结构继续优化升级。全年全省战略性新兴产业、高新技术产业增加值分别增长 12.2%、11.2%，分别高于全省规模以上工业增速 5.0 个、4.0 个百分点①。总的来看，河南经济的平衡发展为实现全省更高水平的扩大开放提供了坚实的基础。河南对外贸易也主动顺应世界发展潮流，开放路径更加清晰，开放举措更加有力，开放优势也更加凸显。

综合研判，2019 年，随着河南经济结构战略调整和贸易平台的发展完善，对外贸易进出口总额还会再攀新高，贸易商品结构也会随着经济结构的持续转型而转型。随着新兴市场的崛起，出口国别分布也会更加多元化，新型贸易方式的持续发力，将成为河南对外贸易新的增长点。

三 加快河南对外贸易发展的对策建议

2019 年河南对外贸易发展面临着新的挑战，为此要积极研究河南对外贸易发展的新形势，积极对接国家对外贸易发展和河南经济建设的新要求，在营商环境建设，提升对外开放的通道优势和平台优势，构建跨境电子商务生态系统，促进对外贸易市场多元化，培育新兴贸易市场，打造特色外贸产业基地等方面下足功夫。

（一）建设高标准和国际化的营商环境

在全球化迅速发展的今天，一个地区融入全球产业链条的关键，是有效对接国际通行规则和贸易标准，而高标准国际化营商环境的建设成为关键。为此，河南应建成以政务、监管、金融、法律、多式联运服务为主体的 5 大服务体系，营造法治化、国际化、便利化营商环境。具体来讲，一要积极探索构建营商环境建设体系。以营商环境评价排名前列的国家和地区为标杆，

---

① 《2018 年全省经济运行总体平稳 稳中有进》，河南省统计局网站，http：//www. ha. stats. gov. cn/sitesources/hntj/page_ pc/tjfw/zxfb/article5e39c7f2f6714a679a3d0fdfb95568be. html。

引进国际先进理念和领先标准，试点开展外商投资营商环境评价，定期发布营商环境评价报告。二要积极创新综合监管新模式。在市场主体领域，率先建成投用以"双随机"为核心的综合监管平台，在项目建设领域，按照建设阶段梳理风险点，组织开展精准监管。三要大力推行政务服务新模式。推出多证合一，开展投资项目承诺制。实行证照分离、"一址多照、一照多址"、住所集中地注册等商事改革。压缩企业开办时间，达到国内先进水平。四要加大知识产权保护力度。严厉打击侵权假冒行为，加大对外商投资企业反映较多的侵犯商业秘密、商标恶意抢注和商业标识混淆不正当竞争、专利侵权假冒、网络盗版侵权等知识产权侵权违法行为的惩治力度。五要保护外商投资合法权益。要为外商投诉受理机构正常开展工作提供必要的人员、经费保障，不断完善信息通畅、处置高效的全省外商投诉处理工作机制。

（二）提升对外开放的通道优势和平台优势

对外开放的发展离不开要素的流动，而畅通的通道和便捷的平台在要素流动中起着至关重要的作用。一要提升对外开放的通道优势。坚持四路并举，打造对外开放大通道。所谓四路，就是"空中丝绸之路""网上丝绸之路""陆上丝绸之路""海上丝绸之路"。要发挥"空中丝绸之路"的优势，全面融入"一带一路"建设，加密"陆上丝绸之路"，拓展"网上丝绸之路"，对接"海上丝绸之路"，带动"东联西进"物流大通道快速拓展，提升河南对外贸易的辐射力和影响力。二要提升平台优势。河南的对外开放平台有郑州航空港经济综合实验区、中国（河南）自由贸易试验区、中国（郑州）跨境电子商务综合试验区，要高质量地建设这些开放平台，形成全省对外开放的有力支撑。加快形成制度创新优势和发展优势，充分发挥开放平台的示范带动作用。

（三）构建跨境电子商务生态系统

跨境电商背后映射的是一种多业态产业，链条长、分布广。以 B2B 交易为重点，构建跨境电商产业链和生态圈，需要多种政策和措施发挥合力。一要支持EWTO（电子世界贸易组织）核心功能集聚区发展，加快培育跨境电子商务产业园区、培训孵化基地。二要提升全球跨境电子商务大会办会层次，打造高水平国际交流合作平台，扩大河南跨境电子商务国际影响力。三要加强与境内外知名跨境电子商务企业合作，引导更多传统对外贸易和制造企业"上线触网"，推动跨境电子商务与特色优势产业深度融合。四要充分发挥航空港、国际陆港、内陆口岸等开放载体的联动作用，加强跨境电子商务要素资源集聚和保障能力系统集成，全面探索跨境电子商务涉及的通关、商检、退税、结汇等创新措施，尽快形成第一批创新清单。五要营造适应跨境电子商务发展的监管制度和服务体系，形成适合跨境电子商务发展的新标准、新规范。利用跨境电子商务参与国际市场竞争，积极扩大出口，加快企业"走出去"步伐，培育对外贸易新的增长点。加快形成以"技术、质量、品牌、服务"为核心的竞争新优势，带动全省对外贸易从"大进大出"向"优进优出"转变。

（四）促进对外贸易市场多元化

河南的对外贸易市场以欧美等老牌国家为主，这些国家对外贸易政策的稍许变化就会对河南对外贸易带来较大影响，从而影响全省经济的稳定，因此应该积极挖掘培育新兴贸易市场，使得对外贸易市场更趋多元化，以便有效分散贸易争端带来的风险，增强河南对外贸易在国际市场上的话语权，让全省对外贸易走上稳定发展的道路。一要继续深度开发发达国家细分市场，对欧美、日韩等要争取更多商品进入中高端市场、大型商家供应链体系，稳定传统市场进出口增速。二要大力拓展"一带一路"沿线国家和地区市场，稳定劳动密集型产品等优势产品对沿线国家出口。三要大力拓展金砖四国、非洲国家、拉丁美洲国家、中东欧国家等新兴市场，推动外经外贸联动，引导企业开展对外投资和对外工程承包，带动成套设备、原材料、技术、标准、品牌和服务出口，提升河南产品在当地市场的占有率。

（五）打造特色外贸产业基地

出口基地建设是商务部门推进对外贸易转型升级的一个重要抓手，通过示范基地建设，可培育外贸竞争新优势，推进外贸转型升级。一要结合主导产业，研究制定外贸转型升级基地发展规划，培育一批外贸转型升级基地，并在全省范围内优选具有较大发展潜力的基地，上下联动、精准施策，形成区域特色鲜明、配套体系完善、辐射带动能力强的省级基地，支持省级基地创建国家级基地，打造百亿乃至千亿级产业基地。二要争取开展市场采购贸易试点。支持具备一定规模及外向度的专业市场和特色产业基地加快发展，着力打造线上线下互动商贸中心，积极培育外贸商户，重点引进大型贸易代理商、采购商，实现内贸向内外贸结合转变。

参考文献

芦瑞、赵振杰、丁新科：《开放奋飞天地阔》，《河南日报》2018年12月6日。

商务部综合司、国际贸易经济合作研究院：《内生动力增强　总体形势向好——2018年中国外贸发展环境分析》，《中国经济周刊》2018年第23期。

《河南省人民政府关于积极有效利用外资推动经济高质量发展的通知》，2018年12月25日。

杜元钊、王亚楠：《河南自贸试验区献礼改革开放40周年》，《国际商报》2018年12月18日。

《11月份经济运行保持稳中有进发展态势》，《中国经济景气月报》2018年第12期。

张曙光、张弛：《我国宏观经济预测分析》，《城市》2018年第11期。

武珺：《河南自贸区建设与郑州大都市区发展研究》，《当代经济》2018年第23期。

B.11
2019年河南省财政形势分析与展望

胡兴旺　赵艳青*

摘　要： 2018年河南财政收支运行总体平稳，为全省经济社会高质量发展提供了有力支撑。但同时，财政运行和管理中也存在收支矛盾突出、资金使用效率不高等问题。2019年，要坚持以习近平新时代中国特色社会主义思想为指导，深刻把握新时代对财政工作的新要求，全面深化财税体制改革和实施更加积极有效的财政政策，更好发挥财政在国家治理中的基础和重要支柱作用。

关键词： 河南省　财政形势　财政政策　财税体制改革

市场经济条件下，财政是市场调控的重要主体，财政政策是宏观政策调控的重要工具。财政政策就是政府为稳定经济，通过控制税收和政府开支的水平及分配采取的措施，因此，党的十八大将财政界定为"国家治理的基础和重要支柱"。财政收支既反映经济社会发展质量，同时又为经济社会稳定健康发展提供支撑。

一　2018年河南省财政收支情况

2018年，面对严峻复杂的经济形势，全省财政系统以习近平新时代中

---

* 胡兴旺，河南省财政厅政策研究室主任，研究员，博士；赵艳青，河南省财政厅政策研究室科研人员，硕士。

国特色社会主义思想为指导，认真贯彻落实省委、省政府决策部署，按照高质量发展的要求，以推进供给侧结构性改革为主线，统筹做好稳增长、促改革、调结构、惠民生、防风险各项工作，财政预算执行情况总体较好，为全省经济社会平稳健康发展奠定了基础。

2018年全省财政收支运行总体平稳，圆满完成了年度预算收支任务。全省一般公共预算收入3763.9亿元，同比增长10.5%；一般公共预算支出9225.4亿元，增长12.3%，突破9000亿元大关。

（一）一般公共预算收入平稳增长

2018年全省一般公共预算收入中，地方税收收入2656.5亿元，增长14.0%，税收收入占一般公共预算收入的比重为70.6%，同比提高2.2个百分点。非税收入完成1107.4亿元，增长2.7%。一般公共预算收入的增长是与省GDP增长相适应的，且具有以下特点。

一是收入质量逐步提高。积极推进综合治税，推进涉税信息共享，堵塞跑冒滴漏；升级非税收入征管系统，规范非税收入管理，持续优化收入结构，税收收入占一般公共预算收入的比重为70.6%，同比提高2.2个百分点。

二是增速呈回落趋势。全年一般公共预算收入增长10.5%，增幅比前11个月和前10个月分别回落1.3个、2.2个百分点；税收收入增长14.0%，增幅比前11个月和前10个月分别回落1.9个、3.2个百分点。

三是受减税政策效应持续显现影响，主要税种增长放缓。国内增值税、改征增值税、企业所得税、个人所得税分别增长11.9%、15.9%、11.5%、19.0%，增幅比前11个月分别回落1.9个、2.6个、1.8个、3.8个百分点。

四是地区之间收入不均衡。18个省辖市一般公共预算收入3557.5亿元，同比增长10.7%。一般公共预算收入增速最低的南阳市（3.8%）比增速最高的济源市（24.1%）低20.3个百分点，人均一般公共预算收入最高的郑州市（11660元）是人均一般公共预算收入最低的周口市（1476元）的7.9倍，税收收入占一般公共预算收入最低的洛阳市（66.9%）比占比最高的济源市（84.0%）低17.1个百分点。

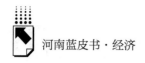

（二）财政支出增长较快，民生和重点支出保障较好

2018 年全省一般公共预算支出 9225.4 亿元，增长 12.3%，突破 9000 亿元大关，连续三年每年迈上一个千亿元台阶。全省民生支出 7126.5 亿元，占一般公共预算支出比重 77.2%，其中落实重点民生实事资金 1023.6 亿元，各项民生政策得到较好保障。分科目看，教育、科学技术、社会保障和就业、医疗卫生与计划生育、城乡社区、农林水、节能环保、住房保障分别增长 11.8%、13.4%、12.6%、12.0%、8.4%、5.2%、48.3%、30.5%。一般公共预算支出增长较快，反映财政部门管理水平进一步得到了提升，财政资金绩效观念进一步得到了加强，财政改革的成效进一步得到了体现。财政支出从以下几方面为经济保驾护航，为民生添砖加瓦。

一是财政着力助发展。完善财政政策，健全投入机制，聚焦关键领域薄弱环节，推动深化供给侧结构性改革，助推实体经济健康发展；支持创新驱动发展，抓好创新载体，壮大创新主体，助推加快新旧动能转换；支持打好打赢防范化解重大风险、精准脱贫、污染防治三大攻坚战，补齐突出短板。

二是财政合力强基础。加大投入力度，创新投入方式，支持现代交通、信息、水利等项目建设，加快乡村振兴战略实施，完善百城建设提质工程投融资体系，统筹推进"五区"联动，推动"四路"并进，强化"四类平台"建设，筑牢河南发展基础。

三是财政聚力保民生。强化资金保障，加强资金管理，支持高校毕业生就业创业和农民工返乡创业，提高养老金标准，提高医疗保险财政补助标准，加快国家区域医疗中心建设，支持扩充教育资源，支持公益性文化设施免费开放，扎实做好住房保障，提高人民群众获得感。

（三）财税体制改革扎实推进

把抓好重大改革任务落实作为政治责任，精心谋划，周密组织，扎实推进，各项重点改革取得新成效，8 大类改革任务、111 项具体改革事项均按时间节点保质保量完成，很多好的经验、好的做法受到了中央、省委的肯定。

一是推进省与市县财政体制改革，在基本公共服务、外交、教育、科技、交通、环境保护6个领域开展省与市县财政事权和支出责任划分改革试点。以中央确定的八大类十八项基本公共服务事项为基础，研究提出基本公共服务领域省与市县共同财政事权和支出责任划分改革的方案。

二是完善预算管理制度改革。启动县级中期财政规划编制改革，实现中期财政规划管理省、市、县三级全面覆盖。积极盘活财政沉淀资金，收回财政存量资金65.1亿元。建立盘活财政存量资金与预算安排挂钩机制，推动省直部门和市县财政切实加强存量资金管理。加强专项资金清理整合，专项资金数量由2017年的170项压缩到2018年的110项，避免了专项资金使用碎片化问题。

三是全面加强预算绩效管理。坚持"花钱必问效、无效必问责"原则，将绩效理念和方法深度融入预算管理全过程，着力提高财政资金使用效益。研究起草河南省《关于全面推进预算绩效管理的实施意见》和绩效目标、绩效监控、绩效评价、结果应用等配套办法，构建"1＋6"政策制度体系，加快建成全方位、全过程、全覆盖的预算绩效管理体系。

四是深化税制改革。出台《河南省环境保护税核定征收暂行办法》《河南省水资源税改革试点实施办法》及征收方式和税额标准等建议，稳步推进环保税、水资源税、资源税、个人所得税等各项税制改革。从调整税制结构、培育地方税源、加强地方税权等方面积极谋划地方税体系建设。

五是深化国有资产管理制度、政府购买服务等其他改革。

二　2019年财政形势及政策取向

（一）财政形势分析

2019年我国发展的环境更加复杂，困难挑战更多，经济下行压力加大，危和机并存。

从全国情况看，虽然世界经济出现了新情况、新变化，但我国发展拥有足够的韧性、巨大的潜力，经济长期向好的态势不会改变。同时，我国发展面临内需增长放缓、发展新动能不足、融资难融资贵、重点领域风险压力较大，以及能源原材料、人工、用地等要素成本较高的掣肘。

从全省情况看，全省经济运行总体平稳的态势没有改变，社会用电量、货物运输量等经济先行指标增速仍比较高，规模以上工业企业中盈利面仍在80%以上。河南人口多、市场大、城镇化率不高，消费和投资的增长空间大。与此同时，河南经济社会发展面临不少困难：存在转型发展任务艰巨、企业经营困难较多、风险隐患不容忽视、民生还有不少短板，特别是受经济下行及贸易摩擦影响，河南经济运行将面临较大压力。

从财政自身看，财政支出增长刚性较强，支持打好三大攻坚战、科技创新、供给侧结构性改革、"三农"工作、保障和改善民生等领域资金需求较大，同时，在大规模减税降费，确保主要行业税负明显降低，确保所有行业税负只减不增的政策要求下，财政将面临减收增支的双向挤压，充分考虑经济发展和减税降费因素，2019年全省一般公共预算收入预期增长目标为7%。

（二）财政政策取向

按照国家安排部署，2019年宏观政策要强化逆周期调节，积极的财政政策要加力提效。

1. "加力"体现在实施更大规模的减税降费和增加支出规模

一是实施更大规模的减税，坚持普惠性减税和结构性减税并举，重点降低制造业和小微企业税收负担，2019年计划减轻企业税收和社保缴费负担近2万亿元，切实增强企业的获得感。二是大幅降费，清理和规范地方收费项目，并加大对乱收费的查处和整治力度。三是加大财政支出力度。根据经济发展形势和各方面支出需求，适度扩大财政支出规模。与此同时，增加地方政府专项债券规模，支持重大在建项目建设和补短板。

2. "提效"体现在提高财政资金配置效率、使用效益和财政收入质量

一是提高财政资金配置效率，坚持有保有压，聚焦重点领域和薄弱环

节，调整优化支出结构。重点增加对脱贫攻坚、"三农"、科技创新、结构调整、生态环保、民生等领域的投入。坚持政府过紧日子，大力压减一般性支出，严控"三公"经费预算，取消低效无效支出。二是提高财政资金使用效益，将预算绩效管理贯穿预算编制执行全过程。继续盘活财政存量资金，统筹用于亟需资金支持的领域。

2019年实施积极财政政策，在稳定总需求的同时，要坚持以供给侧结构性改革为主线不动摇，认真贯彻落实"巩固、增强、提升、畅通"八字方针，围绕巩固"三去一降一补"成果、增强微观主体活力、提升产业链水平、畅通国民经济循环，发挥好财税政策的结构性调控优势，推动经济高质量发展。

三　2019年财政高质量发展政策建议

（一）加强财政收支管理

加强财政收支管理是确保河南经济社会持续健康发展的重要基础，特别是2019年经济面临不少困难，加之实施更大规模的减税降费政策，同时，保障民生及重点支出不断增加，收支矛盾异常突出，因此要提高收支管理，进一步提高财政运行的科学化和规范化水平。一是加强收入管理。切实加强财政前瞻性研究，注重财政收入预测分析，及时发现预算执行中存在的问题并加以解决。深入推进综合治税，做好分析比对，确保实现应收尽收，提高税收征管效能，切实堵塞跑冒滴漏，进一步提高财政收入质量。二是强化支出管理。继续做好中期财政规划编制工作，提高规划编制质量，强化预算约束力，规范预算执行中追加支出事项的申报、审批程序。加快盘活财政存量资金力度，调整用于亟需资金支持的领域。加快预算执行进度，进一步提高预算执行的及时性、均衡性、有效性。继续完善"制度＋技术"模式，加快推进收入、支出、债务三个方面在线监控系统建设。三是加快推动全面实施预算绩效管理，进一步完善事前绩效评估、绩效目标设置、指标体系建设、执行监控、绩效评价、结果应用等机制，切实提升财政资源配置效率和使用效益。

（二）积极支持打好三大攻坚战

全面贯彻中央和省委决策部署，坚定支持打好三大攻坚战。一是严格控制地方政府隐性债务，全面推进政府隐性债务化解工作，全方位监控政府债务，严堵违法违规举债"后门"；同时要坚持开好"前门"，用足用好专项债券政策，合理扩大专项债券使用范围，支持铁路、机场、政府收费公路、保障性住房等领域有一定收益的公益性项目建设，做好项目储备，加快资金拨付，充分发挥债券资金使用效益。二是全力支持精准脱贫，强化财政投入保障，将脱贫攻坚投入作为优先保障领域，足额安排省级配套资金，深入推进贫困县涉农资金整合试点，拓宽扶贫资金来源渠道。三是支持打好污染防治攻坚战，积极推进生态文明建设，统筹利用各类资金来源，积极支持实施经济结构提质、生态功能提升、国土绿化提速、环境治理提效"四大行动"，加强大气、水和土壤治理，坚决打赢蓝天保卫战，加快解决突出生态环境问题。

（三）加力提效为市场增活力

统筹财政政策和资金，聚焦支持河南发展的关键领域和薄弱环节，释放市场活力，推动经济高质量发展。一是积极支持基础设施补短板，综合运用PPP、政府专项债等方式加大对在建项目和补短板重大项目投资，支持米字形铁路、新郑机场三期扩建工程、十大水利工程、省科技馆等重点项目建设，发挥投资对优化供给结构的关键性作用。二是支持实体经济。全面落实已出台的减税降费政策，综合运用贴息、奖补、风险补偿等方式，支持科技贷、小额信贷、小微企业信贷风险补偿、政府采购合同融资等政策积极发挥作用，撬动更多金融资本支持实体经济发展。三是提升经济创新力和竞争力。完善先行先试政策体系，深化科技经费管理改革，提升专项资金使用效益，支持郑洛新三市培育创新优势产业。统筹重大科技专项等资金，重点支持河南关键共性技术攻关。四是着力提振消费扩大内需。推动完善有利于提高居民消费能力的收入分配制度，贯彻落实个人所得税专项附加扣除方案等政策。完善教育、就业、医疗、养老等社会保障体系，激发居民消费潜力。

（四）推进统筹城乡区域协调发展

支持农业农村发展和新型城镇化建设，缩小城乡发展差距，着力构建全省一体化新格局。一是实施乡村振兴战略。创新财政投入方式，落实农业保险补贴政策，拓宽乡村振兴资金渠道，强化财政绩效管理，提高资金使用效益，不断增强财政支农政策的指向性和精准性，支持深化农业供给侧结构性改革，加快推进农业农村现代化。二是持续加快新型城镇化建设。重点支持百城建设提质工程、机场、铁路、保障性住房等领域重大公益性项目建设，充分发挥债券资金使用效益。引导各市县加快城镇基础设施和公共服务设施建设，有序推动农业转移人口市民化。三是以中心城市建设为引领，加快中原城市群一体化。大力支持郑州大都市区建设，提升郑州城市首位度，带动整体板块融合发展。支持推动洛阳中原城市群副中心城市建设，打造带动全省经济发展新的增长极。

（五）提高保障和改善民生水平

牢牢把握以人民为中心的发展思想，坚持经济发展和民生改善相协调，尽力而为、量力而行，突出保基本、兜底线，不断满足人民日益增长的美好生活需要。一是进一步优化教育支出结构，支持郑州大学、河南大学加快"双一流"建设。落实义务教育经费保障机制，提高连片特困县义务教育阶段乡村教师生活补助标准，推动城乡义务教育一体化发展。二是用好就业专项资金，实施全民技能振兴工程，支持农民工、退役士兵、大学生等重点群体就业创业。三是提高城乡低保补助、城乡居民最低基础养老金等标准，稳步提高社会保障水平。四是提高城乡居民基本医疗保险财政补助、基本公共卫生服务均等化补助等标准，提高医疗卫生服务水平。五是整合设立公共文化服务体系建设专项资金，加快建设覆盖城乡、便捷高效的现代公共文化服务体系。

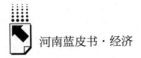

（六）深入推进财税体制改革

按照省委、省政府关于深化改革的统一安排，贯彻财政部工作部署，加快推进河南财税体制改革。一是加快财政体制和税制改革。加快推进分领域省以下财政事权和支出责任划分改革，完善省对市县转移支付制度，设立省与市县共同财政事权转移支付。进一步完善增值税制度，逐步健全地方税体系。二是深化预算管理制度改革。进一步深化部门预算改革，不断提高中期财政规划的科学性。加强财政资金统筹使用，全面提高预算透明度，自觉接受社会监督。三是全面实施预算绩效管理。构建全方位、全过程、全覆盖的预算绩效管理体系，加快实现预算和绩效管理一体化。加强绩效目标管理，做好绩效运行监控。对预算执行情况开展绩效评价，将绩效评价结果与预算安排和政策调整挂钩。四是推动国资国企改革。加快完善以"管资本"为主的国资监管体制，实现国有资本所有权与企业经营权分离，实行国有资本市场化运作；按照集中统一管理的要求，理顺国有金融资本管理体制，提高国有金融资本管理效能；深入推进省属功能类公益类企业，进一步完善企业产权结构、组织结构、治理结构。

参考文献

河南省政府发展研究中心课题组：《2017 年河南经济形势分析及 2018 年展望》，《河南日报》2017 年 12 月 25 日。

河南省财政厅核算处：《2018 年河南财政收支情况简析》。

河南省财政厅：《2018 年上半年预算执行简要分析》。

孙韶华：《积极财政聚力增效锚定高质量发展》，《经济参考报》2018 年 6 月 28 日。

林致远：《财政治理与高质量发展》，《国家治理》2018 年 5 月 31 日。

B.12
河南省2018年物流业运行分析及2019年展望

毕国海 李鹏*

摘　要： 2018 年，河南省围绕打造"现代国际物流中心、全产业链现代物流强省"总体思路，以构建"一中心、多节点、全覆盖"的现代物流空间布局体系为统揽，以推动物流业"转型升级、提质增效"为目标，立足实际，积极谋划，主动作为，着力加快补齐软硬件短板，推动重点物流项目建设，大力发展新模式新业态，推进国家物流枢纽布局建设，全省物流业呈现良好发展态势。2019 年物流运行的宏观经济环境总体向好，河南将着力提升物流枢纽设施建设水平，着力优化物流行业营商环境，着力提高物流交通支撑保障能力，着力加速冷链、快递、电商物流发展，着力推动多式联运发展、着力加快物流信息化、标准化、诚信化建设，加快推进物流业健康发展。

关键词： 河南省　物流业　物流枢纽

2018 年，河南省围绕打造"现代国际物流中心、全产业链现代物流强省"总体思路，以构建"一中心、多节点、全覆盖"的现代物流空间布局

---

* 毕国海，河南省物流与采购联合会副会长、河南省物流学会会长；李鹏，河南省物流与采购联合会秘书长，高级物流师。

体系为统揽，以推动物流业"转型升级、提质增效"为目标，认真贯彻落实习近平总书记"希望河南建成连通境内外、辐射东中西的物流通道枢纽，为丝绸之路经济带建设多作贡献"的指示精神，立足实际，积极谋划，主动作为，着力加快补齐软硬件短板，推动重点物流项目建设，大力发展新模式新业态，推进国家物流枢纽布局建设，全省物流业呈现良好发展态势。

一　物流业总体运行情况

（一）物流运行质量提升，降本增效持续深入

河南大力推进物流降本增效，物流领域"降成本"取得积极成效。2018年全省社会物流总费用7373.08亿元，同比增长7.2%，增速同比回落0.2个百分点。社会物流总费用与GDP的比率为15.3%，回落0.4个百分点，单位GDP所消耗社会物流费用进入连续回落阶段（见图1）。

图1　2013～2018年社会物流总费用与GDP的比率变化

资料来源：《河南省2018年物流业运行情况通报》。

从物流各环节的费用看，运输费用占比最大，增长最快，管理费用增速放缓。运输费用达到4561.49亿元，增长9.5%，增速同比回升2.1个百分点，占社会物流总费用的61.87%；保管费用为2007.27亿元，增长7.9%，

增速同比回升 0.7 个百分点；管理费用 804.32 亿元，增长 7.5%，增速同比回落 1.9 个百分点（见表 1）。

表1　2018 年河南社会物流总费用、构成及增长情况

单位：亿元，%

指标名称	2018 年	增长	占比
社会物流总费用	7373.08	7.2	100.0
其中：运输费用	4561.49	9.5	61.87
保管费用	2007.27	7.9	27.22
管理费用	804.32	7.5	10.91

资料来源：《河南省 2018 年物流业运行情况通报》。

（二）物流需求稳步提升，产业内部结构不断优化

河南省需求结构调整趋势不断显现，物流收入稳定增长，但受经济下行压力，增速有所放缓。2018 年，全省社会物流需求稳定增长，社会物流总额 13.09 万亿元，同比增长 9.0%，增速比上年下降 0.1 个百分点（见图 2）。

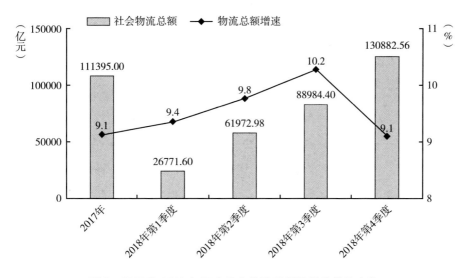

图2　2017 和 2018 年河南社会物流总额及增速趋势变化

资料来源：《河南省 2018 年物流业运行情况通报》。

从结构上看，产业结构改革步伐加快，消费类物流贡献持续提升，新兴产业继续保持强劲增长趋势，工业生产类物流需求结构加快调整。以快递为代表的物流需求增长最快，2018年单位与居民物品物流总额436.71亿元，增长30.1%，增速高于全国3.7个百分点；工业品物流保持主导地位，2018年工业品物流总额为110361.6亿元，增长11.1%，比上年提高1.6个百分点，占社会物流总额的84.32%；受大宗商品需求不足影响，外省流入物流增速放缓，2018年外省流入物流总额10297.37亿元，增长8.9%，比上年下降1.4个百分点；由于节能环保和低碳经济对再生资源物流需求日益提高，再生资源物流总额保持较快增长，2018年达到119.02亿元，增长13.2%；受贸易摩擦等因素影响，全年进口物流增速下滑，物流总额1933.7亿元，下降5.7%（见表2）。

表2　2018年河南社会物流总额、构成及增速情况

单位：亿元，%

指标名称	2018年	增速	占比
社会物流总额	130882.56	9.0	100.00
其中:农产品物流总额	7734.17	3.2	5.91
工业品物流总额	110361.60	11.1	84.32
进口货物物流总额	1933.70	−5.7	1.48
再生资源物流总额	119.02	13.2	0.09
单位与居民物品物流总额	436.71	30.1	0.33
外省流入物品物流总额	10297.37	8.9	7.87

资料来源：《河南省2018年物流业运行情况通报》。

（三）物流业规模不断壮大，产业支持作用不断增加

2018年全省实现物流业总收入6858.90亿元，增长13.0%，物流业增加值2602.31亿元，增长9.2%，增速提高0.5个百分点，占GDP的比重为5.4%，占服务业增加值的比重为12%。其中交通运输业增加值1758.68亿

元，增长9.6%，占物流业增加值的67.58%；仓储业增加值227.83亿元，增长8.8%；贸易业增加值454.8亿元，增长10.2%；邮政业增加值161亿元，增长35.4%（见表3）。

表3 2018年河南物流业增加值、构成及增长情况

单位：亿元，%

指标名称	2018年	增长	构成
物流业增加值	2602.31	9.2	100.00
交通运输业	1758.68	9.6	67.58
仓储业	227.83	8.8	8.75
贸易业	454.80	10.2	17.48
邮政业	161.00	35.4	6.19

资料来源：《河南省2018年物流业运行情况通报》。

（四）产业转型升级态势明显，专业化水平不断提升

2018年，随着全省物流业转型攻坚持续深入，物流产业结构调整升级步伐加快，快递物流、电商物流等重点领域的发展卓有成效。一是冷链物流。2018年全省冷链物流总额1700亿元，增长10%；冷链产品物流总量4770万吨，增长18%；冷库总容量达到740万立方米，增长15%；冷藏车保有量达到9500辆，增长12%。二是跨境电商。2018年郑州海关共监管跨境电商进出口清单9507.3万票，进出口商品总值120.4亿元，同比分别增长4.2%和5.7%。其中，进口清单7714.3万票，进口商品总值112.2亿元，同比分别增长4.7%和5.8%；出口清单1793万票，出口商品总值8.2亿元，同比分别增长1.8%和4.4%，各项业务持续稳定发展。三是快递物流。2018年全省快递服务企业业务量累计完成15.26亿件，同比增长42.14%，业务总量居全国第9位，中部六省第1位；业务收入累计完成152.94亿元，同比增长31.92%（见图3）。

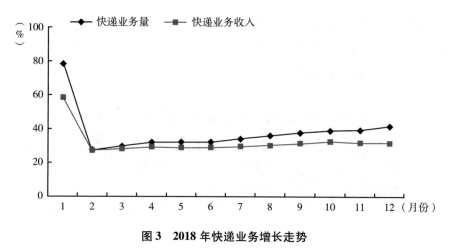

图3　2018年快递业务增长走势

资料来源：《河南省2018年物流业运行情况通报》。

（五）物流基础设施不断完善，投资拉动作用持续增强

2018年物流相关固定资产投资保持较快增长，投资对于拉动物流业发展作用进一步增强。全年物流业相关固定资产增长26.2%，高于全省固定资产投资增速18.1个百分点，高于第三产业固定资产投资增速15.6个百分点。

（六）货运实物量保持回升势头，货运业务发展良好

2018年全省完成货物运输量25.95亿吨，同比增长13.1%，增速同比提高1.4个百分点。货物周转量8934.35亿吨千米，同比增长9.5%。公路货运持续增长。2018年全省公路货运量23.52亿吨，同比增长13.6%；货物周转量达到5893.92亿吨千米，同比增长10.3%。铁路货运企稳回升。2018年全省铁路完成货运量10011.59万吨，同比增长6.4%；货物周转量2014.91亿吨千米，增长6.1%。铁路货运结构加快调整，生活消费品等"白货"占比不断上升，单位产品的价值、附加值不断提升。水路货运快速增长。2018年全省水路完成货运量1.42亿吨，同比增长10.6%；货物周转量1021.75亿吨千米，增长11.6%。

（七）中欧班列（郑州）稳定运行

截至2018年底，中欧班列（郑州）全年共开行752班，其中去程416班，回程336班，同比增长50%，累计货值32.36亿美元，货重34.68万吨，回程比例、发送货量、开行计划兑现率、班期频次兑现率和运输安全等综合运行能力，持续在全国中欧班列中保持领先，郑州成为全国第4个中欧班列运邮试点城市和欧、美、俄国际邮件包机重要集疏基地。

（八）航空货运平稳增长

2018年全省机场货邮吞吐量51.73万吨，增长2.4%。其中郑州机场货邮吞吐量51.5万吨，增长2.4%，货运规模稳居全国第7位。作为"空中丝绸之路"建设的主力军，郑州机场强化运力引进、增强货运集疏、拓展航线网络，新引进6家货运航空公司，新开8条货运航线，新增6个通航点，全货机定期航班稳定增长，到2018年底，运营货运航空公司21家（国内6家、国际地区15家），开通货运航线34条（国内5条、国际地区29条），通航城市40个（国内12个、国际地区28个）。

二 物流企业运行情况

（一）物流业景气度趋于平稳，物流行业发展趋好

2018年8个月以来景气指数数据显示，河南省物流业运行总体趋势良好，8个月数据均处于荣枯线以上稳定运行。从各项指标看，8个月来新订单指数平均达到59.8%，业务总量指数平均达到59.3%，主营业务利润指数平均值达到52.0%，显示出全省物流需求提升，业务活跃度不断增强，物流企业盈利增长缓慢。

（二）全省物流企业规模不断壮大，行业集中度不断提高

在不断吸引国内外物流龙头企业入驻发展的同时，本土物流企业也不断

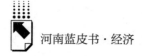

发展壮大，传统运输、仓储、流通物流企业加快向现代物流企业转型。2018年全省新增物流企业41家，其中3A级以上物流企业40家。截至2018年底，河南共评出A级物流企业149家，其中3A级以上物流企业138家。

三 2019年物流业运行预测和分析

2019年，物流运行的宏观经济环境总体向好，面临诸多发展机遇和挑战，物流市场需求结构加快调整，物流供给结构持续优化，物流运行效率稳步提升，降本增效工作成效显著，物流业对国民经济的支撑作用进一步增强。物流业贯穿一二三产业，衔接生产和消费，兼具生产性和生活性服务业的双重属性，是现代化经济体系的重要组成部分。河南区位交通优势突出、市场规模巨大、产业基础良好，推动物流转型发展既是符合河南实际的必然选择，又是贯彻落实习近平总书记对河南期望和嘱托的具体举措。2019年及今后一段时期，河南物流业将呈现以下几方面特点。

（一）物流政策环境持续改善

2018年，是全省实施物流业转型发展攻坚战的关键之年，出台了一系列规划、方案和政策措施，充分发挥比较优势，积极发展冷链、快递、电商、多式联运和供应链等特色物流。同时，国家密集出台了《关于推进电子商务与快递物流协同发展的意见》《国家物流枢纽布局和建设规划》《2018年流通领域现代供应链体系建设》《推进运输结构调整三年行动计划（2018~2020年）》等一系列政策措施。2019年全国"两会"前夕，国家发改委等24个部门联合出台了《关于推动物流高质量发展，促进形成强大国内市场的意见》，洛阳市政府率先出台了河南省首个地市冷链物流规划《洛阳市冷链物流发展规划（2019~2023）》。各项政策措施的出台和全面落实，为物流业发展注入了腾飞动力。

（二）社会物流成本将持续降低

当前，河南物流效率相对于发达国家仍有一定差距，降本增效仍然是工作重点。未来一段时间，物流业转型升级，提升物流运作水平，提高标准化将是降本增效的重要途径。物流企业应把冷链、电商、快递、供应链、多式联运等细分领域作为主攻方向。2019年，初步预计全省社会物流总费用与GDP的比率再降低0.7个百分点左右。

（三）物流枢纽支撑能力将持续增强

当前，河南具备建设国家物流枢纽、发展枢纽经济的得天独厚的条件。按照国家发改委、交通运输部联合印发的《国家物流枢纽布局和建设规划》（发改经贸〔2018〕1886号）文件相关工作要求，河南省势必将会加快谋划布局建设陆港型、空港型、商贸服务型、生产服务型等类型的物流枢纽。通过国家物流枢纽建设，集聚国家物流资源，形成强大经济辐射能级，全面提高河南省综合竞争力。

（四）航空物流将加快发展

2018年5月，《民航局关于促进航空物流业发展的指导意见》（以下简称《指导意见》）正式出台。《指导意见》是民航抢抓航空物流业发展新机遇的现实任务，也是补齐民航行业货运发展短板的具体举措，对加快推进民航强国建设、推动经济结构转型升级、实现国家经济高质量发展具有重要意义。《指导意见》明确了到"十三五"末、2025年两个阶段航空物流业发展的总体目标，并从九个方面具体阐述了促进航空物流业发展的政策措施。

（五）智慧物流将推动动力变革

2018年智慧物流发展得到了业界的广泛关注，成为物流业创新与发展的一道靓丽风景，预计2019年，智慧物流技术将再次成为主旋律。从市场规模和国家政策引导方面来看，加快技术升级将成为物流企业突出重围的不二选择。智能仓储将继续爆发，以智能仓储为代表的新兴物流科技已经成为中国智能制造关键技术装备之一。自动驾驶技术商用来临，末端配送环节或

率先实现规模化。人工智能图像识别技术将加速引入物流体系。无人机成为智慧物流的关键突破口。

（六）城乡高效配送将成为亮点

2018 年 4 月，商务部等部门联合印发《关于组织实施城乡高效配送重点工程的通知》，推进落实重点工程。2018 年 11 月商务部等部门又发布了《城乡配送绩效评价指标体系》，提出城市和企业推进城乡高效配送发展的重点工程与评估指标体系，引导各地商务部门与相关企业开展试点，促进城乡配送专项行动计划取得实效。多部委政策的落地实施，为企业发展城乡配送指明了方向，为进一步完善城乡物流网络节点、降低物流配送成本、提高物流配送效率提供了有力支撑。预计 2019 年全国城乡高效配送各项试点示范工程将进入全面推进阶段，城乡高效配送将迎来发展黄金期。

四 对策建议

（一）着力提升物流枢纽设施建设水平

一是开展全省物流枢纽布局建设，按照《国家物流枢纽布局和建设规划》（发改经贸〔2018〕1886 号）文件相关工作要求，结合河南省城市总体规划和物流业发展实际，启动研究编制全省物流枢纽布局和设施建设方案，谋划布局建设陆港型、空港型、商贸服务型、生产服务型等类型的物流枢纽，并对照有关要求和重点任务，积极推进枢纽布局建设。二是加强物流园区建设，继续组织申报国家示范物流园区，组织开展第二批省级示范物流园区筛选工作，评定 30 个左右综合性、专业性骨干物流园区，引领全省物流园区实现规模化、专业化发展。三是推动组建河南省物流园区联盟，支持发展物流信息平台、无车承运人等新型物流经营模式，推动建设河南省仓储物流公共服务平台，依托平台推动跨地区、跨行业物流信息互联共享，提高物流运作效率。

（二）着力优化物流行业营商环境

一是积极争创国家物流降本增效试点省，以多式联运体系、公转铁、智慧物流、营商环境优化等为重点，编制物流降本增效试点省方案。二是依托河南省电子政务信息平台，按照"一网一门一次"方向要求，深化物流领域放管服改革。三是深化口岸通关改革，加快建设国际贸易"单一窗口"，大幅压缩口岸通关时间，降低通关费用，推进海关、边检一次性联合检查和铁路运输货物无纸化通关。四是配合推动物流开放招商，把物流作为重点方向之一，搞好面向珠三角、长三角地区的招商对接活动。

（三）着力提高物流交通支撑保障能力

一是完善干线铁路布局，加快蒙华、三洋等重点货运铁路项目建设，推动形成四纵六横货运铁路网格局，大幅提升铁路骨干运输能力。二是推进实施铁路专用线进企进园工程，扩大点到点铁路运输规模。三是加快完善内河航运网络，以沙颍河、淮河、唐河等航运开发为重点，加快内河高等级航道和支线航道建设。

（四）着力加速冷链、快递、电商物流发展

随着产业转型、消费升级和电子商务快速发展，冷链物流、快递物流、电商物流成为河南具有比较优势和发展潜力的新兴产业。一是基本形成"全链条、网络化、严标准、可追溯、新模式、高效率"的现代冷链物流体系，建成郑州国际冷链物流中心，冷链物流发展水平居全国前列。二是建成郑州国际航空快递物流枢纽，形成辐射全国、联通世界、绿色智慧、服务优质、安全高效的快递物流服务体系。三是建成全球网购商品集疏分拨中心，培育一批具备国际竞争力的引领性企业，"买全球、卖全球"能力和水平全国领先。

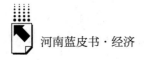

（五）着力推动多式联运发展

一是组织实施绿色货运配送示范工程，按照交通运输部联合公安部、商务部印发的《关于组织开展城市绿色货运配送示范工程的通知》，选择 2～3 个城市作为试点，统筹规划建设大型公共货运与共同配送综合体，完善城市配送车辆便利化通行政策，推动城市配送车辆标准化、专业化发展，推动城乡货运与配送全链条信息交互共享。二是支持无车承运人、无船承运人加快发展，认定发布一批省级无车承运人试点企业，鼓励河南无车承运人、无船承运人发挥运输组织优势，开展多式联运业务。三是鼓励开展多式联运＋冷链物流，支持郑州国际陆港公司、鲜易控股等扩大冷链运营规模，提升河南在全球冷链物流领域的市场地位和资源配置能力。

（六）着力加快物流信息化、标准化、诚信化建设

一是大力推广应用先进的物流信息化技术、设施设备，实施物流信息标准化工程，加快智慧物流体系建设。依托政府管理部门，加快建设综合性物流信息服务平台，依托物流行业龙头企业，建设完善一批行业性物流信息平台。促进物流与商流、资金流、信息流的集成化运作，提高供应链物流服务与制造业转型升级的效率与水平。二是着力解决标准体系不健全、不完善造成的"断链"现象，鼓励行业协会和龙头企业积极主导并参与地方标准、行业标准和国家标准制修订工作，重点推进冷链物流、快递物流、电商物流等标准体系应用。三是推动河南物流企业"黑名单""红名单"建设，建立诚信档案，实施对不诚信企业的多方联合惩戒措施，促进河南省物流业诚信化发展。

参考文献

河南省人民政府：《河南省物流业转型发展规划（2018～2020 年)》。

王继祥：《2019 年中国物流发展与变革的十大趋势》，《物流技术与应用》2019 年第 2 期。

贺登才：《加强国家物流枢纽建设是现代物流业发展客观要求》，《物流技术与应用》2019 年第 2 期。

侯隽：《河南省副省长舒庆：更好服务"一带一路"沿线国家和地区，实现"买全球卖全球"》，《中国经济周刊》2017 年第 Z2 期。

孙静：《"四路并举"打造开放新通道》，《河南日报》2018 年 11 月 20 日。

B.13
2018～2019年河南居民消费价格走势分析

崔理想[*]

摘　要:　2018年河南居民消费价格"稳中有变",同比上涨2.3%,由"1时代"变成"2时代"。"七大类"商品及服务价格同比"齐涨"。其中,医疗保健类价格同比涨幅最大,达到6.1%;食品烟酒类价格同比波幅最大,扩大3.1个百分点。服务类价格上涨成为拉动居民消费价格同比上涨的主力军。预计2019年河南省居民消费价格仍将保持温和上涨态势。

关键词:　河南省　居民消费价格　温和上涨

2018年,河南坚持稳中求进工作总基调,坚持新发展理念引领,坚持高质量发展根本方向,坚持以供给侧结构性改革为主线,狠抓各项政策落实,经济结构不断优化,新旧动能接续转换,质量效益持续改善,全省经济社会发展保持了"稳、进、好"态势,全省全年居民消费价格指数(CPI)温和上涨。

一　2018年河南居民消费价格总体情况

(一)居民消费价格同比情况

2018年河南CPI同比上涨2.3%,高于全国平均水平0.2个百分点,居

---

*　崔理想,河南省社会科学院经济研究所助理研究员,经济学硕士。

中部六省首位（中部六省 CPI 由高到低依次是河南 2.3%、江西 2.1%、湖南 2.0%、安徽 2.0%、湖北 1.9% 和山西 1.8%）。波动幅度方面，河南 CPI 涨幅同比提高 0.9 个百分点，高于全国平均水平 0.4 个百分点；中部六省中，河南 CPI 涨幅同比提高最多，全年波动幅度最大，江西、湖南、安徽、湖北和山西 CPI 涨幅同比提高分别为 0.1 个、0.6 个、0.8 个、0.4 个、0.7 个百分点。

分城乡看，2018 年河南城市 CPI 同比上涨 2.4%，农村 CPI 同比上涨 2.0%；涨幅同比分别提高 0.9 个、0.8 个百分点，就波动幅度而言，城市稍大于农村。

分类别看，2018 年河南食品烟酒同比上涨 1.5%（其中粮食上涨 0.4%，畜肉下降 6.6%，鲜菜上涨 4.9%），衣着同比上涨 1.1%，居住同比上涨 2.2%，生活用品及服务同比上涨 1.6%，交通和通信同比上涨 2.2%，教育文化和娱乐同比上涨 3.0%，医疗保健同比上涨 6.1%。"七大类"商品及服务价格同比"齐涨"，其涨幅变化程度由高到低依次为医疗保健（6.1%）、教育文化和娱乐（3.0%）、交通和通信（2.2%）、居住（2.2%）、生活用品及服务（1.6%）、食品烟酒（1.5%）、衣着（1.1%）；而波动幅度方面，由大到小依次为食品烟酒（扩大 3.1 个百分点）、交通和通信（扩大 2.0 个百分点）、居住类（回落 1.4 个百分点）、教育文化和娱乐类（扩大 0.3 个百分点）、医疗保健类（回落 0.2 个百分点）、衣着类（回落 0.2 个百分点）、生活用品及服务类（扩大 0.1 个百分点）。

分月度看，2018 年 1～12 月，河南 CPI 同比分别上涨 2.0%、3.1%、2.5%、2.2%、2.4%、2.5%、2.4%、2.3%、2.2%、2.2%、1.9%、1.5%。其中，2 月 CPI 同比上涨最大，为 3.1%，创近 4 年来新高；12 月最小，为 1.5%。波动幅度方面，1 月、11 月、12 月涨幅同比收窄，其余月份涨幅同比扩大。其中，2 月波动幅度最大，同比扩大 2.6 个百分点；10 月波动幅度最小，仅同比扩大 0.1 个百分点。各季度 CPI 同比上涨分别为 2.5%、2.4%、2.3%、1.9%，依次递减。全年各月同比涨幅呈不对称"M"型走势，与全国走势相似（见图 1）。

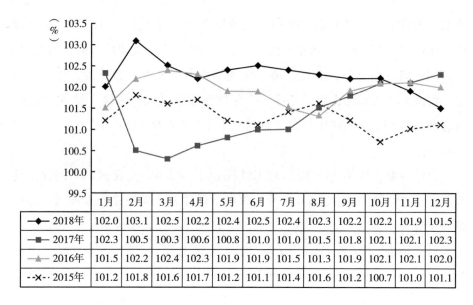

	1月	2月	3月	4月	5月	6月	7月	8月	9月	10月	11月	12月
2018年	102.0	103.1	102.5	102.2	102.4	102.5	102.4	102.3	102.2	102.2	101.9	101.5
2017年	102.3	100.5	100.3	100.6	100.8	101.0	101.0	101.5	101.8	102.1	102.1	102.3
2016年	101.5	102.2	102.4	102.3	101.9	101.9	101.5	101.3	101.9	102.1	102.1	102.0
2015年	101.2	101.8	101.6	101.7	101.2	101.1	101.4	101.6	101.2	100.7	101.0	101.1

图1　2015～2018年河南居民消费价格变化情况（月度同比）

资料来源：河南省统计局、国家统计局河南调查总队：《河南统计月报》。

（二）居民消费价格环比情况

2018年1～12月份，河南CPI环比分别上涨0.8%、0.7%、－1.1%、－0.3%、－0.3%、－0.1%、－0.1%、0.8%、0.4%、0.1%、－0.2%、0.2%。全年月度环比总体呈类"W"形走势，即"上升（1～2月）→下降（3～7月）→上升（8～10月）→下降（11月）→上升（12月）"（见图2）。波动幅度方面，较上年同期，2月波动幅度最大，同比提高1.1个百分点；10月最平稳，同比持平。

同时，全年月度环比周期性、季节性特征明显。1月，受春节"错月"、学生寒假、降温及雨雪天气等多种因素综合影响，置办年货、购票、文化娱乐、旅游等类别居民消费需求旺盛、规模增大，推动CPI环比上涨0.8%，增幅达全年最高（与8月并列第一）。进入2月，春节效应达到最大，居民置办年货、返程、观影、旅游等类别居民消费需求进一步释放，消费集中度最高、动力最足，推动CPI环比继续上涨0.7%。3月，节日效应消退、学生开学、务工人员外出以及天气转暖等多种因素综合影响，居民消费需求及规模大幅下降，CPI 环比下降 1.1%，为全年降幅最大。4 月至 7 月，居民消费需求及规模处于平稳状态，天气日暖，雨水增多，应季蔬菜、水果供给充足，CPI 环比持续下降。8 月至 10 月，学生暑假、高温类消费、秋收返乡以及中秋、国庆、七夕等节假日多种因素综合影响，居民消费需求及规模回升，推动 CPI 环比逐月上升，其中 8 月涨幅与 1 月并列全年第一。11 月，节假日效应减退，能源价格下降，居民消费需求及规模回落，CPI 环比有所下降。12 月，受气候变化、降温以及反季节蔬菜、水果供给大幅取代应季蔬菜等多因素影响，推动 CPI 环比开始回升。

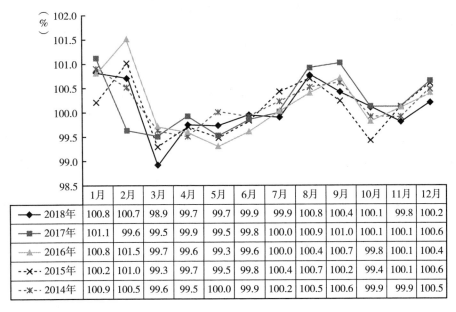

	1月	2月	3月	4月	5月	6月	7月	8月	9月	10月	11月	12月
◆ 2018年	100.8	100.7	98.9	99.7	99.7	99.9	99.9	100.8	100.4	100.1	99.8	100.2
■ 2017年	101.1	99.6	99.5	99.9	99.5	99.8	100.0	100.9	101.0	100.1	100.1	100.6
▲ 2016年	100.8	101.5	99.7	99.6	99.3	99.6	100.0	100.4	100.7	99.8	100.1	100.4
- ✕ - 2015年	100.2	101.0	99.3	99.7	99.5	99.8	100.4	100.7	100.2	99.4	100.1	100.6
- ✳ - 2014年	100.9	100.5	99.6	99.5	100.0	99.9	100.2	100.5	100.6	99.9	99.9	100.5

图 2　2014～2018 年河南居民消费价格变化情况（上月 = 100）

资料来源：河南省统计局、国家统计局河南调查总队：《河南统计月报》。

二　2018年河南居民消费价格影响因素

"稳中有变"是 2018 年河南 CPI 的突出特征。2014 年以来，河南全年 CPI 同比涨幅一直控制在 3% 以内，近 5 年河南 CPI 同比上涨依次是 1.9%、

1.3%、1.9%、1.4%、2.3%，呈"W"形型震荡走势，但整体均保持温和上涨态势。这是河南CPI的"稳"。而"变"则表现为：一是"1时代"变"2时代"，即2014~2017年河南CPI涨幅均低于2.0%，处于"1时代"，而2018年CPI涨幅达到2.3%，进入"2时代"。二是"并列第三"变"第一"，即2017年河南CPI同比涨幅1.4%，与湖南省并列中部六省第3位，而2018年河南CPI涨幅达到2.3%，涨幅及波动幅度均位居中部六省之首。三是"六涨一降"变"七类齐涨"，即2017年河南七大类商品及服务价格同比变化特征总体呈现"六涨一降"（其中"一降"为食品烟酒价格同比下降），而2018年河南七大类商品及服务价格同比变化特征为"齐涨"。梳理分析"稳"与"变"的成因，是保持物价水平稳定，把物价水平控制在与经济增速匹配的合理区间的关键所在。

（一）经济社会平稳运行奠定CPI温和上涨基础

2018年河南经济社会发展保持"稳、进、好"态势。经初步核算，全年全省生产总值同比增长7.6%，高于全国平均水平1.0个百分点。其中，第一产业增加值增长3.3%，第二产业增加值增长7.2%，第三产业增加值增长9.2%。固定资产投资增速稳中趋缓，全年全省固定资产投资（不含农户）同比增长8.1%，高于全国平均水平2.2个百分点。其中，第一产业投资同比增长16.9%，第二产业投资同比增长1.7%，第三产业投资同比增长10.6%。市场销售稳中趋缓，全年全省社会消费品零售总额突破2万亿元，同比增长10.3%，高于全国平均水平1.3个百分点。新业态消费快速增长，网络零售额同比增长28.4%。消费对经济增长的贡献率达到60%左右。进出口实现双增长，首次突破5500亿元，同比增长5.3%，其中，出口同比增长12.8%，进口同比下降6.2%，全年贸易顺差扩大48%。居民收入持续增长，全年全省居民人均可支配收入同比增长8.9%，高于全国0.2个百分点。其中，农村居民人均可支配收入增长8.7%，城镇居民人均可支配收入增长7.8%。居民消费潜力持续释放，全年全省居民人均消费支出同比增长10.5%。其中，农村居民人均生活消费支出增长12.8%，城镇居民人均生活消费支出增长8.1%。供给侧结构性改革持续深化，经济结构持续优化。水利、公共设施管理、教育、工业技改等短板领域投资力度加大，化解过剩产能成效显著。装备制造、食品制造、新型材料制造、电子制造、汽车制造五大主导产业增加值增长7.7%，战略性新兴产业、高新技术产业增加值分别增长12.2%、11.2%。民生实事落地见效，社会大局保持稳定。着力扩大社会就业，积极推动教育、医疗、养老等社会事业，创新推动扫黑除恶、安全生产、食品安全、信访等社会治理。经济社会的平稳运行，为物价温和上涨奠定良好基础。

（二）服务项目价格上升继续引领 CPI 温和上涨

2018 年河南服务业发展保持良好态势，第三产业投资同比增长 10.6%，第三产业增加值占 GDP 的比重达到 45.2%，同比提高 1.9 个百分点；对 GDP 增长的贡献率达到 50.0%，同比提高 0.4 个百分点。服务业态、服务品类、服务能力进一步丰富提升，医疗保健、教育、文体娱乐、居住等服务性消费比重逐步上升，其消费品及服务价格上涨，成为拉动 CPI 同比上涨的主力军。如前文所示，"七大类"商品及服务价格同比涨幅中排名前三的依次为医疗保健（6.1%）、教育文化和娱乐（3.0%）、交通和通信（2.2%）和居住（2.2%），是拉动 CPI 温和上涨的主要力量。2017 年下半年启动的医疗改革，以医疗服务价格的提升直接带动居民医疗保健类价格快速上升。2018 年社会消费品零售总额中，中西药品同比增长 13.7%，反映居民对医疗保健良好产品和服务的巨大需求。同时，近期网上热议的以权健、华林、天狮、无限极等为代表的"保健品乱象"，也反映了医疗保健行业存在的虚假宣传、天价暴利及违规销售。整治"保健品乱象"，推动医疗保健行业规范发展，成为控制 CPI 合理运行的重要举措。2018 年河南新型城镇化工作持续推进，常住人口城镇化率同比提高 1.5 个百分点左右，居民对教育文化和娱乐的需求进一步增大。2018 年教育投资同比增长 16.6%，文化、体育和娱乐业投资增长 18.7%。教育文化和娱乐类的投入和产出，有效缓解入学难等供需矛盾，带动教育文化和娱乐类价格明显上升。2017 年交通和通信类价格结束了连续三年的同比下降态势，出现同比上涨；2018 年上涨幅度进一步扩大，扩大了 2.0 个百分点，是服务类价格中波动最大的一类。2018 年河南交通运输、仓储和邮政业投资同比增长 26.2%，全年汽车消费同比增长 1.8%，人均汽车保有量不断提高，同时，能源价格快速上涨，公共交通发展、网约车等替代性出行服务不断丰富发展，综合影响交通和通信类价格显著上升。日益多样化、多层次的服务项目消费需求及供给，拉动服务项目价格上升，继续引领全省 CPI 温和上涨。

（三）食品烟酒价格由降返升推动 CPI 涨幅扩大

2018 年，食品烟酒类价格同比上涨 1.5%，波动幅度同比扩大 3.1 个百分点，是"七大类"商品及服务价格中波动最大的一类。在食品烟酒价格中，粮食同比上涨 0.4%（涨幅同比回落 1.6 个百分点），畜肉下降 6.6%（降幅同比回升 1.2 个百分点），鲜菜上涨 4.9%（涨幅同比扩大 14.9 个百分点）。畜肉、鲜菜、水果等价格波动，推动 CPI 同比涨幅扩大。食品烟酒类价格波动既受鲜活食品价格周期性波动影响，也与天气变化等自然因素紧密相关。2018 年夏粮生产过程中，遭遇"倒春寒"、赤霉病以及局部强降雨等自然灾害，综合导致夏粮总产量同比减产 2.8%。秋粮方面，受台风"温比亚"影响，河南多地遭遇强降雨，造成全省 660 多万亩秋粮受灾，但对全省秋粮生产影响总体有限，全年秋粮总产量同比增产约 8.1%。夏减秋补，全年全省粮食总产量同比增产 1.9%。粮价稳定，成为维持物价水平稳定的主要因素之一。畜肉方面，2018 年，包括河南在内的全国多地出现"非洲猪瘟"疫情，影响猪肉需求。同时，生猪出栏量同比增长 2.9%，猪肉产量同比增长 2.6%，存栏量又居高位，综合影响猪肉价格低位徘徊，对 CPI 指数上涨起到抑制作用。猪肉需求下降，但牛羊肉消费需求不断上升。以羊肉为例，2018 年羊肉月度价格均高于上年同期，增幅在 8.4% ~ 15.0% 之间，尤其 2018 年 8 月以来，羊肉价格环比持续上涨，其中 12 月同比增长 15.0%，达到年度最高值。果蔬方面，部分蔬菜价格大幅上涨，成为拉动食品烟酒类价格上涨的主因。比如 10 月，以西红柿为代表的蔬菜同比上涨 54.28%，以香蕉为代表的水果同比上涨 71.55%；进入 11 月，西红柿同比上涨 49.17%，香蕉上涨 81.23%。商品零售方面，粮油食品同比增长 12.3%，饮料增长 11.5%，烟酒增长 12.5%；带动相应物价温和上涨。综上，涨跌同现，涨跌互补，涨多跌少，推动 CPI 温和上涨。调结构、促平衡、保物价，成为未来一段时期调控的方向和思路。

除了上述因素外，工业品价格稳中有涨、涨势趋缓，仍是推动 CPI 温和上涨的重要动力。2018 年河南工业生产者出厂价格指数（PPI）同比上涨 3.6%，涨幅同比收窄 3.2 个百分点；工业生产者购进价格指数（IPI）同比上涨 4.0%，涨幅同比收窄 3.3 个百分点。其中，生产资料价格上涨较多，生活资料价格走势平稳。价格涨幅从上游到中下游行业逐渐递减，呈现出结构性上涨态势。重工业、初级产品价格涨幅回落，轻工业和中间、最终产品价格涨幅稳定。

三 2019年河南居民消费价格走势分析

控制物价水平在合理区间平稳运行，是保持经济持续健康发展和社会大局稳定的主要目标之一。预计 2019 年河南推动 CPI 上涨因素和抑制 CPI 上涨因素并存，推动作用整体大于抑制作用，全年 CPI 保持"温和上涨"态势。

（一）推动 CPI 上涨主要因素

一是经济保持中高速平稳运行，为推动 CPI 温和上涨奠定良好基础。居民收入增长和国民经济增长同步、经济增长率高于通货膨胀率，是物价温和上涨的理想运行条件。按照河南省委、省政府相关规划部署，2019 年河南将继续坚持稳中求进工作总基调，坚持新发展理念，坚持推动高质量发展，统筹推进稳增长、促改革、调结构、惠民生、防风险、保稳定工作，保持经济运行在合理区间和社会大局稳定。预期 2019 年河南将继续保持"三个同步"①"三

---

① "三个同步"，即城乡居民收入与地区生产总值同步增长，生态环境质量与经济质量效益同步改善，社会事业进步与经济发展水平同步提高。

个高于"①，生产总值同比增长7%～7.5%，居民人均可支配收入增长8%，为物价温和上涨奠定良好基础。二是居民消费结构变化升级，对消费供给端提出新要求，推动CPI温和上涨。食品烟酒消费占居民消费支出比重下降，服务消费占居民消费比重不断上升；消费升级类商品仍将保持较快增长，如化妆品、智能家电、体育娱乐用品等；农村居民消费增速高于城镇居民消费增速；新业态消费快速增长，线上线下消费互促互补发展。诸多消费现象凸显，说明消费较快增长、消费规模扩大、消费贡献提升、消费结构升级的总趋势没有改变。预期2019年河南将加强针对性调控，增强消费供给质量，缓解消费供需矛盾，推动CPI温和上涨。三是供给侧结构性改革深入推进，商品和服务供给成本上升，推动CPI温和上涨。人工、土地、租金等要素价格不断上升，呈刚性上涨趋势，拉动消费品和服务项目价格上涨。环保督察升级，淘汰落后产能，推动原材料价格上涨。降成本存在政策碎片化、激励不明显等问题，短期内企业制度性交易成本、要素成本、税费成本等仍将高企，助推物价上涨。应对下行压力，提振市场信心，新增项目增加对原材料和中间产品、土地、劳动等产品和要素需求，也将从供需两侧推动物价上涨。

（二）抑制CPI上涨主要因素

一是商品和服务供给能力保持稳定。预计2019年河南将统筹实施新型城镇化和乡村振兴战略，创新农业经营主体，培育新型职业农民，坚持质量兴农、绿色兴农、品牌强农，稳定粮食产能；毫不松懈抓好非洲猪瘟防控工作；重点统筹做好蔬菜、水果等市场保供稳价工作，确保市场供应和价格总体稳定。预计全年粮食产量仍将高产，粮价保持基本稳定，抑制物价上涨；畜禽肉蛋、鲜菜、水果等产品供给结构和规模得到有效调整，有效缓解供需结构性矛盾，价格剧烈波动现象有效减弱，物价趋于平稳。同时，继续深入

---

① "三个高于"，即生产总值增速高于全国平均水平，财政收入增速高于全国平均水平，居民收入增速高于全国平均水平。

推进服务业供给侧结构性改革专项行动，推进现代物流、文化旅游、健康养老等重点产业发展和医疗卫生、文化、体育等社会事业全面进步，促使服务业业态、品类、层次、规模更加丰富，更好满足居民多样化、多层次需求，促进服务供需平衡，推动服务物价趋稳。二是就业下行压力依然较大。2018年河南城镇新增就业、失业人员再就业、就业困难人员实现就业增速分别同比下降3.4%（降幅同比扩大2.8个百分点）、23.0%（降幅同比扩大14.6个百分点）和29.4%（降幅同比扩大18.0个百分点）。新增就业、失业人员再就业、就业困难人员实现就业增速降幅扩大，说明就业下行压力更加显现。就业转弱将拖累居民收入，进而影响消费。就业增幅收窄的压力将继续对物价上涨产生结构性压制，稳就业预计将是2019年河南民生工作的重中之重。三是政府治理能力不断提升，有利于引导物价回归合理区间运行。如及时有效应对和防范台风"温比亚"影响，及时有效应对"非洲猪瘟"疫情，及时出手整治以权健、华林等为代表的"保健品乱象"等，对粮价、肉价、医疗保健价格等起到积极引导作用，使其保持稳定或回归合理区间。

参考文献

河南省统计局：《2018年全省经济运行总体平稳　稳中有进》，河南省统计局网站，http：//www. ha. stats. gov. cn/sitesources/hntj/page＿ pc/tjfw/zxfb/article5e39c7f2f6714a679 a3d0fdfb95568be. html。

河南省统计局：《2018年1～12月我省固定资产投资增长8.1%》，河南省统计局网站，http：//www. ha. stats. gov. cn/sitesources/hntj/page＿ pc/tjfw/zxfb/articled267d048068943 ffaeef6f0f295298d2. html。

河南省统计局：《2018年1～12月份我省社会消费品零售总额增长10.3%》，河南省统计局网站，http：//www. ha. stats. gov. cn/sitesources/hntj/page＿ pc/tjfw/zxfb/articleddc 0adca8fd64608b2352ac7388cc63a. html。

河南省统计局：《近期羊肉价格持续上涨原因简析》，河南省统计局网站，http：// www. ha. stats. gov. cn/sitesources/hntj/page＿ pc/tjfw/zxfb/article8c8d0e4b16ec41f5bb95cb71 ae69407d. html。

河南省统计局：《2018年河南省国民经济和社会发展统计公报》，河南省统计局网站，

http：//www. ha. stats. gov. cn/sitesources/hntj/page ＿ pc/tjfw/zxfb/article1929f8736bac48fc 9997f5e3f4b31ea1. html。

国家统计局网站：《2018 年国民经济和社会发展统计公报》，http：//www. stats. gov. cn/ tjsj/zxfb/201902/t20190228＿ 1651265. html。

国家统计局网站：《赵茂宏：2018 年全国物价总体稳定》，http：//www. stats. gov. cn/tjsj/ sjjd/201901/t20190122＿ 1646252. html。

陈润儿：《政府工作报告》，《河南日报》2019 年 1 月 23 日。

崔理想：《2017～2018 年河南居民消费价格走势分析》，载张占仓、完世伟主编《河 南经济发展报告（2018）》，社会科学文献出版社，2018。

国家统计局河南调查总队：《调查资料》（第 41 期），2018 年 7 月 13 日。

国家统计局河南调查总队：《调查资料》（第 44 期），2018 年 7 月 19 日。

河南省统计局、国家统计局河南调查总队：《河南统计月报》，2018 年 9 月。

宋迎迎：《河南公布 2019 年就业"小目标"城镇新增就业 110 万人》，《东方今报》 2019 年 1 月 8 日。

专题研究篇

Monographic Studies

B.14
以党的建设高质量推进经济发展高质量研究

李丽菲*

摘　要： 以党的建设高质量推动经济发展高质量是河南深入学习贯彻党的十九大精神和习近平总书记调研指导河南时的重要讲话精神的具体实践，是新时代河南谋求振兴的新境界、新布局、新要求，具有鲜明的政治性、时代性和导向性。站在新时代的起点上，河南要紧跟习近平总书记步伐，紧贴新时代历史任务，紧系中原更加出彩使命，不断提高思想认识，不断增强行动自觉，激发抓好落实的动力，以党的建设高质量推进经济发展高质量，奋力谱写新时代中原更加出彩新篇章。

关键词： 河南省　经济发展　党的建设　高质量

---

* 李丽菲，河南省社会科学院经济研究所助理研究员，经济学硕士。

高质量发展是当下中国奋力前行的时代主题。以党的建设高质量推动经济发展高质量是河南省委以党的十九大精神和习近平总书记视察指导河南时的重要讲话为统领做出的重大决策，科学地解答了新时代如何让中原更加出彩这个时代命题，深刻地揭示了党的建设和经济发展之间的客观规律和辩证关系，具有鲜明的政治性、时代性和导向性。河南要充分认识到实现"两个高质量"的时代价值与实践意义，抢抓机遇，应对挑战，以党建工作的出彩带动河南经济社会更加出彩，以昂扬的姿态投身让中原更加出彩的伟大实践。

一　深刻认识以党的建设高质量推进经济发展高质量的重大意义

"两个高质量"，是河南深入学习贯彻党的十九大精神和习近平总书记调研指导河南时的重要讲话精神的具体实践，是新时代河南谋求振兴的新境界、新布局、新要求，是谱写中原更加出彩新篇章的战略抉择，对于推动中原崛起、河南振兴、富民强省具有重要的实践意义。

（一）贯彻落实党中央决策部署的河南方案

从 2014 年 5 月以来，河南省委多次对学习贯彻习近平总书记调研指导河南时的重要讲话精神和十九大精神做出部署和安排，把打好"四张牌"作为加快建设现代化经济体系的重要抓手，把"中原更加出彩"具体化、实践化，确保中央大政方针和各项决策部署在河南落地生根。以党的建设高质量推进经济发展高质量，是对河南深入学习贯彻习近平总书记调研指导河南时的重要讲话精神和十九大精神的再动员、再部署、再发力，把进一步践行"四个着力"、发挥优势打好"四张牌"、县域治理"三个起来"和乡镇工作"三个结合"作为谋划推动经济社会发展的根本遵循和全局任务，合力推进全省经济发展的高质量，确保习近平总书记调研指导河南时的重要讲话精神和十九大精神在中原大省真正落地生根，确保新时代谱写中原更加出彩的思路更加清晰、目标更加明确，确保向总书记交出一份无愧于时代、无愧于人民、无愧于历史的答卷。

（二）谱写新时代中原更加出彩的战略谋划

以党的建设高质量推进经济发展高质量是河南围绕实现中原更加出彩的奋斗目标的战略选择，是河南省委带领全省党员干部和人民群众投身中原崛起、河南振兴伟大实践的行动指向。对河南来说，谱写中原更出彩的新篇章，就是要变革生产方式，以新发展理念，实现经济从高速增长阶段到高质量发展阶段转变，实现劳动生产率、资本产出效率和全要素生产率的不断提升，实现经济的内生动力、创新动力不断增强，金融与实体经济紧密融合，资源节约、环境友好的绿色发展成为常态，发展的协调性不断增强和平衡度不断完善。推动高质量发展是十分复杂的社会系统工程，是深刻的社会变革，必然会触及利益格局调整、体制机制障碍，引发一些新的社会问题和社会矛盾，如果没有统一意志和全社会共识，是无法实施的，也是难以奏效的。因此实现新时代中原更加出彩，就要发挥党的领导这一最大政治优势，靠党组织统揽全局、定向把关，靠党组织凝聚力量、攻坚克难，以党的建设高质量推动经济发展高质量。

（三）决胜全面建成小康社会的现实需要

以党的建设高质量推进经济发展高质量是提高人民群众的满意度和幸福感、安全感、获得感的必然选择，标注了中原崛起、河南振兴施政方略的新高度。高质量发展是一场关系发展全局的深刻变革，突出强调经济发展目标由追求"量"到追求"质"的跨越，突出强调党的领导这一最大政治优势，把党的建设与经济建设有机地衔接在一起，使党建工作与经济工作更加紧密地融合在一起。决胜全面小康，就必须适应经济新常态，树立发展新理念，在加快建设经济强省的同时，着力解决河南经济社会发展中存在的不平衡不充分问题，弥补河南区域发展不协调、环境污染问题大等发展短板，切实提高人民的获得感、幸福感，决胜全面小康，就必须紧密结合新时代发展要求，坚持把党的政治建设摆在首位，牢固树立"四个意识"，自觉做到"两个坚决维护"，坚持推动发展是第一要务、抓好党建是最大政绩，为凝心聚力推动经济社会发展提供保障。

二　准确理解以党的建设高质量推进经济发展高质量的丰富内涵

以党的建设高质量推动经济发展高质量是当前和今后一个时期河南各项事业发展必须牢牢把握的工作方向，是新时代让中原更加出彩的核心和关键。因此，必须准确理解并把握其丰富内涵，全面落实党的建设高质量推动经济发展高质量的总体要求，谱写出中原更加出彩的新篇章。

（一）经济发展高质量的内涵

河南经济发展高质量的深刻内涵可以从以下八个维度把握。一是在发展方式层面上，高质量发展不代表河南今后的发展是不要速度、不要量的增长，而是既要保持较高增长速度，又要适应经济发展新阶段要求，更加注重质的提升，在质的大幅提升中实现量的有效增长。二是在产业结构层面上，经济发展高质量是既要持续推进供给侧结构性改革，又要加强需求侧宏观调控，进一步调整产业结构，提高战略性新兴产业、高新技术产业比重。三是在产品结构层面上，经济发展高质量是改变低端产品过剩、中高端产品不足以及产品质量不高的现状，推动产品由河南制造向河南创造转变、河南速度向河南质量转变、河南产品向河南品牌转变。四是在区域发展层面上，经济发展高质量是统筹推进新型城镇化与乡村振兴协调发展，探索具有中国特色、符合河南特点的新型城镇化路子，优化区域发展格局。五是在发展动能层面上，经济发展高质量是要充分认识到新旧动能转换的必要性，以创新能力提升为总抓手，围绕经济结构调整需要优化人才结构，让创新成为引领经济发展的第一动力，基本形成具有河南特色的区域创新体系。六是在社会主要矛盾层面上，经济发展高质量是弥补发展短板，持续打好三大攻坚战，尤其是全面推进精准扶贫精准脱贫，解决不平衡不充分发展问题。七是在经济持续协调发展层面上，经济发展高质量是形成绿色发展方式和生活方式，构建建立在绿色、低碳、循环发展基础上的循环经济发展体系，实现经济发展与环境保护相统一。八是在对外开放层面上，经济发展高质量是以更大力度深化改革为基础，提升开放通道优势，优化营商环境，通过开放创新和自主创新，进而实现更大格局和更广阔视野、更有质量和效益、更有影响力的开放。

（二）党的建设高质量的内涵

党的建设高质量就是坚定不移地将质量贯穿于党的建设的全过程，通过坚持和加强党的领导，坚持"质量第一"原则，提高党员质量，使党内政治文化、党内政治生活、党内政治生态、党的专业化干部队伍、基层党组织建设、正风肃纪和纪检监察、党和国家监督体系等各方面的质量都能得到全面提升。一是党的建设高质量要把政治建设摆在首位，密切联系和紧紧围绕党的政治路线，牢固树立"四个意识"，坚定"四个自信"，用习近平新时代中国特色社会主义思想武装头脑、指导实践，提升党员干部的政治水平。二是党的建设高质量要加强党的思想理论建设，用新时代党的创新理论凝聚党心民心，引导党员干部践行社会主义核心价值观，做到真学、真懂、真信、真用。三是党的建设高质量要加强党的组织建设，充分发挥基层党组织的战斗堡垒作用和党组织在社会基层的政治核心作用，把全省党员干部和广大人民群众的力量凝聚起来，夯实伟大实践的基层基础。四是党的建设高质量要加强党的作风建设，自觉贯彻党的群众路线，密切党群干群关系，以最大的忠诚和努力赢得民心民意、汇集民智民力。五是党的建设高质量要加强党性教育，建设忠诚干净担当的干部队伍，提高党员干部的政治觉悟和政治能力，强化党员干部的先锋模范作用，为实现中原更加出彩凝聚起磅礴力量。

（三）党的建设高质量与经济发展高质量的关系

"两个高质量"是新时代河南谋求振兴的新境界、新布局、新要求，是

213

推动高速增长转向高质量发展的两个发力点，二者相辅相成，符合中央精神和河南实际，具有很强的思想性、针对性和可操作性。党的建设高质量是经济发展高质量的前提和基础，新时代发展党的建设高质量就是要紧紧围绕经济发展高质量抓党建，坚持把抓好党的建设作为最大政绩，把推动高质量发展作为第一要务，不断提高党的建设质量，以高质量党建凝聚中原更加出彩的磅礴力量。经济发展高质量是推进党的建设高质量的目的，是检验党的建设高质量成色的重要标准，也是高质量实现中华民族伟大复兴的坚强保障。要紧扣社会主要矛盾变化，重点在提质增效、创新发展及绿色发展方面持续发力，推动经济发展质量变革、效率变革、动力变革，提高全要素生产率，提高经济整体质量及竞争力，在质的大幅提升中实现量的有效增长，开辟高质量发展新境界。

三 以党的建设高质量推进经济发展高质量的机遇与挑战

河南省委十届六次全会暨省委工作会议指出，我们既要在回看走过的路中增添信心，也要在比较别人的路中拉高标杆，更要在远眺前行的路中创造机遇。实现"两个高质量"，关系河南发展全局和未来走向，既面临新的矛盾和挑战，也具有能够很好把控新机遇的优势条件。

（一）以党的建设高质量推进经济发展高质量的历史机遇

利好政策带来的发展机遇。十八大以来，以习近平同志为核心的党中央高度重视河南的发展，郑洛新国家自主创新示范区、中国（河南）自由贸易试验区、中国（郑州）跨境电子商务综合试验区、国家大数据综合试验区、中原城市群发展规划等一系列国家战略规划和战略平台落地河南，对河南发展的支持力度之大前所未有，对河南发展的影响之深前所未有，河南这个不沿边、不靠海的内陆大省，拥有了在促进中部地区崛起中发挥更大作用的优势和条件，在全国发展大局中的地位和作用明显提升，为实现"两个高质量"提供了重大机遇。同时，河南要深度融入"一带一路"建设、京津冀协同发展和长江经济带等战略实施，充分利用党中央的一系列利好政策机遇，借势发力，加快构建现代化经济体系，提升自主创新能力，推进供给侧结构性改革，推动城乡融合发展，持续保障改善民生，增强群众获得感、幸福感、安全感。

科技革命带来的发展机遇。科技革命和工业革命形成"技术代差"为一个发展中的追赶型经济体实现区位发展优势提供了可能性。当前，新一轮科技革命和工业革命正在多点突破，新一代信息技术、生物技术、新能源技术、新材料技术、智能制造技术等技术进入前所未有的活跃期，为欠发达地区跨越赶超提供了可能。河南地处中原、人口众多、市场巨大、生产加工能力强，是互联网和信息技术发展的沃土，这为河南高质量发展提供重要的战略机遇。此外，河南作为能源、原材料大省，制造业的数字化、网络化、智能化是河南高质量发展的制高点和突破口，河南要提升新一代信息技术与制造业融合创新能力，统筹推进钢铁、有色、建材等传统产业改造升级，通过"建链、补链、强链"，向高端化、集群化、基地化、绿色化方向发展。

（二）以党的建设高质量推进经济发展高质量面临的挑战

发展环境带来的挑战。进入新常态，经济发展的资源环境、市场条件等都已经发生深刻变化，在既定产业层次上，依托要素投入带来经济快速发展的模式已经难以为继。在这样的环境下，如果强行要求经济维持较高的增长速度，就会造成经济社会关系扭曲变形，体制机制发育滞后，放大后发劣势，为河南未来区域经济发展埋下隐患。这就要求河南必须摆脱发展方式上的传统路径依赖，找到并践行"以质促量"的途径。同时，河南传统产业供给能力已超出需求，要素规模驱动力正在减弱，过度依赖资源要素投入支撑发展的条件已经不具备。因此，在高质量发展的背景下，河南必须摆脱依赖投资拉动的发展模式，在传统的规模优势中孕育或催发新的优势，要更加注重提高人力资本、科技创新等渗透性要素效率，实现全要素生产率的提高。

科技创新带来的挑战。站在新时代的起点上，面对发展格局的重新调整和深刻变革，资本、劳动力、土地等生产要素已经不再适用于新一轮的区域竞争，知识、技术、信息等创新要素成为促进经济发展的动力源，谁把握得好，谁就有可能占据主动、赢得先机。河南作为人口大省，最大的优势在于规模优势，无论是人口数量、经济体量，还是市场主体、产业基础，都有不可比拟的优势。但在高质量发展背景下，河南的科技创新资源相对匮乏，劳动力结构适应性不足，对数据、知识等无形资本的供给能力较弱，导致在新形势下河南的高端要素的供需结构失衡。因此，在推动高质量发展的过程中，河南如何在既有优势中孕育或催发新的优势，补上科技创新的短板，是推动高质量发展的关键。

区域发展差距带来的挑战。当前，全国区域发展格局和产业发展格局正在重新洗牌，新一轮产业转移热潮正汹涌而来。全国各地都在展其所长，重塑发展优势，使得处于内陆地区的河南面临新的压力和挑战。河南在前期的快速发展中，人力资源、市场空间、区位交通等比较优势持续上升，但仍存在着产业结构不合理、区域发展不平衡、城镇化水平低、资源环境约束趋紧等问题，是河南未来发展不可忽视的硬伤。在推动高质量发展过程中，河南如何利用独特的区位优势、人力资源优势和现代综合交通体系优势，主动融入和对接"一带一路"建设、京津冀协同发展、长江经济带发展三大国家规划，主动承接长江经济带、京津冀地区的先进经济要素，是河南赢得先机、获得优势的重大机遇。

四　切实明确以党的建设高质量推进经济发展高质量的对策举措

"一分部署，九分落实"。站在新时代的起点上，全省各级党组织和广大党员干部要紧扣党中央节拍，紧贴新时代历史任务，紧系中原更加出彩使命，不断提高思想认识，不断增强行动自觉，激发抓好落实的动力，以党的建设高质量推进经济发展高质量，奋力谱写新时代中原更加出彩新篇章。

（一）突出提高政治站位，增强以党的建设高质量推进经济发展高质量的紧迫感和自觉性

"两个高质量"，体现了河南适应形势、应对挑战、探索新路、彰显特色的精神和要求，我们要提高政治站位，切实增强紧迫感和自觉性，以更高的标准、更实的举措、更严的作风实现高质量发展。一是要深刻认识到我国经济已由高速增长阶段转向高质量发展阶段，是以习近平同志为核心的党中央对中国经济历史新方位作出的科学判断，要适应当前我国社会的主要矛盾变化，经济保持持续健康发展就必须推动高质量发展。二是要深刻认识到从高速增长转向高质量发展是一场关系全局、影响深远的社会变革，没有强有力的高质量党建作保证是难以实现的，关键是要抓好"三个注重"，自觉践行"四个着力"重大要求，为中原更加出彩提供有力政治保障。三是要深刻认识到新时代让中原更加出彩，就必须紧跟时代步伐，不断探索新路，坚定贯彻推动发展是第一要务、抓好党建是最大政绩的理念，把打好"四张牌"贯穿于高质量发展各个方面，在党的建设高质量上寻求新突破，在推动经济发展高质量上取得新进展。

（二）突出高质量发展的政策导向，构建经济发展高质量的支撑和保障体系

政策体系是实现高质量发展的推进器，是推动高质量发展的"指挥棒"，要将发展理念、思路、举措从高速增长转移到高质量发展的轨道上来。一是指标体系建设要把经济增长与高质量发展兼容在一个框架中，囊括三次产业方面的效益指标，以及生态、人文、教育、医疗、养老等公共事业发展的质量指标，包括动力变革指标、产业升级指标、结构优化指标、质量变革指标、效率变革指标、民生发展指标等各个方面，并随着科技的进步、需求的变化及时调整补充。二是绩效评价体系要按照时效性原则、区域性原则和操作性原则，确保高质量发展绩效评价在统一的法律制度框架下，按照不同绩效评价对象设定不同的绩效标准或标杆基准，建立分类、分级、分阶

段的符合高质量发展要求的政绩考核体系。三是政策体系是实现高质量发展的推进器，新产业政策要重点扶持处于产业链和价值链高端的产业，创新政策要重点培育科技与创新，社会政策要将切实提高民生作为出发点和落脚点，改革政策要通过改革更好地发挥市场作用。

（三）突出抓好政治建设，把党的建设高质量任务抓在手里落到实处

政治建设是我们党的根本性建设，是我们党作为马克思主义政党的根本要求，是各级党员干部的第一标准。一是要切实转变领导方式，要坚持强素质，用新时代的新标准来严格要求自己，严格落实中央、省委决策部署，不打折扣、不搞变通，一切从实际出发，善于改革创新，善于突破难点，善于在复杂环境下创造性地开展工作。二是要加强作风建设，在社会各界开展争做出彩河南人活动，弘扬河南人包容宽厚、大气淳朴的内在品格，发扬艰苦奋斗、负重前行的实干精神，以敢闯新路、奋勇争先的进取意识，争做出彩河南人，以众彩之势共推中原出彩。三是要狠抓落实不放松，要增强责任担当抓落实，善于发现问题、敢于触及矛盾、勇于解决问题，以赶超意识抓落实，以顽强意志抓落实，以科学方法抓落实，加强工作的整体谋划，既要立足解决当前问题，更要瞄准长远目标。

（四）突出探索创新担当，推动"党的建设高质量"与"经济发展高质量"互促共进

以党的建设高质量推动经济发展高质量，就是要在实践中将党建工作与经济工作全面、深度融合，将"第一要务"与"最大政绩"密切结合，互促共进，避免党建与经济"两张皮"的现象。一是要将党的建设纳入日常工作规划中，在目标、规划到机制、运行等各个方面，将党的建设与经济发展融为一体，实现党建和经济工作的联动推进，良性互促，实现由"两张皮"向一体化、从"围绕式"向"融合式"的转变。二是要实施"一岗双责"，党政单位一把手要对党风廉政建设的重要工作亲自部署，重大问题亲

自过问，重点环节亲自协调。经济工作部门的领导要深刻认识党建工作与经济工作唇齿相依、相辅相成的关系，在做好自身本职工作的同时，要高度重视党建工作，以身作则参与党建工作。三是在工作评价上，把党建工作与各项经济工作一起检查、一起考核、一起奖惩，做到党建目标和经济目标互相渗透，互相融合，并且将考核结果作为领导干部的业绩评定、奖励惩处、选拔任用的重要依据。

参考文献

喻晓雯：《以党的建设高质量推动经济发展高质量》，《河南日报》2018 年 8 月 8 日。

耿德建：《深刻领会和把握实现中国梦需要中原更加出彩》，《河南日报》2018 年 7 月 6 日。

新时代中原更加出彩研究课题组：《谱写新时代中原更加出彩新篇章——"两个高质量"的时代价值与实践意义》，《河南日报》2018 年 8 月 17 日。

河南省人民政府发展研究中心课题组：《河南实现经济高质量发展的路径选择》，《河南日报》2018 年 10 月 22 日。

杨兰桥：《高质量发展的区域探索与对策建议》，《区域经济评论》2018 年第 6 期。

B.15

河南推进经济结构战略性调整的
思路与对策

王　芳*

摘　要： 推进经济结构战略性调整对于河南转变发展方式、提升发展
　　　　质量有着十分重要的意义。当前，河南经济结构还存在着产
　　　　业结构层次低、城乡发展不平衡、区域发展不协调等问题。
　　　　要把经济结构战略性调整作为转变经济发展方式的主攻方向，
　　　　着力调整产业结构、城乡结构、区域结构，并在改革开放、
　　　　科技创新、政府支持等方面有所突破。

关键词： 河南省　经济结构　发展方式　发展质量

　　党的十八大报告明确提出"要推进经济结构战略性调整"，这是加快转
变经济发展方式的主攻方向。党的十九大报告作出"我国经济已由高速增
长阶段转向高质量发展阶段"的明确判断。河南省委十届六次全会暨省委
工作会议也把推进经济结构战略性调整作为全省经济工作的重大任务，强调
要着力推动经济结构进行根本性、全局性、长远性的战略调整，进而实现全
省经济高质量发展。这是河南省委、省政府审时度势，准确把握经济发展的
阶段性特征，适应国内外发展形势的新变化做出的重大战略抉择，对于确保
全省经济持续平稳健康发展，实现中原更加出彩具有十分重要的意义。

---

* 王芳，河南省社会科学院经济研究所副研究员，经济学硕士。

一 推进经济结构战略性调整的必要性

（一）是加快经济发展方式转变的内在要求

经过改革开放以来多年的快速增长，河南已成为全国重要的经济大省，但长期积累的结构性矛盾依然存在，随着进入新常态以来，支撑经济快速增长的内部条件正在发生新的变化，原有粗放型的经济增长方式已经难以为继。主要表现在：过度依靠投资拉动经济增长，依靠规模效应快速扩张，经济增长质量不高；产业结构主要以能源、原材料产业为主，高新技术产业相对较小，产业结构层次偏低偏重，产业竞争力较弱；自主创新能力不强，产业发展高度依赖物质投入和资源消耗，单位 GDP 能耗较高，节能减排任务依然艰巨等。要解决这些问题，增强全省经济发展的内生动力，必须加快推进经济结构战略性调整，从根本上切实转变过度依赖要素资源投入的粗放型经济增长方式，更加注重提高经济发展的质量和效益，更加关注资源的节约、环境的改善以及经济社会的协调发展。可以说，推进经济结构战略性调整，体现了新时期转变经济发展方式的内在要求。

（二）是适应消费升级需要的必然选择

改革开放 40 多年来，河南经济快速发展取得了巨大的成绩，人民的生活水平和收入水平不断提高，人民的消费支出日益增加，消费层次持续升级，从传统的满足基本生活需求的消费模式转变为以工业品为主的消费模式，进而再提升为以现代服务业为支撑的享受型和发展型的消费模式，教育培训、医疗保健、文化娱乐、旅游休闲等逐渐成为最为热门的消费领域。党的十九大报告指出，我国社会的主要矛盾已经转化为人民日益增长的美好生活需要和不平衡不充分的发展之间的矛盾。当前，大量低廉商品、伪劣商品甚至假冒商品充斥市场，长期消耗宝贵资源的同时更造成有效供给不足，难以满足人们日益增长的消费升级需要，进而产生"需求抑制"和"需求外溢"现象，严重阻碍了内生经济增长动力的形成。因此，只有加快推进经济结构战略性调整，围绕消费市场变化趋势优化产业结构，提高产品质量，改善消费环境，才能不断满足人民日益升级的消费需求，充分释放居民消费需求，进而促进全省经济的持续稳定增长。

（三）是提高国际竞争力的迫切需要

如今世界经济进入新一轮调整期，经济发展格局深刻变革，并出现了一些新的趋势和情况，对河南经济的平稳发展产生了巨大影响。一方面是全球经济结构和供求结构都发生了深刻变化，全球经济复苏乏力，国际市场需求低迷，国际贸易保护主义盛行，外部发展环境的不稳定、不确定因素增多，我们以往的低成本竞争优势日趋减弱，急需重塑新的竞争优势；另一方面是新一轮科技革命正深刻影响着全球产业变局，在国际产业分工格局重塑和主要发达国家的市场趋于饱和的大背景下，抢占未来全球产业链和价值链的高端，已成为激烈竞争的重心。这既为我们加快创新，努力掌握全球价值链高端环节，重构全球经济结构形成挑战，也带来了重要机遇。只有积极适应全球经济形势的变化，提升自主创新能力，加快推进经济结构战略性调整，切实提升国际竞争力，才能重塑发展优势，在新一轮国际竞争中赢得主动。

（四）是保持经济持续健康发展的根本途径

河南地处内陆，是全国重要的人口大省、经济大省，改革开放以来，特别是近年来，全省经济社会快速发展，人民生活水平不断提高，呈现出中原崛起的良好势头。但是，河南人口多、底子薄、人均水平低的基本省情还没有根本改变，经济发展质量和效益不高、创新能力较弱、能源原材料消耗较大等问题仍然是制约全省经济高质量发展的瓶颈障碍。作为中部内陆省份，加快发展始终是河南的第一要务，同时，面对复杂多变的外部与内部环境，还要完成加快发展速度与提高发展质量的双重任务。当前，河南正处于爬坡过坎、转型升级的关键时期，必须加快推进经济结构战略性调整，优化经济结构，积极培育经济增长新动能，加快新旧动能转换过程，切实转变传统发展方式，进而推动经济的持续健康发展，实现经济高质量发展。

二 河南经济结构存在的主要问题

（一）产业结构层次较低

改革开放以来，河南产业结构不断优化，实现了由"二、一、三"向"二、三、一"的转变，但总体来看，依然存在着农业现代化水平较低、工业内部结构不尽合理、现代服务业发展较慢等问题。

一是三次产业发展不协调。2018 年，河南三次产业结构为 8.9∶45.9∶45.2，较之 2010 年的 13.7∶55.7∶30.6 来说，三次产业结构调整效果显著，但依然存在着第一产业、第二产业占比偏高，第三产业发展滞后的问题。2018 年，河南第二产业占比高于全国平均水平 5.2 个百分点，而第三产业占比则低于全国平均水平 7 个百分点，低于同为中部省份的湖北 2.4 个百分点，与广东等沿海发达省份相比则差距更大。

二是第二产业内部结构有待优化。长期以来，河南形成了以能源、原材料产业为主体的工业结构，工业结构偏重化、产业链位置偏上游和价值链位置偏低端等结构性矛盾依然存在，第二产业的中初级、中间产品居多，重工业和传统产业占比较高，高技术产业规模较小，第二产业规模大而不强、结构全而不优的现象明显。2018 年，冶金、建材、化工、轻纺、能源等传统产业占全省规模以上工业的 46.6%，高耗能工业占规模以上工业的 34.6%，而全省高技术制造业仅占全省规模以上工业的 10.0%，低于全国平均水平 3.9 个百分点，与广东省高技术产业占比达 31.5% 相比更是差距较大。

三是农业现代化水平偏低。河南是农业大省，传统种植业在第一产业内部居于绝对主导地位，近年来粮食产量稳步提升，2018 年达到 1329.78 亿斤，同比增长 1.9%，占全国总量的 10.1%，居全国第 2 位，为保障国家粮食安全作出了突出贡献。但是，全省农产品加工业发展较慢，农产品加工转化率较低、农业产业链条较短、农产品附加值偏低、经济效益不高等问题依然比较突出，农业服务业发展不能满足需求，制约了一、二、三产业的融合发展和农民收入水平的提高。

四是现代服务业发展滞后。从第三产业内部结构来看，交通运输、批发零售、住宿餐饮等传统服务在全省服务业结构中依然占据半壁江山，居主导地位，而现代物流、电子商务、金融服务、文化旅游、网络信息等现代服务业比重依然较小，与当前经济社会发展的要求相比仍较为滞后。

（二）城乡发展不平衡

河南是传统的农业大省，全省人口中农业人口占比较大，长期以来由于城乡二元结构原因使得城乡差距问题一直存在，农业、农村、农民问题也一直是经济社会发展的重点和难点。改革开放以来，河南农业农村发展取得了巨大成就，粮食生产稳步推进、农民生活水平显著提高、脱贫攻坚成绩显著。但与之相对的是，城市的发展速度更快，致使城乡差距依然突出，城乡发展不平衡问题日趋明显。

一是城乡居民收入差距较大。2018 年河南城镇居民人均消费支出20989.15 元，农村居民人均消费支出为 10392.01 元，仅相当于城镇居民人均消费支出水平的 49.51%；从收入水平来看，2018 年河南城镇居民人均可支配收入为 31874.19 元，农村居民人均可支配收入为 13830.74 元，城乡居民可支配收入比为 2.30，虽然与 2017 年的 2.32 相比有所减小，但是城乡居民收入的绝对值仍有较大差距，并且近年来还有逐步扩大的趋势。

二是城乡公共服务差距较大。随着财政对农村投入力度的不断加大，全省农村道路、交通、通信等基础设施建设步伐越来越快，然而教育、医疗、社会保障等公共服务方面的差距依然较大。由于城乡之间在地域差异、收入水平、财政偏向等方面的差距，使得优质的教育、医疗资源大量向城市集中，农村的教育、医疗水平相对较低，不能有效满足农民的需求，进城上学、越级就诊等现象较为普遍，农村公共服务短板突出。

三是城乡居民社会福利差距较大。城乡差距不仅包含收入差距和基本公共服务差距，也包含城乡居民社会福利差距方面。一方面体现在城乡居民的财产性收入上，受农村产权制度不健全等多种因素影响，农民财产性收入无论是绝对数量还是增长速度都远低于城镇居民，而随着财产在个人收入及资产中的占比越来越高，未来或将形成新的贫富不平衡；另一方面则体现在不同的发展环境使得城乡居民在发展权利与发展机会等隐性权利方面面临较大差距，比如城乡家庭环境和教育条件不同所带来的学生能力和综合素质的差距等。

（三）区域发展不协调

改革开放以来，河南的城镇化水平不断提高，特别是在中原城市群一体化的引领下，河南城镇化质量也得到稳步提升，各地市经济实力持续增强，经济社会都实现了快速发展。但由于不同地区在资源禀赋、产业基础、文化观念等方面的不同，使得各地区的发展速度存在差异，区域间发展不协调问题依然突出。

一是经济总量差距较大。2018年郑州市生产总值为10143.32亿元，占全省经济总量的21.11%，高出驻马店、商丘、周口、信阳四市GDP总量占全省经济总量的比重3.14个百分点；从2018年各地市GDP总量排名来看，前五位分别是郑州、洛阳、南阳、许昌、周口，这五个城市的GDP总量占到全省经济总量的49.67%，但五者之间差距明显，排名第二的洛阳市2018年GDP总量为4640.78亿元，仅为郑州市GDP总量的45.75%，而周口市GDP总量仅为郑州市的26.49%。可见，省会郑州市的经济总量遥遥领先于其他地市，地区之间经济总量差距较大。

二是人均经济发展水平差距较大。全省各地区不仅经济总量差异较大，人均经济发展水平也存在着明显差距。2018年，人均GDP水平排名第一的郑州市达到101349元，约相当于周口市人均GDP水平的3倍多；从居民人均可支配收入来看，2018年郑州市居民人均可支配收入为33105元，是驻马店市人均可支配收入的1.84倍，是周口市居民人均可支配收入的1.96倍；从城镇与农村人均可支配收入来看，2018年周口市城镇与农村人均可

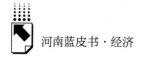

支配收入分别为 26404 元、11095 元，分别相当于郑州市人均可支配收入水平的 67.63% 和 51.24%。

可以看到，包括郑州、开封、新乡、焦作、许昌的郑州大都市区以及洛阳由于交通便捷、矿产资源丰富、产业基础较好，优质教育资源聚集等原因，经济发展水平最高，是全省的发展重心，成为省内发达与较发达地区，在经济发展中占有重要地位。而豫北、豫西、豫西南以及黄淮地区由于资源禀赋条件、区域发展战略等因素的影响，经济发展水平仍然不高，与郑州大都市区相比差距较大，区域发展不协调问题亟待解决。

三 推进河南经济结构战略性调整的思路

（一）推进产业结构优化升级，凝聚产业发展新动能

要紧紧围绕供给侧结构性改革，坚持优化存量和扩大增量并重原则，加快推进产业结构优化升级，为实现全省经济高质量发展夯实基础。一要着力改造提升传统产业，传统产业并不意味着落后产业，在一定时期内仍然是支撑全省经济发展的重要力量。要强化科技创新，充分运用互联网、人工智能等信息技术促使传统产业焕发新的活力，推动其与战略性新兴产业协调发展。二要加快发展战略性新兴产业，把战略性新兴产业作为"调结构、促转型"的重要抓手，着眼于未来，积极发展新材料、新能源、生物医药、高端装备制造等战略性新兴产业，引领全产业链的整体提升。三要有序淘汰落后产能，深入推进"三去一降一补"工作，严格执行产能退出标准，有序淘汰落后产能和设备，为优质产能释放和新建项目腾出空间。四要积极发展现代服务业，推动现代物流、电子商务、工业设计、科技服务等生产性服务业不断向专业化、现代化和价值链高端延伸，推进休闲旅游、文化娱乐、健康养老等生活性服务业向精细化、高品质提升，形成制造业与服务业融合发展、现代服务业与传统服务业相互促进的良好格局。

（二）加快新型城镇化进程，促进区域协调发展

国务院总理李克强在 2019 年政府工作报告中强调要"促进区域协调发展，提高新型城镇化质量"。城镇化是现代化的必由之路，也是促进区域协调发展的有力支撑和重要手段。为此，要加快新型城镇化建设，提高区域发展的协调性和可持续性。一要优化区域发展格局，坚持分类引导，立足自身在资源禀赋、环境区位、产业基础等方面的特点，准确定位发展方向，形成适合自己的优势主导产业，实现区域之间产业的合理分工，充分发挥各自比较优势，提高竞争力和经济效益。二要提高城市群建设水平，强化郑州作为国家中心城市的作用，巩固提升洛阳副中心城市的地位，突出中原城市群在促进区域协调发展中的主导作用，不断提升其对周边城市的辐射带动能力，破除要素在区域间自由流动的壁垒，不断提升要素在区域间的配置效率，为区域经济协调发展提供支持。三要着力提升城市品质，优化城市空间布局，加快城镇道路交通、垃圾处理、城镇绿化等提质改造，深化城市管理体制改革，着力提升城市建设、文化、环境、生活品质，不断提高城市居民的幸福指数。

（三）深入实施乡村振兴战略，构建城乡统筹新格局

党的十九大报告指出实施乡村振兴战略，提出要"坚持农业农村优先发展，按照产业兴旺、生态宜居、乡风文明、治理有效、生活富裕的总要求，建立健全城乡融合发展体制机制和政策体系，加快推进农业农村现代化"。深入实施乡村振兴战略，是推进全省城乡协调发展、全面建成小康社会的必然选择。一要加强农村产业培育和支撑，深入推进农业供给侧结构性改革，加快调整农业产业结构，积极培育新产业新业态，不断延伸粮食产业链、提升价值链、打造供应链，注重推动农村一、二、三次产业融合发展，加快农业现代化进程。二要补齐农村基本公共服务短板，进一步完善道路交通、农村饮水、电网建设、垃圾处理、信息网络等基础设施建设，推动农村基础设施提档升级，促进城乡互联互通；不断提高农村教育、医疗、卫生、文化、社会保障等公共服务水平，加强农村环境整治和生态保护，美化村容村貌，改

善村民人居环境。三要着力推动要素供给向农村流动，建立健全农村土地"三权分置"制度，积极稳妥推进农村土地流转，提高村民土地流转收益；大力发展农村普惠金融，加大农村发展关键领域和薄弱环节的金融支持；推动科技、管理、人才等要素资源向农村流动，为城乡统筹发展提供智力支持。

四　推进河南经济结构战略性调整的对策建议

（一）坚持科学规划，发挥规划引领作用

推动河南经济结构战略性调整，离不开规划的科学制定和有力实施。理清发展趋势与问题，主动应对变化，把握发展机遇，制定科学合理的经济社会发展规划体系，是转变发展方式、实现经济高质量发展的前提条件。要注重规划的规范性、权威性和可持续性，强调政策的导向作用，在产业发展方面，推动和引导全省支柱产业、优势产业以及战略性新兴产业加快发展，而对于技术落后、污染严重的产业则坚决遏制；在区域发展方面，立足各地实际科学制定发展规划，突出比较优势、优化空间布局，构建分工合理、功能互补、错位发展的发展格局，增强区域发展的协同性、联动性、整体性；在城乡发展方面，突出规划在农村产业发展、基础设施建设、公共服务完善等方面的引领作用，提升农业农村发展水平。

（二）深化改革开放，激发经济发展活力

要充分发挥市场在资源配置中的基础性作用，破除有碍于统一市场体系形成的各种体制机制障碍，打破区域市场壁垒，加快形成统一开放、竞争有序的市场体系，使资源要素按市场规律在区域间有序自由流动，不断提高资源配置效率。进一步深化财税金融、国资国企、农业农村、社会管理等重点领域改革，提高对外开放质量和水平，加快形成有利于公平竞争的制度环境，促进经济发展提质增效。围绕重点领域和关键环节深入推进全省"放管服"改革，主动转变政府职能，不断提高行政效能，营造良好的营商环

境，切实保护各类市场主体的合法权益，激发市场活力，培育促进全省经济持续快速发展的内生动力。

（三）加强科技创新，提升自主创新能力

创新是发展的第一动力，推动河南经济结构战略性调整，促进产业结构优化升级，必须加强科技创新，切实提升全省自主创新能力，以创新推动发展方式的根本转变。要积极培育区域创新体系，以郑洛新国家自主创新示范区为核心载体，积极引进一批创新型企业、平台、机构和人才，整合各类创新资源，推动科技与金融、军工与民用、地方与国家、产业与院所融合发展，构建多主体协同创新的格局。要着力推动创新链、产业链、资金链、政策链四链融合发展，充分发挥科技创新在推动产业链再造和价值链提升中的作用，真正实现创新驱动发展。

（四）加大政策扶持，促进欠发达地区发展

促进省内欠发达地区经济发展，在发挥市场机制决定性作用的同时，还要充分发挥政府的支持作用。加大对省内欠发达地区的财政转移支付力度，优化财政支出结构，提高财政资金效能，重点围绕实施精准扶贫、精准脱贫，补齐欠发达地区在交通、能源、电信等公共基础设施方面的短板，加大在教育、卫生、文化、社会保障等领域投入力度，切实提高省内欠发达地区公共服务水平。要发挥财政资金的引领作用，发挥社会资源的积极性，构建财政资金为引导、社会资本广泛参与的多元投资体系，以克服财政资金在基础设施和公共服务建设中不足的问题，从而不断提升欠发达地区基本公共服务水平，促进区域经济协调发展。

参考文献

习近平：《中国共产党第十九次全国代表大会报告》。

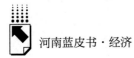

韩长赋：《实施乡村振兴战略　推动农业农村优先发展》，《人民日报》2018年8月27日。

李庚香：《推进经济结构战略性调整　把准高质量发展主攻方向》，《河南日报》2018年7月6日。

李晋、曹云源、孙长青：《河南省区域经济差异与协调发展研究》，《经济经纬》2018年第3期。

杜传忠：《经济新常态下推进我国区域协调发展的路径及对策》，《理论学习》2017年第6期。

B.16
创新驱动河南经济高质量发展的对策建议

林园春*

摘　要： 十九大报告明确指出，我国经济已由高速增长阶段转向高质量发展阶段。习近平总书记明确提出，要使创新成为高质量发展的强大动能。河南省委、省政府牢牢把握创新发展第一动力，把创新摆在发展全局的核心位置，取得了明显成效。但由于河南创新能力仍然较弱，创新驱动河南经济高质量发展面临创新能力支撑不足方面的困境，需通过持续深化体制机制创新和开放创新，加快培育引进创新引领型人才，加快建立财政长效投入机制，加快民生领域科技创新等措施，为创新驱动河南经济高质量发展提供支撑与保障。

关键词： 河南省　创新驱动　高质量发展

　　党的十九大报告做出了我国经济已由高速增长阶段转向高质量发展阶段的重大历史判断。经济高质量发展，意味着资源的更加集约高效利用，意味着产业的更加优化升级，意味着经济与其他领域的更加协调平衡，意味着人与自然的更加和谐相处。而实现高质量发展的关键在于创新驱动，创新驱动是实现高质量发展的基石与动力。习近平总书记指出："创新是第一动力。中国如果不走创新驱动发展道路，新旧动能不能顺利转换，就不能真正强大起来。使创新成为高质量发展的强大动能。"近年来，河南省委、省政府牢

---

　　* 林园春，河南省社会科学院副研究员，经济学硕士。

牢把握创新是第一动力，河南省委书记王国生在省委十届六次全会强调，把创新摆在发展全局的核心位置，作为激活高质量发展的第一动力；在省委十届八次全会上，王国生书记再次强调，把创新作为高质量发展的第一动力，创新力度有多大，直接决定了我们发展的质量有多高，未来能走多远。

一　创新驱动河南经济高质量发展的现实基础

改革开放以来，河南依靠创新驱动，一步步走向高质量发展的道路。特别是党的十八大以来，河南省委、省政府高度重视创新驱动发展，鼓励创新发展的社会环境正在形成，企业创新引领的主体作用正在加强，产学研协同创新体系正在完善，为河南实现经济高质量发展夯实了基础。

（一）完善的创新体系初步建立

一是创新引领型企业不断壮大。2018 年河南省新培育高新企业突破1000 家，比上年增长 45% 以上，增速创历史新高，全省高企总数 3300 家。国家科技型中小企业评价系统入库企业达到 4911 家，位列全国第 9、中部第一。二是创新引领型平台建设不断加快。2019 年全国首个生物育种产业创新中心落户河南，信阳省级农业科技园区获批国家级农业科技园区，新郑市入选首批国家创新型县（市），新增星创天地、高新技术产业基地、国际科技合作基地、国家国际联合研究中心等国家级创新载体平台近 50 家。2018 年 4 月 23 日《人民日报》头版专门对河南省洛阳市的创新主体、创新平台"双倍增"行动进行了报道。三是创新引领型机构培育初见成效。2018 年以省政府名义认定 10 家重大新型研发机构，全省新型研发机构总数已达到 67 家。郑州、洛阳、新乡、平顶山 4 家国家高新区发展特色载体升级，获得中央财政 1 亿元资金支持。中科新兴产业技术研究院等一批新型研发机构为服务当地产业创新发展、破解关键技术瓶颈、补齐创新短板起到了有力的支撑作用。清华基地仅 2018 年就孵化企业 26 家，直接参股企业 8家。

（二）科技创新服务能力不断提升

河南省委、省政府高度重视创新创业工作，截至 2018 年底已成功举办第十届河南省创新创业大赛，并与洛阳市政府连续三年共同承办中国创新创业大赛先进制造行业总决赛，在活动中培育了一批科技型企业。同时积极开展"高企培训中原行"活动、省科技型中小企业"双提升"培训活动、"国家自然科学基金宣讲团"集中培训活动等创新政策宣讲活动，服务企业超过 5000 家，科技人员超万人。2018 年以来河南省全面落实企业研发投入加计扣除和财政补助等政策，全省共有 3556 家企业申报 2017 年度研发费用加计扣除，研发费用总额达 220.86 亿元，预计免税额超 22 亿元，同比增长20%。按照党中央、国务院和省委、省政府关于机构改革的部署，河南稳步推进省科技厅机构改革，全省科技管理系统自身建设进一步加强，服务经济、改善民生、支撑高质量发展的能力持续提升。

（三）科技支撑产业发展能力逐步加强

2018 年河南省实施重大科技专项 25 项，省财政投入资金 1.43 亿元，带动项目投资 16.2 亿元，预期经济效益可达 42.8 亿元；启动实施了 8 个创新引领型产业集群专项，项目三年实施期内总投资 31.3 亿元，研发投入 18亿元，预计新增年销售收入 100 亿元以上，带动上下游产业年产值达到1050 亿元。通过实施重大科技专项和产业集群专项，突破了一批重大共性关键技术，培育形成了轨道交通装备、新能源汽车及动力电池、超硬材料等创新产业集群，有力推进了科技支撑产业转型升级。如洛阳 LYC 轴承研制的轴承产品已完成时速 250km 高铁轴承台架试验及 80 万千米评价，即将进行装车实验，实现了高铁轴承国产化重大突破；中铁工程装备集团自主设计制造我国最大直径 15.8 米的泥水盾构机，打破国外品牌多年来一统全球超大直径盾构的局面，全面抢占世界掘进机技术制高点。重视国家重点研发计划的实施，2018 年河南省承担国家重点研发计划项目 19 项，获中央财政经费支持 4.14 亿元。强化污染防治科技支撑，新培育省节能减排科技创新企

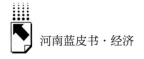
业45家，攻克节能低碳与污染防治共性关键技术200多项，一批大气、水、土壤和面源污染防治领域的技术成果得到转化、推广和应用。

（四）科技人才队伍建设成效显著

近年来，河南省积极培育高层次科技人才，2018年新增"国家创新人才推进计划"5名，新设立中原学者科学家工作室12家，新增中原学者4人、中原科技创新领军人才31人、中原科技创业领军人才19人。同时，加大高层次人才引进力度，新建院士工作站51家，柔性引进院士45名及核心团队355人，开展合作项目130项，总投资7.83亿元。郑州市实施了"智汇郑州·1125"，洛阳市实施了"河洛英才"，新乡市实施了"牧野人才"，共计引进人才团队、项目近500个，投入资金超3亿元，集聚了一大批高层次人才。除此之外，还启动实施了外国人才签证制度，进一步强化国际智力支撑，1位外国专家荣获中国政府友谊奖，10位外国专家入选国家高端外国专家项目，实施国家级引智项目36项，资助聘请各类外国专家3000人次左右。

（五）科技开放合作取得新突破

2018年，河南省与科学技术部成功举办了第六次部省工作会商，双方共同签署《科学技术部　河南省人民政府部省工作会商制度议定书（2018～2022年）》，科技部将在自创区、"四个一批"、重大创新专项等方面全力支持河南创新发展。加快建设技术转移体系，积极推进国家技术转移郑州中心建设和运行，全省共引进研发机构15家，培育省级技术转移机构19家。2018年郑洛新·中关村双创基地挂牌运行，并举行了项目签约仪式，郑洛新三片区有关部门、企业与北京知名企业、研发机构等单位签署了21项合作协议，合作金额达536.25亿元。郑州市与新乡市共同举办了第一届中国高校院所（河南）科技成果博览会，会上签约137个项目，投资总额1292亿元；许昌市积极开展科技合作，与北京邮电大学共建了5G泛在小镇；巩义市积极与中国电子设计院、浙江大学、西北大学等知名高校和科研单位开展合作，汇聚创新资源。

（六）科技创新驱动高质量发展的体制机制正在完善

河南省已经研究制定了《河南省创新驱动发展提速增效工程实施意见》《河南省促进科技成果转化条例（修订草案）》《河南省深化科技奖励制度改革方案》等科技创新政策法规，进一步激发了科技人员创新创业的积极性。同时积极推进科技计划改革，科研项目依托专业机构进行管理，涉企资金全部实现了后补助，建立了项目盲评、专家盲选的"双盲"网上评审系统，最大限度减少自由裁量权。科技金融进一步融合，建立了省科技金融工作联席会议制度，开展了首批省级促进科技与金融结合试点工作，成立全省第一家科技金融专营机构——中国银行郑州科技支行，设立了郑洛新自创区创新创业基金。大力推动"科技贷"业务，全省科技信贷业务达到16.53亿元，贷款利率低于全省中小企业平均贷款利率30%以上，带动合作银行向科技型中小企业贷款680.65亿元，有效缓解了科技型中小企业融资难、融资贵问题。开封市、焦作市、鹤壁市在推广应用"应收账款融资服务平台"、科技贷款损失补偿等方面积极创新，引导金融机构突破现有贷款的"抵押"和"担保"瓶颈。

二 创新驱动河南经济高质量发展的现实困境

当前，随着供给侧结构性改革深入推进，新技术、新业态不断涌现，特别是人工智能等新技术加速赋能实体经济，支撑高质量发展的新动能逐步积累，河南省创新能力也显著增强，但是与全国平均水平以及中部省份相比，差距仍很大，创新驱动经济高质量发展的能力仍不足，突出表现在以下几个方面。

（一）研究与试验发展（R&D）经费支出不足

中共中央、国务院出台的《国家创新驱动发展战略纲要》（中发〔2016〕4号）明确规定，到2020年，全国全社会研发投入占国内生产总值比重达到 2.5%。2016 年，河南省委、省政府出台的《关于贯彻落实国家创新驱动发展战略纲要的实施意见》（豫发〔2016〕26 号）中提出，到 2020 年河南省要建成创新型省份，其中 R&D 经费支出占比达到 2.5%，与全国目标相一致。2018 年河南省 R&D 经费支出占比不足 1.5%，仅相当于全国水平的 60%。目前，河南省的发展现状与 2020 年建成创新型省份的目标要求还有很大差距，与创新驱动经济高质量发展的需求有很大差距，这迫切需要河南省加快提升发展速度，努力缩短差距，在保持适度增长速度的基础上，提高科技供给的质量和效益，为全省经济高质量发展提供强大的动力支撑。

（二）企业创新主体地位不强

企业的性质决定了企业应是创新的主体，也是创新驱动经济高质量发展的主体。但当前河南企业的创新主体地位仍未确立，企业作为创新驱动经济高质量发展主体的作用仍未显现。一是企业创新意识不强。创新意识是企业研发、创造的出发点和内在动力，是企业技术创新的前提。但目前河南许多企业特别是中小企业普遍存在追求短期效益，创新意识不足的问题；在产品制造等行业，中小企业多以引进、模仿为主，对创新的风险和收益估计不足，认为自主创新的投入大、风险高、周期长，不愿意花大力气去开发新产品。二是企业研发投入不够。研发经费的投入是企业技术创新的基本保障。从 2018 年的数据来看，河南省大中型工业企业研发经费内部支出与主营业务收入之比为不足 2%，而发达国家企业的研发投入强度一般会在 5% 甚至 10% 以上。此外，据调查，河南过半的企业没有研发中心，甚至没有专门的科技研发人员和经费，更谈不上科技开发项目和新产品的研制。三是企业技术创新活动不均衡。河南省企业技术创新活动不均衡，主要表现为三多三少：大企业技术创新较多，中小企业技术创新活动少，大型企业资金充裕、研发力量雄厚，开展技术创新活动明显多于中小企业，且多数集中于国有大型企业，而中小企业，特别是中小型民营企业技术创新不够活跃；成果储备多，产生经济效益的少，新技术成果很大一部分没有得到很好的实施，产生的直接经济效益不足，技术创新对企业经济效益增长的支撑度不高；引进、消化吸收再创新相对较多，原始创新较少，数据显示，河南80%以上的企业创新活动是在引进、消化吸收基础之上进行的再创新，原始创新活动较少。

（三）重大关键技术自主研发能力仍较弱

近年来，河南实施创新驱动发展战略，加强自主创新能力建设，解决了一批经济发展中的重大关键技术难题，推动了装备制造、有色金属、材料等产业的改造升级，引领了新材料、新能源、智能制造战略性新兴产业的崛起。如许继集团、平高集团通过在"特高压输变电装备"关键技术的研发和突破，制造出世界最高电压等级、最长输送距离和最大输送能量的特高压输电关键装备。风电产业技术创新战略联盟通过在风力发电方面重大关键技术的联合研发，形成了百亿规模的新兴产业群，为培育壮大河南省新型电力电气装备产业提供重大技术装备和科技支撑。但是自主研发能力差的问题，一直是制约河南重大关键技术研发和突破的最主要问题，也成为河南创新驱动经济高质量发展的核心问题。由于这一问题的存在，许多企业产品升级跟不上，逐步被淘汰，制约了高质量发展。还有很多装备产品的自动化控制系统一直依靠进口，至今仍未改变。造成这一问题的原因，一是因为全社会创新创造的意识薄弱，企业单纯追求发展的速度和短期经济效益，缺乏研发的意识和动力。二是因为全省科技创新能力不强，目前河南只有郑州大学、河南大学两所"双一流"高校，原始创新能力较弱，高水平研发团队和领军人才更是匮乏。三是重大关键技术研发的经费投入不足。由于重大关键研发都是非通用、非批量化的创造性活动，前期投入大，研发周期长，需要大量的资金支持，没有资金支持寸步难行。河南省政府通过实施重大科技专项等措施，不断增加对重大关键技术研发的投入，但河南省目前投入社会的研究开发费用有限，用在重大关键技术上的更是少之又少，且覆盖面较窄，远不能满足全省产业发展在这方面的需求，阻碍了经济高质量发展的进程。

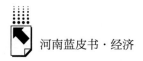

三 创新驱动河南经济高质量发展的对策建议

针对创新驱动河南经济高质量发展面临创新能力支撑不足方面的困境，需通过持续深化体制机制创新和开放创新、加快培育引进创新引领型人才、加快建立财政长效投入机制、加快民生领域科技创新等措施为创新驱动河南经济高质量发展提供支撑与保障。

（一）持续深化体制机制创新和开放创新，为创新驱动经济高质量发展提供活力

河南作为内陆省份，更需要进一步解放思想、开阔视野，深化科技体制改革，扩大科技对外开放，以改革破除制约创新驱动河南经济高质量发展的体制机制障碍，激发创新的活力，以开放汇聚创新资源，让更多创新资源为河南所用，让更多技术向河南转移、更多成果在河南转化。首先，重塑创新导向的科教体制。目前河南科教体制存在诸多问题：科技市场发育不健全，科技机构很难根据市场需求决定研究什么，科技成果转化缺乏有效的载体和纽带；教育效率低下，高校培养出的人才难与企业人才需求相匹配，大量人才闲置的同时，伴随着较大的人才缺口。因此，必须改变这种教育科技资源错配与浪费的现象，重塑创新导向的科教体制，支撑创新驱动河南经济高质量发展。其次，利用郑洛新国家自主创新示范区、郑州航空港综合实验区等国家战略优势和先行先试的权利，争取国家教育体制改革试点在示范区、试验区内大胆先行先试，建立面向国际、面向市场、面向现代化的科技教育主体，赋予科研机构与教育机构更多的科研与教学自主权，充分发挥市场的资源配置作用，使人才需求与人才供应相匹配。再次，完善科技成果转化体制机制。建立公平合理的评价机制，完善科技成果转化的评价体系。创建科学合理的利益分配机制，政府要加大对科技成果转化的科技奖励，科技资金支持的科研项目要将"科技成果转化率"作为一项重要指标。建立健全科技成果转化支持系统、服务系统，加快技术咨询、科技企业孵化器、高技术创

业服务中心、技术检验检测机构等的建设，为科技成果转化提供人才、资金、信息、市场开拓等一系列服务。发挥企业在科技成果转化中的主体作用，建立政产学研用相结合的技术创新体系，为创新驱动河南经济高质量发展提供强大动力。最后，要结合河南经济社会发展的特色和优势，建立高效的科技创新资源统筹协调机制。加强与科技部等国家部委以及其他省份科技厅的会商，加强省政府与各辖市的沟通，形成国家、省、市之间紧密联动的上下统筹的协调机制，提升科技资源的流动和配置效率，增强科技创新活力。建立科技、经济、产业、土地等部门的配合协调机制，统筹资金、人才、土地等要素，优化、整合科技创新资源，在此基础上形成一种有利于知识等创新资源在河南区域范围内循环流转、应用和创造的制度体系，为创新驱动河南经济高质量发展提供强大保障与活力。

（二）加快培育引进创新引领型人才，为创新驱动经济高质量发展提供智力支撑

人才是第一资源，是河南特色区域创新体系建设的核心战略资源。建设人力资源开发体系首先要坚持科学谋划，抓好人才发展的宏观布局。要从全局和战略的高度，充分认识人才队伍建设的重要作用，树立科技创新以人为本、人才是第一资源的爱才理念，增强引进和开发高层次科技创新人才的紧迫感和使命感。积极科学谋划当前和今后一个时期内河南人才发展的战略目标、指导方针、重大举措和基本路径，确保人才资源开发与发展和创新驱动河南经济高质量发展相适应。其次，要加大高层次人才引进与培训力度。通过加大资金投入、完善人才引进政策、加强人才引进平台载体建设，集聚更多的高层次人才来河南创新创业。积极实施国家高层次人才特殊支持计划、国家创新人才推进计划、省高层次创新型科技人才队伍建设工程等重大科技人才计划，培养和引进一批中原学者、长江学者、科技领军人才。要坚持领军人才引进与创新团队引进相结合，特别是根据河南智造及新能源、新医药、新材料等新兴产业的发展规划，引进急需的高层次人才和创新创业团队。最后，要优化调整人才结构。对人才资源进行整体统筹、科学配置，做

到人才资源优势互补。谋划、调整人才的专业素质结构、层级结构、分布结构，以人才合理布局促进河南区域协调发展，以人才结构升级引领创新驱动经济高质量发展。

（三）高标准建设郑洛新国家自主创新示范区，为创新驱动经济高质量发展提供核心引擎

郑洛新国家自主创新示范区是国家赋予河南创新驱动经济高质量发展的重大战略载体。应以更高的标准、更大的力度，做好郑洛新国家自主创新示范区建设工作。加快自创区产业转型升级。培育轨道交通、新能源客车、超硬材料等3~4个具有核心竞争力和影响力的优势产业集群，加速推动自创区主导产业和新兴产业纵向成链、横向成群、区域协同的发展态势，围绕优势产业继续深挖创新龙头企业的创新需求，突破一批核心关键技术，培育壮大一批具有核心竞争力和影响力的创新引领型产业集群。科学有序复制推广创新政策，释放自创区发展红利。总结复制推广郑州、新乡片区体制机制改革经验，在省内国家级高新区推行，进一步完善改革创新方案，并在此基础上，引入第三方专业化机构进行评估论证，形成成熟的模式，逐步向全省其他科技园区复制推广；做好国家第二批支持创新相关改革措施的复制推广落实工作，争取在知识产权保护、科技成果转化激励、科技金融创新、军民深度融合、管理体制创新等方面实现新突破。

（四）加快建立财政长效投入机制，为创新驱动经济高质量发展提供财力支撑

财政资金投入是创新驱动经济高质量发展的基础动力。建议按照相关法律法规规定，在创新驱动经济高质量发展的资金投入方面，建立长效投入机制。一是在编制财政预算时要充分考虑创新驱动经济高质量发展的实际需求，增加科技研发等投入，预算编制和预算执行中的超收分配，都要体现持续稳定增长，进一步夯实创新驱动经济高质量发展的基础。二是建立政府资金集中支持制度，打包国家、省有关科技创新的项目支持资金，一定时期内

集中支持某一个带动性强的科技创新项目，使资源优势更快地转化为产业发展优势。三是要设立专项发展基金，吸引社会资本共同投入创新驱动经济高质量发展，建议推动投融资体制改革。通过整合现在的各类财政资金，设立专项投资引导基金，通过引导基金吸引其他投资基金。发挥财政资金"种子"作用，引导社会资金集聚，实现资金可持续循环利用，充分利用政府的资源优势，吸引大型国企以及其他机构投资者与引导基金合作，吸引社会资本、天使基金等资本投入，引导更多金融资本进入创新驱动经济高质量发展。四是建议优化财政资金投入结构，使有限的财政经费发挥更大的作用。要改变以往小而散的做法，突出重点，支持影响创新驱动经济高质量发展的关键项目和作为科技发展基础的研究与开发项目，通过资金投入的吸纳和改向，促进创新驱动经济高质量发展。建议在郑洛新国家自主创新示范区内先行先试由民间资本发起设立自担风险的民营银行、金融租赁公司和消费金融公司等金融机构，同时通过完善金融政策，吸引更多的外资银行和台资银行来河南设立分支机构，为创新驱动经济高质量发展提供资金支持。

（五）促进民生领域科技创新，为创新驱动经济高质量发展打牢民生根基

民生福祉是创新驱动经济高质量发展的目的所在，也是高质量发展的终极目标。促进民生领域科技创新，可以提升在创新驱动经济高质量发展中人民的获得感与满意度，提升民众对经济高质量发展的参与度。一要加强人口与健康领域科技创新，努力提高全民健康水平。加大疾病防治、卫生保健、优生优育等先进实用技术的研究开发力度，促进实用健康技术和产品在农村、社区的推广应用，建立与农村和社区急病救治、健康需求相适应的适宜技术示范工程和医疗技术保障体系；加强重大疾病临床规范化综合诊治技术的应用研究与开发，开发早期诊治、药物治疗、个体化治疗新技术和新方法，提升河南临床医学科技创新水平和成果转化能力；加强医药和医疗器具及产品开发。二要加强公共安全领域科技创新。加强食品、药品安全关键技术研究，为保障人民群众的食品安全提供技术支撑；加强生产安全关键技术

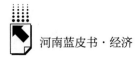
研究，为实现安全生产提供技术支撑。三要加强城镇发展领域科技创新，提升科技创新支撑新型城镇化能力。特别是加强村镇人居与生态环境技术研究与城镇化建设关键技术研究，为创新驱动经济高质量发展打牢民生根基。

参考文献

金培：《关于"高质量发展"的经济学研究》《中国工业经济》2018 年第 4 期。

林园春：《创新创业服务生态链形成机制与优化策略》，《中州学刊》2017 年第 7 期。

徐忠：《经济高质量发展阶段的中国货币调控方式转型》，《金融研究》2018 年第 4 期。

林园春：《创新创业生态服务链：理论内涵与政策启示》，《区域经济评论》2015 年第 5 期。

周波：《如何看待建设现代化经济体系与高质量发展》，《国际贸易问题》2018 年第 2 期。

黄辉：《我国经济高质量发展的关键途径分析》，《创新科技》2018 年第 1 期。

郭春丽、王蕴、易信、张铭慎：《正确认识和有效推动高质量发展》，《宏观经济管理》2018 年第 4 期。

国家信息中心课题组：《2018 年一季度中国经济形势预测分析》，《发展研究》2018 年第 4 期。

程春生：《推进实体经济高质量发展》，《社科纵横》2018 年第 9 期。

李四能：《"绿色 + 创新"推动经济高质量发展》，《企业文明》2018 年第 9 期。

林园春：《推动跨境电商高质量发展》，《河南日报》2019 年 2 月 1 日。

B.17
河南着力发展开放型经济的思考与建议

汪萌萌*

摘　要： 河南着力发展开放型经济，既是贯彻落实中央决策部署的具体行动，也是培养、引入高端要素，以开放升级推动经济高质量发展、实现中原更加出彩的战略举措。要顺应开放型经济从需求主导的数量型开放向供给引导的质量型开放发展的趋势，着力培育、提升高端生产要素，营造优质营商环境，扩量提质双向直接投资，夯实现代产业支撑力，增强开放大平台、大通道能级，使开放型经济成为推动河南经济高质量发展的重要动力和战略支撑。

关键词： 河南省　开放型经济　营商环境

一　河南着力发展开放型经济的重大意义

（一）是河南畅通经济循环、建设现代化经济体系的重要支撑

开放型经济是新时代河南建设现代化经济体系的重要组成部分。在开放型经济中，现代化市场体系被不断完善，市场的决定性作用得到充分体现，政府定位更加科学，生产要素、进出口商品与劳务流动的成本较低，因此有助于社会实现资源的优化配置、提高经济效益，而这些是现代市场体系的本

---

* 汪萌萌，河南省社会科学院经济所科研人员，经济学硕士。

质要求。因此，着力发展开放型经济，围绕探索建立市场配置资源的有效机制，完善经济运行宏观调控模式，持续优化市场内、外部环境，可以在区域内推动科创、能源、物流、产业、信息的融合，畅通、加速河南经济循环；通过强化中心城市开放引领作用，以区域大城市或产业集聚中心城市为依托，汇集高端产业和高端人才，提升卫星城配套功能，可以促进服务经济快速发展，优化现代化经济体系中的产业结构；发展开放型经济，可以有效倒逼市场经济法制化、开放化，加速形成开放健全的金融体系，实现政务、法治、社会环境全面提升；通过着力推动开放型经济结构性改革，畅通制度供给、服务供给、要素供给渠道，提高金融体系服务实体经济能力，形成国内市场和生产主体、经济增长和就业扩大、金融和实体经济发展互济的良性循环，同时形成现代化经济体系的重要支撑力。

（二）是河南推进发展动能转换、服务经济高质量发展的强大动力

开放型经济具有市场化程度高、创新活力强、市场主体多、体制机制活、市场规模大的内在属性，又发挥着倒逼国内、省内加快改革、创新和发展步伐的积极作用，是推动河南经济战略性调整、提高经济发展质量和效率的重要力量。当前，河南正处在奋力提升高质量发展的层次、决胜全面建成小康社会、多彩汇集浓彩的关键阶段，无论是强化以开放创新驱动为发展导向，营造公开公正的营商环境，深度融入国家"一带一路"倡议发挥好关键节点作用，还是加快内陆开放高地、经济强省建设，都要求河南着力发展开放型经济作为重要支撑。可以说，河南要实现经济高质量发展，这就要求全省着力发展开放型经济，强化开放引领创新、开放倒逼改革的促进作用，加快形成区位、产业、营商环境和政务环境等新优势、培育新动能，增强对全省经济高质量发展的带动力和支撑力。

（三）是河南打造内陆开放高地，扩大高水平开放的必然选择

河南作为引领内陆地区加速崛起的开放大省，发展开放型经济的地位、优势和潜力日益凸显，产业、政策、法治环境不断改善，已经具备全方位、

高水平开放的基础，但是开放体制机制不活、开放载体不强、开放层次领域不深的问题仍然存在。着力发展开放型经济有助于推动传统农业、制造业加速开放进程，推进电子通信、医疗卫生、教育培训、咨询服务等领域对外合作交流，分步骤、稳妥开发金融业国际业务；有助于扩大河南地处连接东西、贯通南北的交通物流枢纽的区位优势，能够充分发挥河南开放载体制度创新示范、开放引领、技术升级，进而形成区域经济增长极的作用；有利于河南加快贸易强省建设，推动对外贸易由短期的数量增长向长期的结构调整转变，实现稳外贸、稳外资、稳份额、优结构、强创新的发展目标。

（四）是河南推动区域协调发展，实现经济结构战略性调整的重大举措

在全球、全国产业重新布局、经济进入高质量发展阶段的大背景下，河南通过着力发展开放型经济，可以加快区域间开放由商品和要素流动为主导向制度型引领开放转变；以壮大中原城市群和郑州建设国家中心城市为契机，通过增开内陆城市国际客货运航线，发展河海联运，以及铁、公、航等多式联运，有利于完善区域间、城乡间的交通物流体系；为大中小城市、乡村错位、联动、融合发展奠定坚实的现实基础，有助于加快形成横贯东中西、联结南北方、沟通亚欧的对外经济体系；能够有效促进区域合作产业园区建设，促进城乡间、城市间、城市群之间贸易、投资、技术创新协调发展，推动区域产业结构转型升级；通过对内开放和对外开放双管齐下，积极探索承接产业转移新路径，有助于把东部地区产业转移到河南，发挥中部比较优势、推动产业优化升级结合起来，创新贸易模式，有利于吸引先进地区企业将生产、组装、原材料配套和创新研发、结算支付等部门等向内陆地区转移或设立分支机构，从而加快内陆中心城市发展壮大，形成推动区域协调发展、经济结构战略性转型的重要动力。

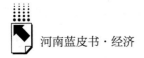

二 河南着力发展开放型经济的基础和环境

（一）政策设计不断优化

河南省委审议并制定国家层面的《中国河南与卢森堡"空中丝绸之路"经贸合作发展规划》，提出 23 项发展任务，明确了河南融入"一带一路"建设的主攻方向；出台了《关于扩大对外开放积极利用外资的实施意见》《省级境外经贸合作区申报审核工作指南》，加快外商投资管理体制改革和支持外商投资企业发展，加速进入"备案时代"，推动境外经贸合作区提质增效；研究制定《2019 年全省以高水平开放推动高质量发展行动计划》，提出"五区联动、四路并进"开放新思路，提升改革创新示范功能；出台了构建跨境电商全省联动发展规划，确保 EWTO 核心功能集聚基础设施建设、人才韧劲、企业入驻等有序推进，双向投资愈加便利，交通物流设施不断完善，开放领域日渐放宽，开放型经济体制机制不断完善。

（二）物流枢纽建设初步成型

一是立体交通网络日趋完善，《郑州国际航空货运枢纽战略规划》《郑州铁路枢纽总图规划（2016～2030 年）》相继获批，郑州机场已开通航线 236 条，辐射全球近 200 个城市。二是以郑州为中心的城际公路、铁路建设加快推进，高铁网覆盖全省、辐射全国，同时，地铁、BRT 等轨道交通进入网络化、常态化运营时代。三是网上物流通道能级凸显，2018 年，郑州保税区郑州航空港综合经济试验区跨境电商进出口业务高速增长，全年共完成 2114.38 万单，实现交易额 23.78 亿元，其跨境电商业务单量、交易额占中国（郑州）跨境综试区的比重大、引领作用强。四是陆海空立体开放通道全面发力，"空中丝绸之路"航程远、覆盖范围广，基本形成了连接东亚和欧洲的空中经济通道；"陆上丝绸之路"穿越国境、沟通亚欧，中欧班列

（郑州）推动欧亚经贸合作的作用日渐增强；对接"海上丝绸之路"成效显著，海、铁、内河水运与沿海港口无缝衔接等不断推进。

（三）对外贸易渐入佳境

一是规模总量大，2018 年河南进出口总值首次突破 5500 亿元，达到 5512.7 亿元，增长 5.3%，总额稳居中部第一，其中出口 3579 亿元，居全国第 8 位，增长 12.8%，高于全国平均增幅 5.7 个百分点。二是参与企业多，2018 年开展对外贸易业务的企业有 7747 家，其中进出口总值超 1 亿元的企业 354 家，比上年增加 44 家，民营企业进出口 1501.2 亿元，占全省的 27.3%，增长 23.3%，增速最快、活力增强。三是出口产品结构持续优化，高新技术产品出口持续发力，2018 年出口额为 2277.4 亿元，占全省的 63.6%，增长 10%。四是服务贸易亮点突出，2018 年全省服务外包接包合同执行额 8.7 亿美元，增长 153.5%，其中离岸外包执行额 2.7 亿美元，增长 213.6%，对外合作交流日益频繁。

（四）开放平台带动效应显著

2018 年，郑州航空港外贸进出口总额达到 498.1 亿美元，占河南进出口总额近七成；"空中丝绸之路"越织越密、越织越广，多式联运进展迅速，郑州机场客货运量持续领跑中部地区，年货邮吞吐量突破 50 万吨，首次跻身全球机场 50 强。目前郑州机场不论是货运能力、全货机航线数量，还是航班数量及通航覆盖城市数量均居全国第 5 位，并与全球前 20 位货运枢纽机场建立了良好的合作关系，在其中 15 个机场建立了航点，基本形成覆盖欧美亚三大经济板块、联通全球主要经济体的航线网络，成为中国内陆地区连接"空中丝绸之路"的重要机场；高水平建设自贸区成效显著，制度创新成果丰富，五大服务体系加快构建。企业投资项目承诺制进展顺利，全年新设企业 2.63 万家，累计达到 4.99 万家，注册资本 3011 亿元，累计达到 6190 亿元。国务院印发支持自贸试验区加快改革创新步伐，明确支持郑州机场利用第五航权承接国际中转业务。跨境电商发展成果喜人，2018

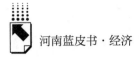

年跨境电商交易额增长 25.1%，政务改革、机制创新不断推向深入，在全国形成示范效应。

（五）招商引资成果丰硕

一是投资促进成效显著，2018 年全省对外投资中方协议投资额 22.4 亿美元，增长 27.3%，其中单笔投资额超过 5000 万美元的项目有 13 个。在河南落户的世界 500 强企业数量达到 127 家，国内 500 强企业达到 158 家。二是与"一带一路"沿线国家经贸关系更加紧密，外资流向更加合理，其中 2018 年全省实际利用"一带一路"沿线国家投资增长 24.5%，服务业利用外资占比达到 43.6%。三是省外投资合作持续向好，2018 年全省服务业实际到位省外资金增长 7.9%，其中批发零售业、商务租赁、医疗保健、学前教育增长尤为迅速，全省新设省外资金项目 5160 个，区域间经贸交流日益频繁。四是对外投资主要集中在航空服务、飞机维修租赁、生物科技、医药保健和医疗技术等高附加值、创新要素集中的领域。

三 河南着力发展开放型经济的突出短板

（一）开放型经济综合实力不强

对外贸易进出口总额偏低，2018 年河南省进出口总额为 5512.72 亿元，与广东省（71618.4 亿元）、江苏省（43802.4 亿元）、浙江省（28519.0 亿元）和山东省（19302.5 亿元）差距明显；招商引资成效不显著，2018 年全省实际使用外商直接投资 179.02 亿美元，比上年增长 3.9%，实际利用省外资金 9647.1 亿元，增长 5.9%；对外劳务合作减少，全年对外承包工程和劳务合作业务新签合同额 37.44 亿美元，比上年下降 0.1%；营业额 34.48 亿美元，下降 27.7%。

（二）省内开放型经济区域发展不均衡

郑州市 2018 年货物进出口总额占同期全省外贸总值的 74.5%，南阳、焦作、洛阳、济源、三门峡、许昌等 7 市超 100 亿元，但还有 2 个县市不到 3000 万元；56 个对外开放重点县市区中，超 10 亿元的 11 个，但还有 3 个县市区不到 300 万元，最低的仅有 2 万元。引领型、外向型企业数量不足，2018 年河南进出口超 50 亿元的企业仅有富士康、中原黄金、豫光金铅、宝聚丰 4 家，超 10 亿元的有 33 家，其中民营企业中有郑州宇通客车集团、风神轮胎股份有限公司进出口额在全省占比较大。总体来看，全省进出口龙头企业数量少，开放型经济的产业基础还比较薄弱。

（三）现代产业支撑力不强

一是外贸综合服务企业数量少、影响力不足，河南严重缺乏在全国叫得响的外综服企业。二是河南商用 5G、工业互联网、人工智能和物联网等新型基础设施建设严重滞后，不足以对开放型经济中的新业态、新模式发展形成有力支撑，因此导致河南出口方式、出口产品结构的不合理，比如，2018年河南出口超 10 亿元的多为资源型和劳动密集型企业，尚处在"微笑曲线"的中间部分，另外加工贸易是河南融入国际价值链的主要方式，而附加值较高的服务贸易发展极为缓慢。三是创新能力不强，近年来支撑河南机电产品和高新技术产品出口的主要是从事智能手机生产的加工贸易企业，虽然这种贸易方式有助于扩大进出口总量、增加本地就业和加速要素集聚，但是在培养高端要素、升级竞争优势，从而促进产业转型升级方面，作用并不明显。

（四）开放平台、通道的政策优势没能充分发挥

一是开放通道未能充分融入"一带一路"建设，作为沟通中欧的重要通道，郑欧班列实际运营班次、距离不足，服务"一带一路"对外贸易的实效不高；郑州航空港货邮吞吐量不足，与其建成沟通中西、贯通南北的物流枢纽的战略地位不相匹配，2018 年河南新郑机场的货邮吞吐量约为 51 万吨，全国排名第七，与上海、北京、四川双流等机场差距较大。二是开放平台，比如河南郑州自由贸易试验区、郑州跨境电子商务试验区开放门户的带

动作用没有充分发挥，尤其未能有效凝聚、引领郑州周边县市参与融入"一带一路"开放格局中去，中原城市群未能形成协调联动开放发展的态势，开放区域发展不平衡、非省会城市开放发展不充分的问题尤为突出。三是产业集聚区可持续发展能力不足，同质化经营、无序竞争情况严重，生产要素利用效率不高、企业主体自主创新能力不强等问题突出。另外，产业集聚区企业综合服务体系建设滞后，未能发挥河南省招商引资和外贸出口的重要增长点的作用。

四　河南着力发展开放型经济的对策建议

（一）培育外贸竞争新优势

一是以国家稳外贸政策为统领，构建退税资金池，积极推广"外贸贷"等政策，持续提升贸易便利化水平，简化环节，重点突破，建立贸易便利化多部门协调制度，优化外贸发展环境。二是积极开拓国际市场，以重点行业、优势产品为主要推广对象，政企联合举办一批境外展销活动，并以广交会、加博会、东盟博览会等经贸活动为平台，增强河南优质企业、产品的知名度，助力企业抢抓国内、国际订单；探索成立重点行业产业联盟，使行业约束和市场作用相结合，减少低价恶性竞争。三以壮大服务贸易为突破口推动对外贸易结构升级，推广服务贸易创新试点经验，以境内外服务贸易产业转移为契机，发挥河南在文化贸易、运输服务、国际会展等高成长领域的比较优势，培育服务贸易新优势，扩大服务出口。四是围绕郑州建设全国服务外包示范城市的目标，支持和引导各类服务外包企业扩展业务、做大做强；推进洛阳省级服务外包城市建设，加强与国际服务外包企业战略联盟合作，探索建设数字服务出口基地。

（二）强化开放平台、通道功能

一是围绕高水平建设中国（河南）自由贸易试验区的目标，积极借鉴和推广实施上海、海南等自贸试验区先进经验，结合河南自身特点，推动自贸试验区深化体制机制改革、强化创新创业制度支撑；持续深化五大服务体系建设，对标国际规则，尤其是要加快打通与"一带一路"沿线国家的制度通道，提高与国际贸易投资规则的契合度。二是鼓励跨境电商综试区创新发展，以加快 EWTO 核心功能集聚区建设为契机，培育和引进各类跨境电子商务市场主体，优化跨境电商制度、营商和市场环境，拉长跨境电子商务营销、物流、支付和售后服务等交易链条。三是大力发展跨境电商园区，推进跨境电商人才培训和企业孵化平台运营常态化，推进全省以产业园区为关键点联动发展。四是提速"四路协同"发展，完善"空中丝绸之路"基础设施和配套服务体系，支持和鼓励组建本土客货运航空公司，大力引进国内外知名航空物流服务企业。以郑州—卢森堡"空中丝绸之路"专项规划为突破口，积极筹备第五航权业务开展，夯实承办国际中转业务的基础；拉长、织密"陆上丝绸之路"，积极对接、贯通满洲里、绥芬河口岸线路，在实现中欧班列（郑州）常态化运行的基础上提高开行数量；提高"网上丝绸之路"的服务质量和用户体验，优化跨境电商包括仓储、物流、售后服务等供应链体系，积极拓展跨境电商国内外市场，引进、培育跨境电商大型销售、物流、支付和售后服务等综合服务企业；推进"海上丝绸之路"内外连接，加快建设"郑州港"内陆港，通过提高海铁联运、公海联运的效率提高"郑州港"的物流枢纽功能。

（三）营造国际一流营商环境

一是着眼于节约外资企业成本，提高外商投资企业的合法性、安全性和稳定性，稳步推进外资管理体制改革，加快实现外资企业设立备案制度和工商登记多部门联合办公；围绕不断提升贸易便利化水平的目的，减少通关时间，降低进出口环节收费，提高出口退税服务质量和优化商品存储环境，加快国际贸易"单一窗口"建设；分区域研究学习、积极对接各国的经贸规则，加快出台本地区产权保护条例，推动形成有法可依、通关便利、国际一流的营商环境。二是持续放宽市场准入，全面实施准入前国民待遇加负面清单管理制度，精简、明确负面清单，促进外商投资便利化，简化外商投资企业设立流程。三是千方百计激活民间有效投资，逐步减少甚至消除针对民间投资的政策限制。四是要完善营商环境指标体系和监测评估机制，提高对企业的持续性、针对性的咨询服务；加快建立河南省政府和企业家交流、反馈和分享平台，及时协调解决企业所遇到的各种具体问题，加快营造亲商安商的市场环境；政府主导、企业参与，加强国际商法培训交流，形成外商投诉权益保护政、企联动机制。

（四）坚持"引进来"和"走出去"并重

一是优化进口行业和区域分布，围绕高端制造、节能环保、现代服务业等领域，分领域、分行业策划举办产业对接和经贸活动；积极对接青岛、广州、大连等地区日韩企业，精准招商，举办日韩企业对接洽谈活动；抢抓京津冀、长三角、珠三角等地区部分产业饱和、转移的机遇，精准招商，主动对接、洽谈，使承接国内产业转移落向实处。二是积极扩大进口规模、提高进口产品质量，在继续大力引进和集聚国际先进要素的同时，注重提升、整合各类先进要素，提高协同创新的能力；积极走出去，有选择性地吸收国际先进生产要素，以资本等高级生产要素跨境流动为纽带，带动区域全面对接全球价值链和产业链。三是提高服务外资企业的能力，分行业、分区域建立行业协会，拓宽本地企业与外资企业交流渠道；提高招商人员的专业能力，建立产业招商、智库咨询和政府服务的招商联盟，培养一大批专业程度高、具有国际视野的招商人才队伍。四是围绕实施"豫企出海"工程，加快《中国河南与卢森堡"空中丝绸之路"经贸合作发展规划》编制、签署和实施工作；大力培育本土跨国公司，支持本地优势企业探索实施跨国经营战略，鼓励企业通过并购海外品牌、营销渠道、研发设计等，实现跨越式发展；鼓励企业面向"一带一路"沿线国家有针对性地开展劳务人员培训和企业间交流合作，提高企业输出劳务的质量。

参考文献

河南省委：《河南省委十一次党代会工作报告》。

习近平：《决胜全面建成小康社会　夺取新时代中国特色社会主义伟大胜利》。

河南省统计局：《2018 年河南省统计年鉴》。

裴长洪：《中国特色开放型经济理论研究纲要》，《经济研究》2016 年第 4 期。

吴杨伟、王胜：《中国贸易优势培育与重释》，《经济学家》2017 年第 5 期。

洪银兴：《以创新支持开放模式转换》，《经济学动态》2010 年第 11 期。

B.18
河南促进民营经济健康发展的对策建议

高　璇[*]

摘　要： 改革开放以来，河南民营经济得到较快发展，发展规模、速度和质量都有了较大程度的提高，已逐渐成为引领河南经济发展的"主力军"。在看到发展成绩的同时，也要清醒地认识到，当前河南省民营经济发展环境悄然改变，国际国内复杂多变的宏观经济环境给民营经济高质量发展带来了挑战。此外，河南正处于结构不优、活力不足、动力不够等经济发展难题叠加期，这也为河南民营经济发展带来困难。面对河南民营经济发展的内外部难题，应在内外两方面发力，促进民营经济健康发展。

关键词： 河南省　民营经济　营商环境

党的十八大以来，以习近平同志为核心的党中央高度重视民营经济发展，明确提出，公有制经济和非公有制经济都是社会主义市场经济的重要组成部分，都是我国经济社会发展的重要基础。2018年11月1日习近平总书记在民营经济座谈会上的讲话，再次充分肯定了民营经济的重要地位和作用，会议指出应鼓励民营企业进入更多领域，引入非国有资本参与国有企业改革，国家保护各种所有制经济产权和合法利益，坚持权利平等、机会平等、规则平等，废除对民营经济各种形式的不合理规定，消除各种隐性壁

---

* 高璇，河南省社会科学院经济研究所副研究员，经济学博士。

垒，激发民营经济活力和创造力。这为我们支持民营经济健康发展指明了正确方向，提供了根本遵循。

改革开放以来，河南民营经济得到较快发展，发展规模、速度和质量都有了较大程度的提高，已逐渐成为引领河南经济发展的"主力军"。从规模上看，2017 年全省民营企业数量达到 113.1 万户，占全省企业总数的87.9%；从总量上看，2017 年全省民营经济增加值达到 2.9 万亿元，占生产总值的比重为65%；从质量上看，2017 年全省民营企业上缴税金 2674.7 亿元，占全省税收的61.8%；从社会贡献上看，2017 年民营企业技术创新投入和新产品产出占全省的70%，民营企业就业人数占城镇就业人数的80%。在看到发展成绩的同时，也要清醒地认识到，河南民营经济还面临诸多难题，这就需要着力练好企业内功、着力推动企业家队伍建设、着力优化营商环境、着力构建亲清政商关系，促进民营经济持续健康发展。

一 形势紧迫，河南民营经济发展环境悄然改变

当前国际经济形势复杂多变，全球经济复苏进程中风险积聚，保护主义、单边主义明显抬头，给河南经济和市场预期带来诸多不利影响；当前我国正处于经济由高速增长阶段转向高质量发展阶段的转型期，正处于质量变革、效率变革、动力变革的攻坚期，正处于消费结构调整、供给结构优化的过渡期，经济高质量发展必然给河南省企业发展带来诸多转型升级压力。当前河南正处于结构不优、活力不足、动力不够等经济发展难题叠加期，河南民营经济发展面临巨大挑战。

（一）国际经济环境面临挑战，外部不确定性增加

当前，世界经济虽然有一定程度的复苏，但还没有恢复到强劲、可持续的增长轨道上。与此同时，复兴主义、民族主义、民粹主义和外交中的孤立主义强势崛起，全球化面临挑战，对河南民营经济发展形成利空。一是特朗普减税法案的实施，美国经济将获得消费和投资增长的强劲支撑，在资本追

求更高更确定收益现实驱使下，将引起国际资本向美国回流，对国内民营经济资金面产生一定影响。二是美联储加息与缩表，会继续拉大美中两国的利差，在利率平价底层规律的作用下，会对人民币形成中期的贬值压力，造成国内货币市场的不确定性，在这种不确定下将会对一些出口型民营企业产生影响，特别是那些为出口企业配套或处在产业链上的民营企业将会受到拖累。对河南来说，国际环境的不确定性将增加民营企业出口和融资的难度，外向型民营经济发展将会受到一定影响。

（二）我国经济发展阶段转换，转型升级压力增大

当前，我国正处于经济由高速增长阶段转向高质量发展阶段的转型期，正处于质量变革、效率变革、动力变革的攻坚期，正处于消费结构调整、供给结构优化的过渡期。从宏观发展阶段来看，经济高质量发展给企业发展提出了更高的要求，传统依靠扩大规模、增加投入等粗放型的发展方式显然已不能适应经济高质量发展的需要，这就必然要求企业转型升级，推动企业高质量发展。从中观产业发展需求来看，经济高质量发展必然要求优化产业结构，传统依靠能源消耗、环境消耗等为代价的发展模式随着资源环境约束日益趋紧而面临重大冲击，这就必然要求企业转型升级，通过智能改造、绿色改造、技术改造，推动产业链再造和价值链提升。从微观企业发展要求来看，经济高质量发展必然带来消费结构全面升级，需求结构快速调整，对供给质量和水平提出了更高要求，必然给企业带来转型升级压力；在结构调整过程中，行业集中度一般会上升，优势企业胜出，这是市场优胜劣汰的正常竞争结果。市场有波动、经济有起伏，结构在调整、制度在变革，在这样一个复杂背景下，河南部分民营企业遇到困难和问题是难免的，是客观环境变化带来的长期调整压力。

（三）河南经济发展难题凸显，健康发展难度加大

改革开放以来，河南经济有了较大幅度提升，但随着经济迈向高质量发展，结构不优、活力不足、动力不够等经济发展难题日益凸显，成

为阻碍河南民营经济发展的主要障碍。从发展结构上看，长期以来，河南省基于资源优势，逐步形成了以能源、原材料为主的民营经济产业结构，短期内想要改变这一结构是较为困难的，这就为河南民营经济健康发展带来了压力。从发展活力来看，近年来河南省出台了诸多支持民营经济发展的政策措施，但由于政策措施制定偏差、政策落实不到位、政策时滞效应等诸多因素影响，导致政策措施收效甚微，这就人为加大了河南民营经济健康发展的难度。从发展动力来看，过去40年来，河南长期处于低要素价格状态，包括低土地成本、低用工成本、低环保成本、低社保成本、低资金成本，特别是基础资源一直较市场正常水平偏低，随着经济的迅速发展，劳动力成本和原材料成本的快速上升，使得民营企业过去所依赖的廉价劳动力、低资源环境成本等红利优势逐渐丧失，相应的利润空间也越来越小，民营经济发展动力不足问题凸显，这将影响河南民营经济持续健康发展。

二 比较分析，河南民营经济发展面临诸多困难

改革开放以来，河南省民营经济得到较快发展，发展规模、速度和质量都有了较大程度的提高，已逐渐成为引领河南经济发展的"主力军"。与此同时也要清醒地认识到，无论是与沿海发达地区相比，还是与自身要求相比，河南民营经济还存在诸多发展难题。

（一）总体实力较弱

经过多年发展，河南省民营经济有了较快发展，但总体实力还较弱。从市场主体数量上看，截至2017年底，全省实有各类市场主体503.18万户，民营企业总数为113.1万户，占比仅为22.5%，较浙江、江苏分别低10.2个、10.1个百分点；从发展规模上看，2017年全省营业收入超过100亿元的民营企业仅有20家，超过500亿元的企业仅有双汇1家，超过1000亿元的民营企业至今还未实现零突破，其数量大大低于浙江、江苏等地；从发展

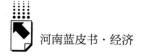

实力来看，2017年中国民营企业500强榜单中，河南仅有15家企业上榜，民营企业国内上市的公司河南仅有40家，其数量远远低于周边省份。

（二）创新能力不足

创新能力不足已成为制约河南省民营企业健康发展的主要困难。一是观念创新不足。一些民营企业"小富即安"，思想观念保守，存在思维惯性和路径依赖。时至今日，部分企业仍幻想政府出台特殊政策，不找市场找"市长"；或希望政府放松绿色安全发展方面的要求，缺乏浴火重生的思想准备，难以打赢传统观念与新发展理念的"遭遇战"。二是技术创新不足。截至2017年底，河南省仅有高新技术企业2270家，仅占全国的1.7%，位列全国第16；国家工程技术研究中心、国家重点实验室合计只有24家，不足山东省的1/4。2016年河南省研发经费投入强度为1.22%，仅为全国平均水平的58%。创新不足导致企业产品被锁定在价值链的中低端，难以打赢低水平增长与高质量发展的"遭遇战"。三是管理创新不足。多数中小企业生产经营方式粗放，缺乏精细化管理，不注重商业模式创新，企业成本高企，难以打赢粗放式经营与绿色化发展的"遭遇战"。特别是受越来越严格的环保、安全等政策影响，河南省建材、铸造、碳素、化工等民营企业转型压力越来越大，时刻面临着生与死的严峻考验。

（三）人才短缺突出

人才缺乏已成为河南省企业转型升级的突出短板。一是创新型企业家少。河南省中小企业家大多是从乡镇企业起家，有高等学历背景的少，"守摊型"的居多、创新型企业家少，在视野、思维、素质上分化明显。据统计，河南省企业家中没有技术职称的达到44%，第一学历为本科的不足20%，博士仅占1.9%。二是中高端人才少。全省每万人从事科技活动人员34人，仅相当于全国平均水平的54%；国家"千人计划""万人计划"专家数量分别比湖北、安徽、陕西少341人、238人、170人。三是高技术工人少。2017 年，全省劳动力为 6538.4 万人，职业教育累计毕业生 442 万人，仅占劳动力总数的 6.76%。

（四）营商环境较差

河南发展民营经济的理念观念相对滞后，制度性交易成本较高，隐性门槛多，"最后一公里"问题突出，政务环境、市场环境、法治环境、社会环境等方面存在一定差距，河南民营经济发展的整体氛围不浓厚。2018 年初，中国人民大学国家发展与战略研究院发布《中国城市政商关系排行榜（2017）》，对中国 285 个城市的政商关系健康指数进行排名，河南省仅有郑州进入前 20、排第 17 位，有 10 个市排在 200 名之后，在全国 31 个省、市、自治区中河南排名第 28 位。2019 年初，国家统计局开展的企业发展环境评价中，企业开办、获得电力、获得信贷、不动产登记、用水报装、用气报装等河南分别位列全国第 25、12、21、21、11 和 26 位。

三　顺势而为，促进河南民营经济持续健康发展

面对河南民营经济发展的内外部难题，应在内外两方面发力，促进民营经济持续健康发展。

（一）着力练好企业内功，促进民营经济持续健康发展

习近平总书记强调，要练好企业内功，特别是要提高经营能力、管理水平、完善法人治理结构，鼓励有条件的民营企业建立现代企业制度。一是要强化政府指导。应落实鼓励企业转型升级的政策，指导企业解放思想、更新观念，引导企业以新发展理念破除传统观念，以高质量发展突破低水平增长，以绿色化改造破解环保制约，以智能化改造提升效率，以质量品牌建设增强竞争力，对于有市场空间、有技术含量、有发展前景但暂时遇到困难的企业，要敢于支持投入，真正"扶上马、送一程"，对那些缺乏竞争力，仅靠政府补贴和银行续贷艰难维持的企业，要推动重组整合，帮助他们走出困

境。二是要强化学习。当前，我们正处于一场极为深刻的科技革命和产业变革进程中，这对人类生产方式、生活方式和管理方式都将产生前所未有的深刻影响，不仅正在颠覆很多现有的产业形态、产业分工和产业组织，而且催生出大量的新产业、新业态、新模式。河南省民营企业应积极应对这些变化，通过开展理论学习、先进地区实地考察等多种形式，帮助企业适应调整，提升自身素质，注重制度创新，健全现代企业制度；注重科技创新，加快转型升级步伐；注重产品创新，推动结构调整优化；注重模式创新，增创企业竞争优势。三是要强化人才培养。面对发展新阶段，应充分发挥河南省人力资源优势，聚焦结构调整和转型升级，实施中原"金蓝领"技能提升行动，加快培养造就一支规模宏大、结构合理、技艺精湛、素质优良的技能人才队伍，建设全球技能型人才培训供给基地，叫响"中原金蓝领"品牌，为民营企业培养一支高素质、多层次的人才队伍，以应对新形势、新阶段民营企业的人才需求。

（二）着力推动企业家队伍建设，促进民营经济持续健康发展

习近平总书记强调，民营经济要健康发展，前提是民营经济人士要健康成长。"火车跑得快，全靠车头带"，企业发展与否与企业家的领导力是分不开的。这就要求我们重视企业家队伍建设，着力建设一支高素质的企业家队伍。一是要强化政治引领。加强习近平新时代中国特色社会主义思想、社会主义核心价值观、国情省情教育，让民营经济人士认识到企业发展、个人成功从根本上都离不开党和政府关心，自觉将企业发展融入中原更加出彩的事业中来。二是要强化企业家素质提升。以强化爱党爱国意识、拓展世界眼光、提高战略思维、增强创新精神、锻造优秀品行为重点，对全省规模以上民营企业高管开展高水平、重实战、系统性的教育培训，提升民营经济人士政治理论素养和创新发展、决策管理、资本运作、市场开展能力。三是要强化正向激励。强化政治安排，把政治上靠得住、经济上有实力、热心公益事业和工商联工作的民营经济人士培养成为工商联的骨干力量，同时把这些骨干力量输送到人大、政协担任人大代表、政协委员，让他们在政治上有荣

誉、社会上有地位、经济上有贡献；建立激励机制，对具有国际视野、战略思维、敢于创新、社会责任感强的企业家应给予更多的尊重和支持；建立容错机制，对合法合规经营中出现失误失败的企业家应给予更多包容，营造宽松的环境鼓励其成长。四是要强化企业家精神。引导企业家爱国敬业、遵纪守法、艰苦奋斗，支持企业家创新发展、追求卓越，鼓励企业家履行社会责任、敢于担当、服务社会。

（三）着力优化营商环境，促进民营经济持续健康发展

习近平总书记强调，要营造稳定公平透明、可预期的营商环境。河南应围绕这一要求，持续改善优化营商环境，为河南民营经济培植根深叶茂苗壮成长的沃土。一是营造便利高效的政务环境。按照"简化事项、优化程序、强化协同"的要求，本着"该减必减、能放则放"的原则，最大限度减少审批事项和环节；按照"连、通、办"的要求，进一步规范审批流程、便民服务、办结时限、事后监督，落实领导责任、落实协调办理、落实工作部署，用"一网通办"的实效换服务企业的高效；要持续落实后降成本的政策措施，在减税、免费、降低要素成本上加大力度，切实减轻企业负担，降低企业成本。二是要营造开放公平的市场环境。要严格落实"非限则可""非禁即入"原则，不断拓宽融资渠道，开放市场准入，尤其是在金融、医疗、基础设施、民生服务、"互联网＋"创业等领域，给予民营企业更多机会，开放更大平台；要为民营企业发展提供一个与国有企业一样的平等竞争环境，支持民间资本享受平等的准入标准和优惠政策，促进市场要素自由流动和充分竞争。三是要营造公正透明的法治环境。要依法保护企业家合法权益和正常的经济活动，维护正常的市场秩序，为企业家创造宽松、安全、友善的法治环境，保障其人身财产安全，增强干事创业信心；要努力营造公平、公正、透明、稳定的法治环境，保证各种所有制经济依法平等使用生产要素、参与市场竞争、同受法律保护、同履社会责任。四是要营造诚实守信的信用环境。要建立健全社会信用体系，发挥信用平台作用，褒奖诚实、惩戒失信，真正做到让守信者畅行天下、失信者寸步难行。

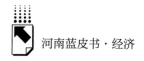

（四）着力构建亲清政商关系，促进民营经济持续健康发展

习近平总书记强调，要把构建亲清新型政商关系的要求落到实处，这就要求我们花更多时间和精力关心民营企业发展、民营企业家成长。一是要端正认识。改革开放40多年来，我国民营经济从小到大、由弱变强，经历了波澜壮阔的发展历程，也见证了社会主义市场经济体制的建立完善，推动了改革开放的不断深化，我们必须充分认识民营经济发展、民营经济企业、民营经济人士在经济社会发展中的地位和作用，意识到促进民营经济发展是我们的政治方针，支持民营经济企业是我们的政治任务，团结民营经济人士是我们的政治责任，我们必须有亲的"自觉"。二是要消除偏见。当前一些干部不敢与民营企业亲近，其中一个重要原因在于对民营经济人士的主流状况缺乏全面客观的认识。广大民营企业家是爱岗敬业、守法经营、义利兼顾、风险社会的表率，他们不仅提供优质产品满足市场需求，还提供了大量就业岗位履行社会责任；许多民营企业家都是创业成功人士，有知识、有经验、有担当、有作为，具有卓越战略眼光和管理才能。可以说，企业家是不可或缺的产业领军人才，我们要看主流、去偏见，提倡主动为企业办实事、解难题。三是增强本领。一些干部不敢、不想与民营企业亲近，除了认识上的偏差之外，还缺乏善于亲近的本领。既要亲商、安商、富商，又要是非分清，公私分明、政商分开；既要积极主动为企业排忧解难，又要对企业的活动进行正确的引导和规范；既要进一步转变政府职能，提升"亲"的服务质量，又要依法加强监管，依法处理逃税漏税、制假贩假、污染环境、侵犯产权等违法行为，确保企业守法诚信，做到依法经营、依法办事、依法纳税、依法维权。

参考文献

中央党校（国家行政学院）经济学部课题组：《坚持"两个毫不动摇"推动民营经

济高质量发展》,《人民日报》2018 年 11 月 26 日。

彭国川、康庄:《壮大民营经济　实现高质量发展》,《光明日报》2019 年 1 月 14 日。

胡兴旺、赵艳青:《优化营商环境推动民营经济高质量发展》,《河南日报》2018 年 6 月 19 日。

曾铮:《民营经济是推动高质量发展的重要主体》,《光明日报》2018 年 11 月 7 日。

刘现伟:《新时代亟须推动民营经济高质量发展》,《经济参考报》2019 年 2 月 27 日。

B.19
以"三起来"引领河南县域高质量
发展研究
——基于兰考县实践的思考

袁金星*

摘　要：　习近平总书记县域治理"三起来"重要指示是做好新时代县
域治理工作、推动县域高质量发展的行动指南。兰考县以
"三起来"重要指示精神为统领，把握新机遇，谋求新发展，
开创新局面，实现了"贫困县"向"明星县"的重大转变，
为新时代河南县域高质量发展树立了标杆、榜样。对照新时
代的坐标系和中原更加出彩的奋斗目标，必须把加快县域高
质量发展摆在更加突出、更加重要的位置，总结、宣传、借
鉴、推广兰考经验，加快以"三起来"引领全省县域高质量
发展。

关键词：　河南省　兰考县　"三起来"　县域

　　郡县治则天下安，县域强则国家强。2014 年 3 月，习近平总书记在调
研指导兰考县党的群众路线教育实践活动时强调，要准确把握县域治理的特
点和规律，把强县和富民统一起来，把改革和发展结合起来，把城镇和乡村
贯通起来，全面深化改革，促进科学发展。2018 年 11 月 29 日，省委书记

---

* 袁金星，河南省社会科学院副研究员，经济学硕士。

王国生在兰考县调研时再次强调，要深入贯彻落实习近平总书记重要讲话精神，扎实推动"三起来""三结合"在河南落地生根。"三起来"重要指示精神内涵丰富、思想深刻，对促进县域高质量发展有重大的指导意义。进入新时代，面对新形势、新任务和新要求，河南要进一步坚持以"三起来"引领全省县域高质量发展，提升县域治理体系和治理能力现代化，为决胜全面建成小康社会、为中原更加出彩奠定更加坚实的基础。

一　兰考以"三起来"引领县域高质量发展的实践探索

兰考以习近平总书记"三起来"重要指示精神为统领，适应新时代，把握新机遇，谋求新发展，开创新局面，不断推动"三起来"指示精神落实到全县经济社会发展的方方面面。经过4年多快速发展，综合实力从全省县域中下游跃升到第一方阵，由全国闻名的"贫困县"成为如今各地争相学习的"明星县"。兰考的"洼地崛起"之路是一部善于运用县域治理"三起来"重要指示精神指导解决实际问题的县域发展"成长史"。其主要开展了以下探索。

（一）把强县和富民统一起来，突出"四个聚焦"实现强县和富民共进

1. 聚焦实体经济发展，构建特色产业体系，夯实工业强县之路

一是推动家居制造及木业加工产业集聚集群发展。以建设"中国兰考品牌家居生产基地"为统领，加大以商招商、产业链招商力度，形成了以喜临门、曲美等上市企业为代表的知名品牌家居产业集群，以我国台湾崧威家具、台升家具等为代表的中高端家居产业集群，以TATA木门、大自然木门为代表的高端实木门产业集群以及以同乐居（跨境）电商产业园、中部家居网络科技示范园为龙头的家居电商产业集群等。二是打造食品及农副产品深加工全产业链集群。树立农业工业化生产理念，着力引进知名龙头企业，推进"基地—加工—销售"一体化发展，形成了以花花牛、晓鸣禽业、

禾丰牧业等知名企业为龙头，集"饲料—养殖—屠宰—食品加工"于一体的全产业链畜牧产业加工园区。三是积极发展战略性新兴产业。依托龙头企业，先后建立了国家级循环经济产业园、兰考科技园、新能源推广示范园，形成了"一园区一产业"的布局模式，持续推进新兴产业向集群化、专业化、特色化方向发展，为产业发展集聚了后劲。

2. 聚焦乡镇园区经济，以创业带动就业，扩展群众增收渠道

一是大力发展乡镇特色园区。在乡镇，按照"一乡一业"和"多乡连片一业"原则，建设 6 个乡镇特色专业园，同时，在农村大力发展群创产业，按照"一村一品"原则，重点培育了一批特色专业村、各类合作社以及农业产业化经营组织，为脱贫致富奔小康奠定了坚实基础。二是以大学毕业生、返乡创业人员和个体经营户为重点，加强电子商务知识培训和政策引导，培育了一批农村电子商务创业带头人，不断壮大涉农网商队伍。此外，还通过积极推动返乡创业特色园区和特色村创建、"小老板"培训、农民工返乡创业试点等专项行动计划的实施，推动各类返乡人才创业带动就业。

3. 聚焦稳定脱贫奔小康，创新扶贫模式，率先甩掉"贫困帽"

一是加大金融扶贫力度。创新性地探索形成了"产业发展信用贷""新三位一体"等金融扶贫贷款模式，扩大普惠授信贷款覆盖面，同时，充分利用证监会 IPO 扶贫政策扶持企业上市，让更多企业、群众受益。二是以推进行业扶贫筑牢兜底保障。对已脱贫户、一般贫困户、兜底户分别制定具有针对性的个性化、差别化帮扶政策，做到分门别类、因情施策。三是以社会扶贫模式创新促进社会和谐。实施以"爱心美德公益超市"为平台，"巧媳妇"工程、人居环境扶贫、助学扶贫为支撑的"1＋3"社会扶贫模式，通过社会捐赠、爱心企业帮扶、就业带动等形成了社会扶贫合力。2017 年 2 月 27 日，兰考退出国家贫困县序列。

4. 聚焦招商引资纳才，激发要素活力，力促强县富民上台阶

一是突出"三个围绕"创新招商模式。围绕企业做大做强，让企业在招商引资中实现综合实力的全方位提升和集群化发展；围绕"2＋1"主导产业发展壮大，重点引进产业关联度大、带动性强、提供就业岗位多的好项

目，实现"引进一个项目，带动一个产业，形成一个集群"；围绕强化服务抓落实，成立企业服务中心，实行"局长＋1"管理模式，解决企业遇到的各种问题，顺利引进了富士康、恒大、华润等一批行业龙头企业，夯实了加快发展的基础。二是实施人才优先发展战略。人才缺乏是县域高质量发展面临的突出短板，兰考县委、县政府针对这一问题，积极开展实施"兴兰英才"计划，加大人才引进支持力度，连年引进博士生、硕士生，这些新生力量的到来，为兰考今后的发展带来了蓬勃的活力。

（二）把改革和发展结合起来，突出"六个破解"实现改革和发展共享

1. 破解改革系统性不强问题，强化组织保障

在县域改革实践中，"单兵突进"很难形成"合围之势"，往往会"按下葫芦浮起瓢"，旧的问题没有解决，新的问题又会暴露。针对这一问题，兰考县委坚持高标定位、系统谋划，成立了由县委书记任组长的县委全面深化改革领导小组，下设9个专项小组，建制度、出细则，全方位带动、激励、督促各级领导干部落实改革责任，完成了一批打基础、管长远的重大改革事项，有力推动了各领域发展。

2. 破解制度创新不够问题，增加制度供给

制度制约是县域发展最根本的制约。很多地方的工作推进不快，根源就在于制度供给不够。针对这一问题，兰考紧扣习近平总书记"把改革和发展结合起来"的指示精神，把新理念、新方法、新政策等引入原有的制度体系、政策体系和工作体系，不断增加制度供给，形成了新的发展组合的能力。推进城市执法体制改革，实现了城市管理、综合执法机构的综合设置和城市管理综合执法工作全覆盖；推行"三测合一"改革，整合规划、国土、房管3个部门的测绘机构和职责，实现了数据共享，提高了服务发展效率；推行第三方工程监理制度改革，打破了"上级监督太远，同级监督太软，下级监督太难"的瓶颈；推进医疗体制改革，定点医疗机构全面实施"一站式"结算服务，提升了群众就医综合感受度。

3. 破解政策落实不到位问题，加大督查考核

县域改革层面，部分政策落实力度不到位、效果不明显，出现"最后一公里"问题和"梗阻"现象十分常见。兰考为坚决避免政策落实"打折"，加大了督查考核力度。建立大督查机制，综合运用实地督查、驻点督查、挂牌督查、抽样督查、跟踪督查、明察暗访、回访核查等多种形式，掌握实情，找准问题，研究对策，推动落实。建立健全考核评价激励机制，印发了《全面深化改革考核评价办法（试行）》，并将改革工作纳入全县综合考评中，引导各级各部门和党员干部强化责任担当。

4. 破解融资难融资贵问题，创新投融资模式

县域是一个完整的系统，发展过程中想干的事情多，但能够花的钱十分有限，这就使资金制约问题成为困扰县域发展的一个共性瓶颈。针对这一问题，兰考一手抓投融资体制改革，一手抓金融创新，千方百计缓解资金压力。善于"融"，成立7个融资平台、2个担保公司，为相关项目建设提供了有力的资金支持；多方"引"，在全省率先实施投融资企业 PPP 股权合作新模式，为老城区改造、新规划区土地储备等提供了充足资金保障；突出"新"，建立普惠金融一网通数字金融综合服务平台，中原银行格莱珉模式、华信万达"保险＋期货"模式等各种金融模式在兰考全面开花，有效缓解了资金压力。

5. 破解服务效能不高问题，激活服务"末梢"

经济水平的提升、社会结构的变迁、生活方式的改变等对传统县域社会治理方式产生了较大的冲击，企业、群众对公共服务需求呈现个性化、多样化趋势，使得县域公共服务效能普遍不高。为了疏解群众办事创业的"堵点""难点"，激活为民服务的"末梢神经"，兰考不断创新公共服务的技术手段和服务模式。推进行政审批制度改革，深化"放管服"改革，开展"减证便民"专项行动，相关审批事项全部集中在行政服务中心。推进行政服务"一窗式"改革，设置综合窗口，实现政务服务规范化、标准化、便捷化。改革社情民意工作机制，成立县、乡社情民意服务中心，村级社情民意服务站，实现了群众诉求与政府服务无缝对接。

6. 破解内生动力不足问题，提升基层凝聚力战斗力

曾经的兰考受自然条件、地域环境、经济实力等诸多因素制约，造成内生发展动力缺乏，特别是广大基层，"软弱涣散"特征明显，缺乏活力和干劲。针对这一问题，兰考抓好"党组织、村经济、村干部"三个环节，多措并举全面调动基层的积极性、主动性、创造性。深化乡镇（街道）运行管理模式改革，建立科学合理、规范高效的运行管理机制，乡级领导班子成员回归主业，干事创业的活力进一步激发。提升基层党组织服务能力，开展"四面红旗村"评选表彰活动，通过榜样引领、典型带动，推动基层组织和党员干部发挥战斗堡垒和先锋模范作用。

（三）把城镇和乡村贯通起来，突出"四个一体"实现城镇和乡村共赢

1. 以科学规划为引领，构建城乡空间布局一体化

规划是城乡建设的灵魂和核心，对城乡发展具有奠定基础、统筹全局、谋划未来、引领跨越的重要作用。兰考强化规划引领，在全县行政辖区开展城乡多规合一总体规划，建立起了"总规—专规—控规"有机衔接的县城规划体系。在规划引领下，形成"规划一张图、建设一盘棋、投入一支笔"的推动格局，新型城镇化体系建设全面提速。

2. 以硬件提升为先导，推动城乡基础设施一体化

把城镇和乡村贯通起来，最基本的就是补齐农村基础设施建设这个短板，把城乡基础设施互联互通起来。兰考坚持以硬件提升为先导，推动城乡基础设施互联互通、共建共享迈上新台阶。在县城，强力推进城市环线建设，由106国道、240国道、310国道组成的城市环线已基本闭合；在乡镇，加快"四横六纵"产业廊道建设，打造"半小时经济圈"，实现乡镇与城区环线相连互通，有效解决乡镇交通问题，助推城乡产业发展。持续加大公共基础设施投入，每个乡镇都建成了垃圾中转站和垃圾收集点，对乡镇卫生院、妇幼保健院、中医院等加大投入提升其综合服务能力，全县城乡基础设施一体化驶入快车道。

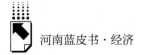

3. 以均等普惠为导向，促进城乡公共服务一体化

城乡之间公共资源配置不均衡是城乡二元结构的一个突出表现。为了推动城乡之间要素平等交换，融洽城乡关系，促进城乡公共资源均等化，兰考以均衡普惠为导向，在持续加大农村投入的同时，将城市公共资源和公共服务向农村开放。弥补农村教育短板，对进入高中、技校以及高等学校的兰考籍学生给予不同额度的资助；实施乡村教师支持计划，在壮大农村教师队伍建设的同时，全面提高教师工资待遇。与此同时，构建了城乡一体的社会保障体系，推动了县、乡公共文化资源全年对外开放等，城乡之间公共资源配置不均衡明显缓解。

4. 以互动融合为目标，强化城乡特色产业一体化

产业一体化是城乡一体化的支撑。大力推进特色优势产业发展，加快形成互融互补的现代产业发展格局，才是城乡一体化的根基。兰考立足本地优势，围绕家居、食品两个主导产业，以推动城乡产业互动融合为目标，构建了统筹城乡的兰考特色产业体系。打造与主导产业配套的乡镇产业园区，按照"一村一品"原则，打造了6个返乡创业特色产业园，带动了32个特色专业村，形成了"一乡一品、一村一业"的乡镇产业创业格局，有力促进了全县主导产业的发展和层次的提高。突出培育发展以畜牧产业化为统领的农业产业化。在产业集聚区，培育肉制品加工产业集群，在乡镇，科学布局养殖基地，在农村，合理种植各类粮食和饲草作物，服务养殖企业，有力促进了一二三产业融合发展。全县上下呈现出了主导产业与特色产业互补发展、相互促进的良好局面。

二 兰考以"三起来"引领县域高质量发展的经验启示

新时代推动高质量发展，最大难点在县域，重点和着力点也在县域，没有县域的高质量发展就没有全省全面建成小康社会进而实现现代化的基础。兰考以"三起来"引领县域高质量发展取得了良好效果，经验值得推广。

（一）落实习近平总书记"三起来"重要指示是县域高质量发展的基本前提

"三起来"相互联系、相互补充、相互支撑、融会贯通，是一个有机整体。兰考旗帜鲜明地将习近平总书记"三起来"重要指示精神作为县域发展的总纲，制定路线图、明确时间表，将"三起来"指示要求与兰考实际有机结合起来，一条一条加以梳理，一件一件加以贯彻，一个一个加以破题，不折不扣地把"三起来"指示精神落实到兰考经济社会发展的各个领域、各个方面，实现了兰考面貌的大变样，开启了兰考高质量发展的新征程。兰考实践证明，"三起来"为新时代加强县域治理、引领高质量发展提供了遵循，指明了方向。

（二）构建特色产业体系是"三起来"的关键支撑

实体经济是一个地方经济发展的支柱，特色产业体系则是县域实体经济的主体与基石。抓住特色产业体系建设，就抓住了县域经济工作的牛鼻子，也就抓住了"三起来"的关键支撑。兰考立足地方实际，找准自身禀赋和市场需求的结合点，形成了家居制造及木业加工、食品及农副产品深加工、战略性新兴产业为主导，连接产业集聚区、乡镇创业园区、专业村及农户的产业体系，充分调动了区域内各类发展要素，形成了一定的比较优势，推动了经济跨越式发展。兰考正是聚焦实体经济发展，立足自身特色，加快构建"2+1"特色产业体系，有力支撑"三起来"，才实现了县域经济量的提高和质的突破。

（三）推进新型城镇化是"三起来"的重要举措

城镇化是落实"三起来"指示精神的重要载体。县乃国之基，作为国家城镇化进程中的重要层次和城镇体系的重要节点，加快其新型城镇化进程，才能更好地夯实实现"三起来"的基础条件，进一步推动全省、全国新型城镇化进程。正因为如此，兰考紧扣习近平总书记"三起来"指示精神，积极推进新型城镇化，并按照"中心隆起、沿线组团、错位发展"的原则，重点抓好特色产业、空间布局、基础设施、公共服务"四个一体"，推进城乡发展一体化，使得城乡面貌骤然变化，城乡差距日趋缩小，人居环境明显改善，人民福祉大幅提升，文明程度显著提高，探索出一条具有兰考特色的新型城镇化发展道路，有力促进了"三起来"。

（四）全面深化改革是"三起来"的根本动力

改革开放是当代中国最鲜明的特色。县域治理"上接天线、下接地气"，决定了县域是全面深化改革的主战场，只有组合式改革才能破除制约县域"三起来"的机制羁绊，激发更多动力、活力。与此同时，习近平总书记也曾指出"把兰考发展潜力转化为发展优势，根本靠改革"。为此，兰考县贯彻落实习近平总书记关于全面深化改革的重要讲话和指示精神，紧紧围绕中央、省委改革决策部署，建立大督查机制，推进政务服务"一窗式"改革，实行规划、房管、国土部门"三测合一"，持续发力投融资体制改革，积极构建分级诊疗体制，深化用人制度改革，探索目标考核激励机制等，真正做到了以改革增动力、促发展，以改革破障碍、添活力，真正把发展潜力转化为发展优势，使兰考在推动"三起来"路上脚步更加坚实。

（五）打赢脱贫攻坚战是"三起来"的核心要求

县域治理或者县域发展的根本目的是提高人民群众的生活水平。习近平总书记在视察兰考县时明确要求，"要切实关心贫困群众，带领群众艰苦奋斗，早日脱贫致富"，希望兰考县"把强县和富民统一起来，把改革和发展结合起来，把城镇和乡村贯通起来，不断取得事业发展新成绩"。兰考在践行习近平总书记县域治理"三起来"指示精神中，以脱贫攻坚统揽经济社会发展全局，紧扣"六个精准"，综合施策。通过创新专项扶贫机制、加大行业扶贫力度、创新社会扶贫模式、实施"巧媳妇"工程、开展"助学扶贫"等系列动作，扎实推进精准扶贫、精准脱贫，用"大干"实现了"大变",如期兑现了向总书记做出的"三年脱贫"的庄严承诺,为县域打赢脱贫攻坚战树立了榜样、做出了示范。

(六)抓好基层党建是"三起来"的坚实保障

基础不牢,地动山摇。特别是县域作为我国承上启下的行政区划单元,抓好党建,才能筑牢党的执政之基,为推动"三起来"提供有力保证。几年来兰考巨变的背后,正是基层党建不断释放创造力、凝聚力、战斗力的过程。通过打好作风建设持久战,使领导领着干、干部抢着干、群众跟着干的发展氛围在兰考蔚然成风;打好组织建设阵地战,重树"四面红旗",基层党组织当先进、做示范的积极性、主动性全面提高;打好思想建设攻坚战,集中解决"没学到位""没转到位""没干到位"等突出问题,真正将兰考的政治优势和党建资源转化为助力"三起来"的坚实保障。

三 以"三起来"引领河南县域高质量发展的对策建议

河南有 105 个县(市),数量居全国第 4 位,县域经济占全省地区生产总值的比重超过 2/3,从业人员占全省从业人员总量的 80% 左右,县域发展在全省经济社会发展中的地位举足轻重。"三起来"重要指示精神彰显了深邃的辩证思维、系统思维和战略思维,是做好新时代县域治理工作、推动县域高质量发展的行动指南,必须对照新时代的坐标系和中原更加出彩的奋斗目标,积极借鉴兰考经验,加快以"三起来"引领县域高质量发展,这既是发展所需,更是大势所趋。

(一)深化学习领会,提升思想认识

在全省范围内深入开展学习习近平总书记"三起来"重要指示精神活动,切实在"学懂、弄通、做实"上下功夫。一是开展"三起来"专题培训。分层次对县级领导干部、部门负责人、基层工作人员等开展"三起来"专题培训,深入学习"三起来"重要指示精神的丰富内涵、重大意义,宣

传兰考践行"三起来"的做法与经验，切实转变思想观念和发展理念，增强基层干部践行"三起来"的素质和能力。二是开展县域高质量发展大调研和大讨论。引导各县领导干部在深入学习领会"三起来"丰富内涵和战略意义的基础上，大兴调查研究之风，吃透县情，结合本县实际梳理研讨新一轮县域提升发展的工作思路，打破传统发展模式和路径依赖，找准新定位、拓展新空间、培育新优势、走出新路子，引导各地依托优势探索县域高质量发展的特色模式。

（二）建立推进机制，形成发展合力

加快构建协调联动的推进机制，形成贯彻落实"三起来"重要指示精神的工作合力。一是构建"1＋N"推进体系。省级层面加快出台关于贯彻落实习近平总书记"三起来"重要指示精神推动县域高质量发展的指导意见，并配套出台N个专项行动计划和支撑政策；在省级层面召开县域践行"三起来"推进工作大会，引导各县结合实际制定实施方案，形成完整的推进体系。二是构建省、市、县协调推进机制。建立省委、省政府做好顶层设计，市委、市政府聚焦统筹协调，县级抓好落实的工作推进机制，确保"三起来"落到实处；引导各部门抓紧建立起协调有力、运行高效的组织推进机制，形成工作合力。三是构建联动推进机制。建立省级推动"三起来"联席会议制度，把县域落实"三起来"与脱贫攻坚、"乡村振兴"战略及"百城建设提质"工程等重大举措结合起来，形成县域高质量发展合力。四是建立考核机制。把落实"三起来"工作推进情况纳入党政领导班子和干部实绩考核，探索建立分类考核机制，探索引入第三方评价机制。

（三）深化改革开放，激发内生动力

突出把深化改革开放作为以"三起来"引领县域高质量发展的关键一着。一是深化改革创新。重点围绕建立健全城乡融合发展体制机制和政策体系，坚持"一跟进、两聚焦"的总体思路，抓好中央、省委已经出台的各项重点改革事项跟进落实，并结合本县实际积极创新落实路径和先行先试政

策措施，探索新模式、新方法、新经验，激活基层动力活力。二是突出开放带动。支持各县积极与中国（河南）自由贸易试验区、郑州航空港经济综合实验区、中国（郑州）跨境电子商务综合试验区等战略平台对接，拓展开放渠道和空间；积极引进培育外贸型企业，推动本地农副产品、特色产业、优势零部件等与全球产业链对接；创新招商模式，引导各县聚焦区域综合优势和特色主导产业，积极对接国内外相关龙头企业，重点招引延链补链项目，提升产业链核心竞争力。

（四）聚焦特色优势，强化产业支撑

坚定不移把培育特色主导产业作为以"三起来"引领县域高质量发展的发力点。一是聚焦优势培育壮大主导产业。聚焦区位、资源等优势，着眼于打通一二三产边界，形成"龙头 + 全产业链"发展格局，选择培育 2 ~ 3 个具有核心竞争力的主导产业，引领其他产业与主导产业协同发展。二是优化产业链布局。要着眼于城乡一体、一二三产融合发展，在县城重点布局企业总部、研发以及深加工、整机等环节，在乡镇重点布局初级加工和配套产业，在农村重点布局种植养殖基地等，引导龙头企业以产业链、技术链、资金链推动优势产业链合理布局，形成分工明确、优势突出、城乡协同的全产业链协同发展格局。三是探索产业扶贫新模式。县级层面脱贫攻坚任务大，突出以产业扶贫推动强县与富民统一起来，引导各县根据产业特色探索产业扶贫新模式，在利益联结机制上想办法，真正把贫困户嵌入产业链中，实现脱贫致富。

（五）突出"外引内培"，强化人才支撑

人才队伍是"三起来"引领县域高质量发展的重要支撑，强化县域人才支撑应从以下几个方面着力。一是重视柔性引进人才。坚持借智发展，支持企业在城市建立域外研发中心，引入域外创新资源对制约县域产业发展、环境保护等的技术瓶颈等进行联合攻关。二是大力发展"归雁经济"。吸引外地有一定成绩和基础的务工人员返乡创业，把见识、资金、技术、产业等

资源带回来；打造一批返乡创业园，为返乡创业人员提供一站式服务，以创业带就业。三是推进新乡贤文化建设。鼓励、引导在外工作的离退休党员干部、企业家、教师、科研人员等乡村精英人才，通过多种方式回馈家乡建设。四是加强基层干部队伍建设。坚决落实习近平总书记做好基层党建工作"三结合"重要指示精神，选优配强村"两委"班子，引导基层党组织把工作重点转到践行"三起来"上来，培育壮大党性强、作风硬的基层干部队伍。

（六）加强战略谋划，强化项目支撑

引导各县抓住有利机遇，把精力集中到抓项目上，夯实以"三起来"引领县域高质量发展的基础条件。一是争取国家项目布局。引导各县加强项目前期工作，认真研究国家有关规划和政策，找准规划"落地点"、政策"对接点"，争取综合交通、能源保障、城乡基础设施、土地整治等领域国家项目落地。二是加强重点项目策划。引导各县依托发展定位和综合优势，以战略眼光在产业、园区、城镇、民生、生态等领域策划一批好项目，更多地吸引战略投资者到县域长期投资、深度投资；三是加大项目引进力度。积极对接域外企业和资本，围绕产业升级、城镇建设、生态环境等引进一批事关长远、带动性强的项目，推动"最多跑一次"改革，做到靠前服务，狠抓落地，提升项目服务水平，推动项目落地。

（七）拓宽融资渠道，强化资金支撑

加快健全县域高质量发展的资金投入保障机制，形成财政优先保障、金融重点倾斜、社会积极参与的多元投入格局。一是优化财政供给结构。创新财政投入方式，多层次、多形式推进资金整合，提高财政资金使用效率，引导财政资金更多投向民生保障、节能减排、生态环保等领域，优化经济结构。二是推广政府和社会资本合作模式。鼓励省、市功能类、公益类国有企业与各县相关企业合作，引导金融资本往县域下沉。三是引导省级各类发展基金投向县域发展。近年来全省设立了多支产业、城镇化等发展基金，引导

此类发展基金支持县域项目建设，鼓励设立支持县域产业和城镇发展的子基金，重点投向县级层面，鼓励省级基金与各县合作设立特色发展基金，支持本县产业发展和城乡建设。

（八）优化发展环境，营造良好氛围

县乡基层工作难度大、面对问题复杂、突发状况多，必须要营造"为担当者担当，为干事者撑腰"的干事创业氛围，更广泛、更有效地调动干部队伍践行"三起来"的积极性和主动性。一是弘扬焦裕禄"三股劲"。把学习弘扬焦裕禄精神作为落实"三起来"的精神动力，持续开展培育"焦裕禄式好党员好干部"活动，让埋头苦干、真抓实干的干部真正得到重用，充分施展才华。二是健全激励担当的选人用人机制。树立正确用人导向，对存在能力不强、学习不真、担当不够、动力不足等问题的干部要加快调整。三是建立"容错机制"。按照"三个区分开来"的要求，结合实际制定制度办法，保护那些作风正派又敢作敢为、锐意进取的干部，鼓励基层干部在制度创新上敢闯敢试。

参考文献

河南省社会科学院课题组：《以"三个起来"引领县域高质量发展——习近平县域治理要求在兰考的实践与思考》，《河南日报》（理论版）2018 年 7 月 27 日。

张庆旭：《"三起来"一定要"干起来"》，《洛阳日报》2018 年 8 月 28 日。

卢希望：《在"三起来"示范县创建中激发活力》，《河南日报》2019 年 1 月 30 日。

白云飞：《县域"三起来"，洛阳更出彩》，《洛阳日报》2018 年 8 月 28 日。

B.20
河南打好打赢防范化解重大风险攻坚战的思路与对策

武文超*

摘　要： 我国进入决胜全面建成小康社会的攻坚期，经济社会处在转型期，周期性、结构性、外部性风险叠加，打好打赢防范化解重大风险攻坚意义重大。当前，河南省在发展中需要关注金融、房地产、政府债务、产业转型、人口老龄化、社会分化和外部冲击等诸多领域的风险。因此，要提高政治站位，转变发展观念，处理好稳增长、促改革与防风险的关系，以企业风险为抓手，系统性处理地方金融风险、政府债务风险、社会领域风险、房地产市场风险等，推动河南经济实现高质量发展。

关键词： 河南省　债务风险　社会风险

一　河南防范化解重大风险攻坚战面临的环境和形势

党的十九大报告提出："要坚决打好防范化解重大风险、精准脱贫、污染防治的攻坚战，使全面建成小康社会得到人民认可、经得起历史检验。"① 其中，防范化解重大风险攻坚战，事关经济社会大局稳定，是一场输不起的

---

* 武文超，河南省社会科学院经济研究所副研究员，经济学博士。
① 习近平：《决胜全面建成小康社会　夺取新时代中国特色社会主义伟大胜利》。

战役。因此，中央要求从政治大局出发，坚持问题导向，对地方金融风险、政府债务风险、社会领域风险、房地产市场风险等突出问题和风险保持高度警觉，坚持全面排查、分类施策、预测预防，守住不发生系统性、区域性风险的底线，建立起防范化解各类风险的长效机制，坚决打好打赢这场攻坚战。

进入新时代，中国社会的主要矛盾转化为人民日益增长的美好生活需要和不平衡不充分的发展之间的矛盾，中国经济从高速增长阶段转向高质量发展阶段。面对着社会主要矛盾和经济增长阶段的变化，原有的发展方式、经济结构、增长动力等平衡关系被打破，周期性问题和结构性问题相互交错，国内矛盾和外部冲击相互作用，存量风险和增量风险相互叠加，进入风险易发高发的窗口期。一是经济增长放缓带来的影响。近年来中国经济增速明显回落，从 2010 年的 10.6% 下降到 2018 年的 6.6%，河南经济增长速度从 2010 年的 12.5% 下降到 2017 年的 7.6%，经济从高速增长进入中高速增长阶段的判断将成为必然。伴随着经济增长速度的下滑，企业利润、财政收入增速也随之大幅回落，地方政府、企业所面临的债务风险将逐渐显现，房地产市场、金融市场，乃至就业市场也面临着潜在风险。二是经济结构转型带来的影响。根据美国经济学家熊彼特的"创造性毁灭"理论，创新发展的过程，也就是伴随着旧方法、旧产品的毁灭和新方法、新产品的创造。在中国经济从高速增长阶段向高质量发展阶段转变的过程中，一些不符合未来发展趋势的产品、企业，乃至产业将会不可避免地被淘汰，与此同时，一些新的产品、商业模式、企业和产业会随之诞生。创造性毁灭的过程，对不能及时转型的企业就是风险。2014 年以来，河南省的能源、化工、有色金属等行业就面临着产能过剩、环保压力加大，以及周期性价格因素等方面的影响，经营风险增大。三是我国经济社会发展中一些中长期变化带来的影响。例如，2008 到 2018 年，我国 65 岁以上人口从 1.1 亿上升到 1.66 亿，老年抚养比从 11.3% 上升到 17.9%，人口老龄化趋势显著。河南同样面临这样的趋势，老年抚养比从 2008 年的 10.8% 上升到 2017 年的 16.5%。人口老龄化加大了经济增长的压力，以及养老金、医保支出的压力，进而还会影响到政府债务的可持续性。类似的问题，还包括城镇人口增加带来的社会治理压力等。四是风险管控能力发展滞后的影响。改革开放以来，我国经济社会实现了40年的快速发展，走过了其他国家可能需要上百年走过的路，经济社会出现了巨大的变化，与此相伴随的就是经济社会各领域的风险和问题不断变化。长期以来，河南省在应对各类经济金融风险中形成了较强的风险管理能力，但也要看到，河南省在风险识别、评估、预警、应对和处置上还存在诸多薄弱环节，政府职能错位、越位和缺位现象仍然存在，防范和化解风险的体系不健全，监管穿透性、专业性不够，加上当前我国经济社会发展变化很快，新的问题和挑战层出不穷，因此未来应对风险的压力仍然较大。

就当前发展现实来看，河南省打好打赢防范化解重大风险攻坚战的过程中具备一定的有利条件。一是政府权威性高，执行力强，有利于调动资源，可短时间内集中资源处置局部风险，具有集中力量防风险的独特优势，能够有效地避免局部风险转化为全局风险。二是政府信用能力强，有能力扩张资产负债表，通过增加负债向社会补充流动性，实现资源跨期和跨部门配置，从而稳定社会预期。三是河南省国家战略叠加效应凸显。近年来，随着一系列国家战略规划、战略平台在河南的一体化推进，郑州航空港经济综合实验区、中国（河南）自由贸易试验区、郑洛新国家自主创新示范区等国家战略正在形成叠加和协同效应，为河南社会经济发展注入强劲的动力。河南在改革、创新、发展方面具备良好的政策环境和空间，有利于有效地防范化解发展中的风险。

二　当前河南经济社会发展面临的主要风险

当前，河南长期积累形成的一些风险到了易发高发的时期，需要重点关注的风险涉及金融、房地产、政府债务、产业转型、人口老龄化、社会分化和外部冲击等诸多领域。这些领域风险点多，影响面广，且相互叠加，传导机制复杂，具体来看包括如下几个方面。

（一）金融领域风险

1. 金融机构资产质量恶化的风险

近年来，河南省金融机构资产负债表脆弱性问题增加。规模上，河南省商业银行不良资产规模逐步上升，2018 年前三季度，河南省商业银行贷款规模达到 4.77 万亿元，比年初增加了 0.51 万亿元。不良贷款率方面，尽管近年来河南省商业银行不良贷款率一直保持较低运行水平，但是 2018 年前两个季度商业银行不良贷款率分别比上年同期增加 0.16 和 0.01 个百分点。在第三季度，不良贷款率有所回落，但是在当前经济下行压力加大的环境下，金融资产恶化的风险仍需要高度重视。

2. 中小金融机构风险上升

近年来，省内中小银行机构的经营业务范围逐步扩大，但是由于缺乏金融风险管理人才以及其他类的高层次人才，在国内互联网金融风险冲击下，积累了一定的风险性因素。2016 年位于河南省的澳洲联邦银行（济源）村镇银行、澳洲联邦银行（登封）村镇银行、澳洲联邦银行（伊川）村镇银行等 7 家村镇银行出现亏损迹象，其中，澳洲联邦银行（兰考）村镇银行、（登封）村镇银行、（伊川）村镇银行分别亏损 188.51 万元、556.49 万元、121.69 万元。值得注意的是，2016 年澳洲联邦银行拟转让的 15 家村镇银行有 13 家银行处于亏损状态，亏损额达到 3542.94 万元。

3. 债券违约风险

近年来，河南省企业债券市场发展迅速，以企业债、定向工具、短期融资融券等为代表的债券工具的运用导致了企业债券风险的积累。2016 年，国内第一只省级中小企业集合债券——"2011 年河南省中小企业集合债券"（简称"11 豫中小债"）连接风险提示函，5 家发债主体 4 家担保机构身陷其中，两发行人被终止评级。2017 年，河南铁路投资发布风险提示公告，预计公司将出现连续两年亏损，企业债券将面临停牌处理。2018 年债务违约向民营企业蔓延，11 月，上市公司雏鹰农牧出现债务违约。如果债券持续违约，将引发"多米诺"骨牌效应，导致一系列的金融风险。

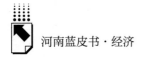

4. 资本外流风险

近年来，在美国加息预期的影响下，人民币持续贬值导致了省内资本缩水的可能性在逐步增加。在复杂的国际国内环境下，虽然人民币持续贬值的基础不牢，但是，在不确定性增加的国际环境下，人民币的持续贬值将会对省内企业生产经营增加发展压力，存在与省内债务风险共振的可能性。

（二）房地产领域风险

1. 住房结构性过剩风险

2016 年，河南省房屋新开工面积达到 14699.72 万平方米，同比增加33.7%，2017 年房屋新开工面积达到 13628.78 万平方米，同比下降 7.1%。2018 年房地产新开工面积 14677 万平方米，同比增长 7.7%。在全省房地产去库存的背景下，目前全省三四线城市新开工面积增速有所下滑，但是，住房新开工面积仍旧保持在较高水平，省内地市、县区住房市场过剩的局面并未得到显著改善，郑州地区房地产市场有效供给不足的问题也没有得到显著性解决，不同区域房地产住房结构性矛盾依旧存在。

2. 房地产泡沫风险

2015 年以来，全省房地产市场整体价格水平保持了较高的增长速度，尤其是 2015 年、2016 年、2017 年，全省各地，尤其是省会郑州地区的房地产市场价格居高不下，且有持续高速增长的趋势。与此同时，全省经济增长以及居民的人均收入水平提高的增速均低于全省房地产价格水平增长的幅度，尤其是省会郑州地区，省内房地产市场的房价收入比持续上升，房地产价格扭曲以及供需矛盾突出显示了较大的房地产泡沫风险。

3. 房地产金融化的风险

与国内地区发展趋势一致，省内房地产市场金融属性已经在部分经济较为发达地区显露得更为明显，尤其是郑州、开封、许昌等地。加之地方土地财政收入的影响，房地产市场吸收了国家金融降准、降息等操作释放出来的资金，抵消了国家金融操作的实质性作用。如果考虑到影子银行的作用，房地产市场吸收的资金规模更大，因而，房地产金融化蕴藏的金融风险有待释放。

（三）政府债务风险

1. 地方政府性债务风险

截至 2017 年末，河南省政府债务余额为 5548.47 亿元，同比增长 0.43%，债务余额相当于当年一般财政预算收入的 1.63 倍，低于当年全省地方政府债务限额（7265.50 亿元）1717.03 亿元。省会郑州政府债务余额为 1668.4 亿元，约占全省债务余额的 30.07%。此外，洛阳、许昌、鹤壁债务有所下降，其余省辖市政府债务均有所上升，但各省辖市债务规模均低于限额，风险总体可控。从政府债务余额与一般财政预算收入比来看，濮阳市和鹤壁市超过了 200%，相对较高。

2. 资产变现能力不足的风险

与全国其他地方一样，省内各地政府净资产结构中主要以非金融资产为主，非金融资产中土地储备占比较高。而不动产最大的特点就是变现能力差，在房地产市场政策趋紧的环境下，不动产变现能力差，而出售不动产又是各地化解政府债务的主要方式，这直接导致了政府化解债务风险的能力下降。

（四）企业债务风险

企业杠杆率较高，同时，债务主要集中在企业部门，国有工业企业杠杆率较高，加杠杆趋势明显。杠杆率反映出经济运行中存在的问题。一方面，经济发展不平衡导致杠杆分布不均；另一方面，实体经济融资结构单一。当前河南省实体经济增长结构性矛盾仍较为突出，表现在：传统产业占比高，高成长性企业承贷能力不足；金融资源向拉动经济增长的基础设施和房地产领域集中，而民营、工业企业贷款增长则相对不足。与此同时，2018 年 9 月，众品食品的"技术性"违约，11 月，雏鹰农牧的债券违约，足以给河南企业债务风险提供警示，当前企业债务风险仍需要密切关注。

三　对策建议

打好防范化解重大风险攻坚战事关发展大局、事关国家安全、事关社会稳定。从河南的情况看，风险总体可控，但是一些问题也比较突出。因此，要以党的十九大精神和习近平总书记调研河南时的重要讲话精神为指导，提高站位、转变观念，处理好稳增长、促改革与防风险的关系，以企业风险为抓手，系统性处理地方金融风险、政府债务风险、社会领域风险、房地产市场风险等，打好防范化解重大风险攻坚战，推动全省经济高质量发展。

第一，防范化解投资类企业风险。全面排查投资类企业风险并根据信息归集情况，对投资类企业风险防范化解实行动态管理，相关信用信息推送至河南省公共信用信息平台，督促市县投资类企业主（监）管部门进一步健全风险排查工作流程，提高排查质量，实现风险排查全覆盖、无死角。对八类风险企业实施分类监管、协同监管，督促各地做好投资类企业风险化解工作。建立健全风险监测预警体制，及时更新投资类企业台账。归集各部门投资类企业信息，对投资类企业风险进行监测评估预警。组织开展投资类企业业务培训和教育宣传，促进投资类企业依法合规经营。定期举办投资类企业业务和风险防范培训班，对全省相关监管部门干部进行培训，安排各地开展投资类企业董事长、总经理等核心人员业务培训和风险教育，定期开展防范投资类企业非法集资宣传活动。

第二，防范化解企业债务风险。全面排查企业债券风险并依据信息披露情况，对企业债券风险防范化解实施动态台账管理。定期开展对全省企业债券风险全面排查制度，全面掌握并综合分析研判企业债券兑付风险。依据企业债券风险大小情况，分别建立公正台账并随时根据风险变动调整，实施分类动态台账管理。加快推动国有企业去杠杆，积极推进市场化债转股项目签约实施，探索开展民营企业债转股，引导企业加大股权融资力度，不断降低企业经营风险。加强地方金融监管，发挥好企业债权人委员会作用，有效防控企业债券违约、股票质押平仓、担保圈等风险隐患，高度关注房地产领域金融风险。与此同时，在国企改革、去杠杆和处理僵尸企业的过程中，要妥善处置启动难、实施难、人员安置难等问题，加快推动市场出清，释放大量沉淀资源。

第三，防范化解项目建设风险。严格编报执行中央投资计划，严格项目审核，对于前期手续不齐备、不具备开工条件，以及脱离本地实际、地方建设资金不落实的项目不予申报。全面落实项目单位的建设管理主体责任和监管单位的日常监管直接责任，推动积极筹措落实建设资金，扎实做好各年度中央预算内投资项目的监管工作，加强在线调度、研究分析、日常监测和风险预警。有序安排基础设施项目建设，科学合理安排项目建设。严禁违法违规融资担保行为，严禁以政府投资基金、政府和社会资本合作、政府购买服务等名义变相举债。实施中不能扩大项目规模、提高建设标准，督促项目开工前完成规划、土地、环评和其他各项报建手续。严格 PPP 模式适用范围，严禁通过 PPP 模式变相举债融资。加强可行性研究和评估论证，充分考虑财政承受能力，协调推进 PPP 项目有序实施。运用多种模式盘活存量资产，鼓励通过资产证券化方式盘活项目收益权，形成良性循环。

第四，防范化解社会风险，维护社会大局稳定。全面加强和落实维护社会稳定的各项措施，着力解决好人民群众切身利益问题，全面做好就业、教育、医疗、社会保障、食品安全、安全生产、社会治安、房地产市场调控等领域的重要工作，不断提高人民群众对生活的获得感、幸福感、安全感。坚持保障公民和企业的合法权益，坚持打击违法犯罪，对涉众型经济案件受损群体，要统筹好防范打击犯罪与化解风险、维护稳定的关系，妥善解决控赃控人、资产返还、教育疏导等工作。继续深入推进扫黑除恶专项斗争，对涉黑涉恶重大案件紧盯不放，坚决破除黑恶势力的经济基础和"关系网""保护伞"，做到标本兼治。不断建设完善立体化、信息化的社会治安防控体系，保持对刑事犯罪的高压震慑态势，增强人民群众安全感。要推进社会治理现代化，不断提高政府识别、评估、预警、应对和处置各类风险的能力，健全平安建设社会协同机制，建设现代化的防范化解风险的管理体系，从源头上提升维护社会稳定的能力和水平。

参考文献

国家统计局：《中华人民共和国 2018 年国民经济和社会发展统计公报》，国家统计

局网站，http：//www. stats. gov. cn/tjsj/zxfb/201902/t20190228_ 1651265. html。

河南省统计局、国家统计局河南调查总队：《2018 年河南省国民经济和社会发展统计公报》，河南省统计局网站，http：//www. ha. stats. gov. cn/sitesources/hntj/page_ pc/zfxxgk/tzgg/articlecfa803b024634e0b9a3a3bcb445cee74. html。

陈润儿：《政府工作报告——2019 年 1 月 16 日在河南省第十三届人民代表大会第二次会议上》，河南省政府网，http：//www. henan. gov. cn/2019/01 – 23/732229. html。

周晓庆：《河南省及下辖各市经济财政实力与债务研究（2018）》，上海新世纪评级公司研究报告，2018 年 11 月。

附　录

Appendix

B.21

附录1　2012～2018年全国主要经济指标

2012～2018 年全国主要经济指标

指标	2012 年		2013 年		2014 年		2015 年		2016 年		2017 年		2018 年	
	绝对数	增速（%）	绝对数	增速（%）	绝对数	增速（%）	绝对数	增速（%）	绝对数	增速（%）	绝对数	增速（%）	绝对数	增速（%）
国内生产总值（亿元）	472436.5	7.7	568845.2	7.7	636463	7.4	676708	6.9	744127	6.7	827122	6.9	900309	6.6
第一产业（亿元）	44178.6	4.5	56957	4	58332	4.1	60863	3.9	63671	3.3	65468	3.9	64734	3.5

续表

指标	2012 年		2013 年		2014 年		2015 年		2016 年		2017 年		2018 年	
	绝对数	增速（%）	绝对数	增速（%）	绝对数	增速（%）	绝对数	增速（%）	绝对数	增速（%）	绝对数	增速（%）	绝对数	增速（%）
第二产业（亿元）	223014.5	7.9	249684.4	7.8	271392	7.3	274278	6	296236	6.1	334623	6.1	366001	5.8
第三产业（亿元）	205243.3	8.1	262203.8	8.3	306739	8.1	341567	8.3	384221	7.8	427032	8.0	469575	7.6
规模以上工业增加值（亿元）	—	10	—	9.7	—	8.3	—	6.2	—	6	—	6.6	—	6.2
全社会固定资产投资（亿元）	374694.7	20.3	447074	19.3	512761	15.3	394531	10.3	596501	8.1	641238	7	645675	5.9
社会消费品零售总额（亿元）	210307	14.3	237809.9	13.1	262394	12	300931	10.7	332316	10.4	366262	10.2	380987	9
居民消费价格指数（以上年同期为100）	102.6	2.6	102.6	2.6	102	2	101.4	1.4	103.4	2	101.6	1.6	102.1	2.1
海关进出口总值（亿美元）	38671.2	6.2	41589.9	7.5	43015	3.4	39569	-8	243344	-0.9	38624.4	14.2	46100.95	9.7
出口总值（亿美元）	20487.1	10.8	22090	7.8	23422.9	6	22749.5	-2.8	138409	-2	3842.1	10.8	24811.39	7.1
进口总值（亿美元）	18184.1	4.2	19499.9	7.2	19592.3	0.4	16819.5	-14.2	104936	-0.6	3122.4	18.7	21289.56	12.9
地方财政总收入（亿元）	61078.3	16.2	69011.2	12.9	75876.6	9.9	82983	9.4	—		—		—	
城镇居民人均可支配收入（元）	24564.7	12.6	26955.1	9.7	28844	9	31195	8.2	33616	7.8	36396	8.3	39251	7.8
农民人均收入（元）	7916.6	13.4	8895.9	12.4	10489	11.2	11422	8.9	12363	8.2	13432	8.6	14617	8.8

B.22

附录2 2012~2018年河南省主要经济指标

2012~2018 年河南省主要经济指标

指标	2012 年 绝对数	2012 年 增速(%)	2013 年 绝对数	2013 年 增速(%)	2014 年 绝对数	2014 年 增速(%)	2015 年 绝对数	2015 年 增速(%)	2016 年 绝对数	2016 年 增速(%)	2017 年 绝对数	2017 年 增速(%)	2018 年 绝对数	2018 年 增速(%)
地区生产总值(亿元)	29810.1	10.1	32155.9	9	34939.4	8.9	37010.3	8.3	40160	8.1	44988.16	7.8	48055.86	7.6
第一产业(亿元)	3772.3	4.5	4057	4.3	4160.8	4.1	4209.6	4.4	4286.3	4.2	4339.49	4.3	4289.38	3.3
第二产业(亿元)	17020.2	11.7	17806.4	10	17902.7	9.6	18183.4	8	19055.4	7.5	21449.99	7.3	22034.83	7.2
第三产业(亿元)	9017.6	9.2	10290.5	8.8	12875.9	9.4	14611	10.5	16818.3	9.9	19198.68	9.2	21731.65	9.2
规模以上工业增加值(亿元)	12654.8	14.6	13986.5	11.8	15553	11.2	16890.6	8.6	—	8	—	8	—	7.2
全社会固定资产投资(亿元)	20558.6	22.5	25321.5	23.2	30782.2	18	34951.3	16.5	39753.9	13.7	43890.36	10.4	—	8.1
社会消费品零售总额(亿元)	10915.6	15.7	12426.6	13.8	13835.9	12.7	15740.4	12.4	17618.4	11.9	19666.77	11.6	20594.74	10.3
居民消费价格指数(以上年同期为100)	102.5	2.5	102.9	2.9	101.9	1.9	101.3	1.3	101.9	1.9	101.4	1.4	102.3	2.3
海关进出口总值(亿美元)	517.5	58.6	599.5	15.9	650.3	8.5	749.8	15.3	769.3	2.6	828.4	10.9	883.11	5.3
出口总值(亿美元)	296.8	54.3	359.9	21.3	9393.8	9.7	437.1	11	2835.3	5.7	502.1	11.8	540.88	12.8
进口总值(亿美元)	220.7	64.9	239.6	8.6	256.5	7	312.7	21.9	1879.4	-1.8	326.2	9.6	342.23	-6.2
地方财政总收入(亿元)	3282.8	18.5	3686.8	12.3	4094.8	11	4244.7	—	4707	5.6	—	—	—	—
城镇居民人均可支配收入(元)	20442.6	12.4	22398	9.6	24391.5	8.9	25576	4.9	27233	6.5	29557.86	8.5	31874.19	7.8
农民人均收入(元)	7524.9	13.9	98475.3	12.6	9416.1	11.1	10853	5.3	11697	7.8	12719.18	8.7	13830.74	8.7

Abstract

2018 is the first year to implement the spirit of the party's "19th national congress", the 40th anniversary of reform and opening up, and the key year to win the victory of building a well-off society in an all-round way and implementing the "13th five-year plan". Over the past year, the whole province has been guided by Xi Jinping's new era of socialism with Chinese characteristics, conscientiously implemented the decisions and arrangements of the central and provincial governments, adhered to the general tone of seeking progress while maintaining stability, guided by new development concepts, focused on high-quality development, and focused on supply-side structural reform. Efforts have been made to stabilize growth, promote reform, adjust structure, benefit people's livelihood and prevent risks. The province's economic operation has continued to maintain an overall stable and steady development trend.

This year's "Henan Economic Blue Book" is compiled under the auspices of the Henan Academy of Social Sciences. The book systematically and deeply analyzes the main trend of Henan's economic operation in 2018 and the trend of Henan's economic development in 2019. It studies and discusses Henan's "four efforts" in an all-round and multi-angle way under the guidance of new ideas. It focuses on playing "four cards" well, highlighting the "three combinations" of county-level governance and township-level work, carrying out "three tough battles" in depth, and putting forward countermeasures and suggestions for Henan's high-quality economic development in the new era. The book is deeply integrated with a series of new ideas, new judgments, new formulations and new measures put forward by the 19th Party Congress and the 6th Plenary Session of the 10th Henan Provincial Committee, with a view to providing high-quality decision-making reference for the provincial government and the public. The book is divided into five parts: general report, investigation and evaluation, analysis and prediction, special research and appendix.

There are two general reports in this book, all written by the research group of Henan Academy of Social Sciences. The first is the annual analysis report on Henan's economic operation, which represents the book's basic views on the analysis and prediction of Henan's economic situation from 2018 to 2019. According to the report, in 2018, facing the dual pressures of complex and severe external environment and prominent internal structural contradictions, Henan, guided by Xi Jinping's new era of socialism with Chinese characteristics, adhered to the general tone of seeking progress while maintaining stability, guided by new development concepts, and vigorously promoted the implementation of various policies. the province's economic operation showed a development trend of "overall stability, progress while maintaining stability" and successfully achieved the scheduled goals of "three synchronization" and "three superiorities" . At the same time, it also faces some new problems and challenges. It is estimated that the province's GDP will grow by 7. 3% in 2019 and the industrial added value above scale will grow by 7. 0%. Investment in fixed assets in the whole society increased by about 8%. Total retail sales of social consumer goods increased by about 10%. Exports are expected to increase by 10%. The consumer price index was 101. 6. The second part is about the review and prospect of Henan's economic development in the past 40 years of reform and opening-up, systematically combing the main stages of Henan's economic development since 1978, the brilliant achievements and accumulated development experience, and looking forward to the bright prospect of Henan's economic development in the future, sketching a panorama of Henan's economic development in the past 40 years of reform and opening-up.

In the survey and evaluation section of this book, the comprehensive competitiveness of the economies of 30 provinces and municipalities in the Central Plains Economic Zone and the quality of economic development of 105 counties in Henan Province in 2018 are comprehensively evaluated by establishing relevant index systems and quantitative models and using the research methods of quantitative analysis and qualitative analysis.

The analysis and forecast section of this book is mainly based on the current situation analysis of Henan's economic development in different fields, industries and industries as well as the forecast outlook for 2019, and then puts forward high-quality ideas and corresponding measures for accelerating Henan's economic development in the new era. On the basis of a thorough understanding of the spirit of the party's 19th congress and the spirit of the 6th plenary session of the 10th CPC Committee, the monograph of this book makes an in-depth analysis of the three major challenges surrounding Henan's economic transition to a high-quality development stage in the new era, continuously advancing the "four efforts", playing "four cards", accelerating the development of an open economy, supporting the development of private economy, preventing and resolving major risks, and puts forward relevant ideas and suggestions.

In view of the different requirements of the new era and the new situation for various departments and industries, this book invites well-known experts and scholars from relevant research institutes, universities and government departments to study and analyze the key and difficult problems faced by various fields in stabilizing growth, promoting reform, adjusting structure, benefiting people's livelihood and preventing risks, and puts forward countermeasures and suggestions for Henan's economy to move towards high-quality development from different angles.

Keywords: Henan Province; Economics; High-quality Development; the Structural Reform of Supply-side

Contents

I   General Reports

B. 1   Economic Operation "Steady to Good" "Steady Improvement" in Development Quality

    —*Analysis and Forecast of Economic Development in Henan Province from 2018 to 2019*

Abstract: In 2018, under the dual pressures of the complicated external grim situation and the internal structural contradictions, Henan took the guidance of Xi Jinping's new era of socialism with Chinese characteristics as the guide, adhered to the general tone of steady progress, and guided by the new development concept. Focusing on high-quality development, taking supply-side structural reform as the main line, and coordinating the promotion of "four focuses", focusing on "four cards", highlighting the "three ways" of county governance and the "three integrations" of township work, and in-depth development "The three major battles", the province's economic operation "in line with expectations, overall stability, steady progress", the annual economic growth reached 7.6%. In 2019, the positive and negative factors facing the province's growth coexist, and the macroeconomic environment is generally favorable. It is preliminarily estimated that the province's GDP will grow by 7.3% in 2019 and the industrial added value above scale will grow by 7.0%. Investment in fixed assets in the whole society increased by about 8%. Total retail sales of social consumer goods increased by

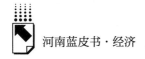
about 10%. Exports are expected to increase by 10%. The consumer price index was 101. 6.

Keywords: Henan Province; Economical Operation; High Quality Development

B. 2   Writing a New Chapter in the Colorful Central Plains of a Magnificent Forty Years

—*Review and Prospect of Henan's Economic Development in the Past 40 Years of Reform and Opening-up*

Research Group of Henan Academy of Social Sciences / 028

Abstract: since the reform and opening up, Henan's economic development has gone through the stage of breaking the ice, the stage of uniting and revitalizing Henan, the stage of striving to realize the rise of the Central Plains, the stage of speeding up the two major leapfrogging stages, and the stage of brilliant Henan's Central Plains Endeavour. For 40 years, the people of Henan have made great efforts to govern themselves, written a magnificent chapter in Henan's economic and social development with both hands, made brilliant achievements, and ushered in a beautiful new era of economic development, political prosperity, and cultural prosperity. Looking back on the past 40 years of reform and opening up Henan has accumulated valuable experience. It is hoped that in the future, Henan will rally the majestic strength of the sons and daughters of the Central Plains to forge ahead. We will write a more brilliant new chapter in the Central Plains in terms of high-quality economic development, the construction of a strong economic province, building a well-off society with the whole country, and achieving the strategic goal of the "two stages."

Keywords: Henan Province; Reform and Opening-up; Economic Development; the Rise of Central Plains

II Survey and Evaluation

Abstract: The Central Plains Economic Region (CEPR) is based on the Central Plains urban agglomeration, covering Henan province and surrounding areas. By the end of 2017, the total population of the CEPR was about 165 million, GDP was about 6. 78 trillion yuan. CEPR is an important growth sector in China's overall development situation. Our research group constructed an evaluation system covering 27 statistical indicators, and evaluates the comprehensive competitiveness of the cities of CEPR in 2018. Then, the research group analyzes the ranking of cities and development situation of typical cities. After entering the new era, while stabilizing economic development, CEPR should speed up the realization of high-quality development, continue to deepen reform and opening up, do a good job in the decisive battle to build a well-off society in an all-round way, promote coordinated development among regions, and continuously improve the comprehensive competitiveness of CEPR cities.

Keywords: Central Plains Economic Region; Provincial Cities; the Integrated Economic Competitiveness; Henan

Abstract: According to the development quality characteristics of county territory economy, the index system of the development quality of county territory

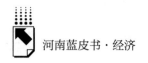

economy has been built up, and the Scoring and ranking on the development quality of county territory economy have been evaluated, and the evaluation report has been finished on county territory economy development quality of Henan Province in 2018.

Keywords: Henan Province; County Territory Economy; Economy Development Quality

Ⅲ Analysis and Forecast

B. 5 Analysis and Prospect of Henan Agricultural and Rural Development in 2018 −2019

Chen Mingxing, Hou Hongchang / 098

Abstract: In 2018, Henan's agricultural and rural development showed a good trend of overall stability, steady progress and steady improvement of quality. The output of major agricultural products increased steadily, the optimization and upgrading of agricultural structure accelerated, the income of farmers continued to increase, and the rural reform deepened in an all-round way. But at the same time, it is also faced with outstanding problems such as the urgent need to speed up the improvement of quality and efficiency, the urgent need to make up for historical debts, and the urgent need to strengthen the development system. In 2019, despite the complex situation of increasing downward pressure on the economy and profound changes in the external environment, favorable conditions are gradually accumulating. The overall development of agriculture and rural areas in the whole province will show steady progress and continuous improvement and optimization. The production of agricultural products will remain stable, the agricultural structure will continue to be optimized, the income of farmers will continue to increase, and the integration of urban and rural areas will further accelerate.

Keywords: Henan Province; Agricultural and Rural Areas; Development Situation

B. 6　Analysis and Prospect of Henan Industrial Development from

2018 to 2019　　　　　　　　*Zhao Xisan, Yang Mengjie* / 111

Abstract: Faced with profound and complex changes in the external environment, the Nineteenth National Congress of the CPC will be implemented in 2018 and the new development concept will be adhered to. Contrasting with the requirements of high quality development, focusing on Intelligent manufacturing, the industrial economy runs smoothly and the industrial structure continues to optimize, but the growth rate of profits has slowed down significantly and the growth of industrial investment has been weak. It is predicted that Henan's industrial economy will continue to run smoothly in a reasonable range in 2019, and the growth rate of industrial added value above scale will remain above 6.5% . The overall trend of industrial operation is " narrow fluctuation of growth rate, optimization of industrial structure, acceleration of transformation and upgrading, and improvement of quality and efficiency". Therefore, more efforts should be made in promoting industrial investment, upgrading industrial energy level, promoting industrial integration, strengthening innovation leadership, promoting intelligent manufacturing and optimizing business environment.

Keywords: Henan Industry; High Quality Development; Innovation Leadership; Intelligent Manufacturing

B. 7　Analysis and Prospect of Henan Service Industry Development

from 2018 to 2019　　　　　　　　*Zhang Changxing* / 125

Abstract: In 2018, the service industry in Henan Province maintained a good trend of rapid development, the role of the service industry in supporting economic growth continued to strengthen, the pace of industrial upgrading

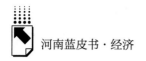
accelerated, the construction of carrier platforms and major projects continued to advance, and supply-side reforms deepened. As the opening year of the 19th CPC National Congress, it has made a good start. In 2019, with the deepening of supply-side structural reform, we will focus on the transformation of key industries, focus on the development of new service formats, and strengthen the construction of platform carriers, so as to provide strong support for the high-quality development of the service industry. On the basis of systematically reviewing the development of service industry in Henan Province in 2018, this paper forecasts the development situation of service industry in 2019, and puts forward some countermeasures and suggestions for speeding up the construction of a strong province in modern service industry in combination with the spirit of the economic work conference of the central and provincial party committees.

Keywords: Henan Province; Service Industry; Industrial Structure; Innovation Integration

B. 8   Current situation and Countermeasures on Investment

Efficiency in Henan Province   *Li Bin* / 135

Abstract: In this study, we take the investment in fixed assets of Henan province as a perspective, and analyze the strategic significance of investment in fixed assets for Henan economy. Then, we use some index such as fixed assets investment effectiveness coefficient, incremental capital output ratio to analyze the Investment efficiency in Henan Province. At last, some suggestions such as optimizing the investment structure of fixed assets, increasing investment in innovation-driven areas are put forward to improve the efficiency of investment in fixed assets in Henan province.

Keywords: Henan Province; Investment in Fixed Assets; Investment Efficiency

B. 9　The Analysis and Prospect of the Development of the

Consumption Market in Henan Province from

2018 to 2019　　　　　　　　　　*Shi Tao* / 148

Abstract: the consumption market developed steady in 2018, and its growth rate was higher than the national average level, narrowed slightly compared with the same period last year, narrowing 1. 3 percentage points compared with the same period in 2018. In the consumption pattern, Henan province continues to maintain the size and growth advantage of the central provinces, and the consumption domestic market is still concentrated in the five cities, such as Zhengzhou. In the consumption structure, catering consumption rise sharply, the growth of the fifteen commodities switch from "ten up and five down" in last year to "three up and twelve down" this year, and among them, the highest decline in auto consumption.

Facing the international economic situation of many uncertainties, and the steady development of domestic economy market in China, the consumption market development in Henan province both have opportunities and challenges, and expect the scale of the consumption market in Henan will enlarge in 2019, while the growth rate slightly narrow, and the growth rate remained at around 10. 0%.

Keywords: Henan Province; Consumer Goods Market; Total Retail Sales of Consumer Goods in the Whole Society; Internet Retailing

B. 10　Analysis and Prospect of Henan's Foreign Trade Situation from

2018 to 2019　　　　　　　　　　*Chen Ping* / 161

Abstract: From January to November 2018, Henan Province's total foreign trade import and export volume performs excellently, the monthly changes presents

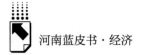
strong seasonality, import and export structure continued to optimize, international trade status continued to improve, the United States is still the first major trading country, the effect of substitution market has gradually emerged, private enterprises import and export become the main force, the growth of local import and export is obvious, the national strategy began to be powerful, the effect of carrier platform appear obviously. However, the development of Henan's foreign trade in 2019 is not stable due to the international economic situation, while the domestic economy has basically maintained stable growth. Henan's domestic economic structure has been continuously optimized and its foreign trade development is facing transformation. Therefore, we should actively study the new situation of Henan's foreign trade development, actively meet the new requirements of the national foreign trade development and Henan's economic construction. In 2019, Henan's foreign trade should make great efforts in the following aspects, build a business environment, enhance the channel and platform advantages of opening to the outside world, build a cross-border e-commerce ecosystem, promote the diversification of foreign trade market, cultivate new trade markets and create special features.

Keywords：Henan Province; Foreign Trade; Cross-border E-commerce

B. 11　Analysis and Prospect of Financial Situation in Henan Province in 2019　　　　　*Hu Xingwang, Zhao Yanqing* / 176

Abstract：In 2018, Henan's fiscal revenue and expenditure operated smoothly on the whole, providing strong support for the province's high-quality economic and social development. But at the same time, there are also some problems in the operation and management of finance, such as the prominent contradiction between income and expenditure, the low efficiency of the use of funds and so on. In 2019, we adhered to Xi Jinping's thought of Socialism with Chinese characteristics in the New era as a guide, profoundly grasped the new requirements for fiscal work in the new era, comprehensively deepened the reform of the fiscal and taxation system, and implemented a more active and effective fiscal policy. We will give better play to the role of finance as the foundation and important pillar of national governance.

Keywords: Henan Province; Financial Situation; Financial Policy; Reform of Fiscal and Tax System

B. 12 Logistics Industry Operation Analysis of Henan in 2018 and Outlook in 2019 *Bi Guohai, Li Peng* / 185

Abstract: In 2018, the logistics industry in henan focused on building a modern international logistics center, a modern logistics province with a strong industrial chain, and built a modern logistics space layout system of "one center, multiple nodes, and full coverage". With the goal of improving quality and efficiency, based on reality, actively planning and taking the initiative, Henan has accelerated the recruitment of software and hardware shortcomings, promoted the construction of key logistics projects, vigorously developed new modes and new formats, and promoted the construction of national logistics hubs. In 2018, Henan's logistics industry showed a good development trend. In 2019, the macroeconomic environment of Henan logistics operation is generally improving. Henan will focus on improving the construction level of logistics hub facilities, focus on optimizing the business environment of the logistics industry, and strive to improve the support capacity of logistics and transportation, and focus on accelerating the development of cold chain, express delivery, and e-commerce logistics, focus on promoting the development of multimodal transport, focus on accelerating the construction of logistics information, standardization and integrity, and accelerate the healthy development of the logistics industry.

Keywords: Henan Province; Logistics Industry; Logistics Hub

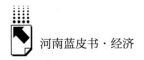
B. 13 Analysis of Henan's Consumer Price Trend from

2018 to 2019   *Cui Lixiang* / 198

Abstract: In 2018, the consumer price index of Henan province has some changes in stability, rising by 2. 3% year-on-year. It changed from "1 era" to "2 era". The prices of the "seven major categories" goods and services showed "all up". Among them, the price index of medical & health care rose the most, reaching by 6. 1% year-on-year. At the same time, the amplitude of the price index of food, tobacco and alcohol was the largest, up 3. 1 percentage points compared with last year. The rise in the price of services has become the main force driving the rise in consumer price index. It is expected that the consumer price index in Henan Province will continue to show a moderate rising trend in 2019.

Keywords: Henan Province; Consumer Price of Residents; Moderate Rising

Ⅳ Monographic Studies

B. 14 A study on Promoting the High Quality of Economic

Development with the High Quality of Party Building

Li Lifei / 209

Abstract: promoting high quality economic development with high quality of party building is a concrete practice for Henan to deeply study and implement the spirit of the 19th National Congress of the Communist Party of China (CPC) and the spirit of General Secretary Xi Jinping's important speech when investigating and guiding Henan. It is the new realm, new layout and new requirement that Henan seeks to revitalize in the new era, and it has distinct political, epochal and guiding character. Standing at the starting point of the new era, Henan should keep up with the pace of General Secretary Xi Jinping, closely follow the historical tasks of the new era, closely tie in with the more outstanding mission of the Central Plains, constantly raise ideological awareness, constantly enhance awareness of action, and stimulate the motivation to do a good job in implementation. With the high quality of party building, we will promote high quality economic development and strive to write a more brilliant new chapter in the Central Plains in the new era.

Keywords: Henan Province; Economic Development; Party Building; High Quality

B. 15　Thoughts and Countermeasures on Promoting Strategic Adjustment of Economic Structure in Henan Province

Wang Fang / 220

Abstract: The strategic adjustment of economic structure is of great significance to the sustained and healthy development of Henan's economy. At present, there are still some problems in Henan's economic structure, such as low level of industrial structure, unbalanced development between urban and rural areas, and uncoordinated regional development. We must take the strategic adjustment of economic structure as the main direction of transforming the mode of economic development, and efforts should be made to adjust the industrial structure, urban and rural structure, regional structure, and make breakthroughs in reform and opening up, scientific and technological innovation and government support.

Keywords: Henan Province; Economic Structure; Development Mode; Development Quality

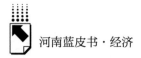

B. 16　Countermeasures and Suggestions on Innovation Driving High Quality Development of Henan Economy

Lin Yuanchun / 231

Abstract: The report of the Nineteenth National Congress clearly points out that China's economy has changed from a stage of high-speed growth to a stage of high-quality development. General Secretary Xi Jinping made it clear that innovation should become a powerful motive force for high-quality development. Henan Provincial Party Committee and Government firmly grasp that innovation is the first driving force, put innovation at the core of the overall development, as the first driving force to activate high-quality development, and achieved remarkable results. However, because Henan's innovation ability is still weak, innovation driving Henan's high-quality economic development is facing the dilemma of insufficient support for innovation ability. Henan's high-quality economic development needs to be driven by innovation through sustained deepening of institutional and institutional innovation and open innovation, accelerating the cultivation of innovative leading talents, accelerating the establishment of a long-term financial investment mechanism, and accelerating scientific and technological innovation in the field of livelihood. Provide support and guarantee.

Keywords: Henan Province; Innovation Driven; High Quality Development.

B. 17　Thoughts and Suggestions on Developing Open Economy in Henan Province

Wang Mengmeng / 243

Abstract: Henan's efforts to develop an open economy are not only a concrete action to implement the central government's decision and deployment, but also a strategic measure to cultivate and introduce high-end elements to promote high-quality economic development and realize more splendid central plains by opening up and upgrading. To comply with the demand of the open economy from the dominant to supply quantitative and opening to the outside of the trend of the development of the latter open, Henan should focus on cultivating and promoting high-end production factors, build high-quality business environment, expanding quantity quality two-way direct investment, strengthen modern industry support level, enhance the open platform, channel, which will make the open economy has become an important power to promote the development of Henan economy quality and strategic support.

Keywords: Henan Province; Open Economy; Business Environment

B. 18　Countermeasures and Suggestions on Promoting the Healthy Development of Private Economy in Henan Province

Gao Xuan / 254

Abstract: Since the reform and opening up, Henan private economy has been rapid development, the scale of development, speed and quality have been greatly improved, has gradually become the "main force" leading the economic development of Henan. At the same time, we should realize clearly that the development environment of private economy in our province has changed quietly, and the complex and changeable macro-economic environment at home and abroad has brought challenges to the high-quality development of private economy in our province. In addition, Henan is in an overlapping period of economic development problems such as poor structure, lack of vitality and lack of power, which also brings difficulties to the development of Henan private economy. Facing the internal and external problems in the development of Henan private economy, our province should make efforts in both internal and external aspects to promote the healthy development of private economy.

Keywords: Henan Province; Private Economy; Business Environment

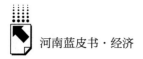
B. 19　Leading Henan County's High Quality Development Research with "Three Ways"

—*Thinking Based on the Practice of Lankao County*

Yuan Jinxing / 264

Abstract：Xi Jinping's important directive of "Three Ways" in county governance is an action guide to do a good job in county governance in the new era and promote high-quality development in the county. Under the guidance of the important directive spirit of "Three Ways", lankao county has grasped new opportunities, sought new development and opened up a new situation, realizing a major transformation from "poor county" to "star county" and setting a benchmark and example for the high-quality development of Henan county in the new era. Compared with the coordinate system of the new era and the goal of more brilliant achievements in the Central Plains, we must place the acceleration of high-quality county development in a more prominent and important position, sum up, publicize, draw lessons from and promote the Lankao experience, and accelerate the "Three Ways" to lead the high-quality county development in the whole province.

Keywords：Henan Province; Lankao County; Three Ways; County Governance

B. 20　Thoughts and Countermeasures on Preventing and Resolving Major Risks in Henan Province.

Wu Wenchao / 278

Abstract：China has entered a decisive period of building a well-off society in an all-round way. The economy and society are in a period of transformation. Cyclical, structural and external risks are coexisting. So, preventing and resolving major risks are important. At present, in the development of Henan Province, it is necessary to pay attention to the risks in many fields, such as finance, real estate, government debt, industrial transformation, population aging, social differentiation and external shocks. Therefore, it is necessary to raise the political position, change the concept of development, properly handle the relationship between stable growth, promoting reform, and risk prevention. Henan should take enterprise risk as the starting point, then systematically deal with local financial risks, government debt risks, social risks, real estate market risks, etc. And then promote the high-quality development of Henan's economy.

Keywords: Henan Province; Debt Risk; Social Risk

❈ 皮书起源 ❈

"皮书"起源于十七、十八世纪的英国，主要指官方或社会组织正式发表的重要文件或报告，多以"白皮书"命名。在中国，"皮书"这一概念被社会广泛接受，并被成功运作、发展成为一种全新的出版形态，则源于中国社会科学院社会科学文献出版社。

❈ 皮书定义 ❈

皮书是对中国与世界发展状况和热点问题进行年度监测，以专业的角度、专家的视野和实证研究方法，针对某一领域或区域现状与发展态势展开分析和预测，具备原创性、实证性、专业性、连续性、前沿性、时效性等特点的公开出版物，由一系列权威研究报告组成。

❈ 皮书作者 ❈

皮书系列的作者以中国社会科学院、著名高校、地方社会科学院的研究人员为主，多为国内一流研究机构的权威专家学者，他们的看法和观点代表了学界对中国与世界的现实和未来最高水平的解读与分析。

❈ 皮书荣誉 ❈

皮书系列已成为社会科学文献出版社的著名图书品牌和中国社会科学院的知名学术品牌。2016年，皮书系列正式列入"十三五"国家重点出版规划项目；2013~2019年，重点皮书列入中国社会科学院承担的国家哲学社会科学创新工程项目；2019年，64种院外皮书使用"中国社会科学院创新工程学术出版项目"标识。

中国皮书网

（网址：www.pishu.cn）

发布皮书研创资讯，传播皮书精彩内容
引领皮书出版潮流，打造皮书服务平台

栏目设置

关于皮书：何谓皮书、皮书分类、皮书大事记、皮书荣誉、
　　　　　皮书出版第一人、皮书编辑部

最新资讯：通知公告、新闻动态、媒体聚焦、网站专题、视频直播、下载专区

皮书研创：皮书规范、皮书选题、皮书出版、皮书研究、研创团队

皮书评奖评价：指标体系、皮书评价、皮书评奖

互动专区：皮书说、社科数托邦、皮书微博、留言板

所获荣誉

2008 年、2011 年，中国皮书网均在全
国新闻出版业网站荣誉评选中获得"最具
商业价值网站"称号；

2012 年，获得"出版业网站百强"称号。

网库合一

2014 年，中国皮书网与皮书数据库端
口合一，实现资源共享。

权威报告·一手数据·特色资源

皮书数据库
ANNUAL REPORT(YEARBOOK)
DATABASE

当代中国经济与社会发展高端智库平台

所获荣誉

- 2016年，入选"'十三五'国家重点电子出版物出版规划骨干工程"
- 2015年，荣获"搜索中国正能量 点赞2015""创新中国科技创新奖"
- 2013年，荣获"中国出版政府奖·网络出版物奖"提名奖
- 连续多年荣获中国数字出版博览会"数字出版·优秀品牌"奖

成为会员

通过网址www.pishu.com.cn访问皮书数据库网站或下载皮书数据库APP，进行手机号码验证或邮箱验证即可成为皮书数据库会员。

会员福利

- 已注册用户购书后可免费获赠100元皮书数据库充值卡。刮开充值卡涂层获取充值密码，登录并进入"会员中心"—"在线充值"—"充值卡充值"，充值成功即可购买和查看数据库内容。
- 会员福利最终解释权归社会科学文献出版社所有。

社会科学文献出版社 皮书系列
SOCIAL SCIENCES ACADEMIC PRESS (CHINA)

卡号：816697156558
密码：

数据库服务热线：400-008-6695
数据库服务QQ：2475522410
数据库服务邮箱：database@ssap.cn
图书销售热线：010-59367070/7028
图书服务QQ：1265056568
图书服务邮箱：duzhe@ssap.cn

中国社会发展数据库（下设 12 个子库）

全面整合国内外中国社会发展研究成果，汇聚独家统计数据、深度分析报告，涉及社会、人口、政治、教育、法律等 12 个领域，为了解中国社会发展动态、跟踪社会核心热点、分析社会发展趋势提供一站式资源搜索和数据分析与挖掘服务。

中国经济发展数据库（下设 12 个子库）

基于"皮书系列"中涉及中国经济发展的研究资料构建，内容涵盖宏观经济、农业经济、工业经济、产业经济等 12 个重点经济领域，为实时掌控经济运行态势、把握经济发展规律、洞察经济形势、进行经济决策提供参考和依据。

中国行业发展数据库（下设 17 个子库）

以中国国民经济行业分类为依据，覆盖金融业、旅游、医疗卫生、交通运输、能源矿产等 100 多个行业，跟踪分析国民经济相关行业市场运行状况和政策导向，汇集行业发展前沿资讯，为投资、从业及各种经济决策提供理论基础和实践指导。

中国区域发展数据库（下设 6 个子库）

对中国特定区域内的经济、社会、文化等领域现状与发展情况进行深度分析和预测，研究层级至县及县以下行政区，涉及地区、区域经济体、城市、农村等不同维度。为地方经济社会宏观态势研究、发展经验研究、案例分析提供数据服务。

中国文化传媒数据库（下设 18 个子库）

汇聚文化传媒领域专家观点、热点资讯，梳理国内外中国文化发展相关学术研究成果、一手统计数据，涵盖文化产业、新闻传播、电影娱乐、文学艺术、群众文化等 18 个重点研究领域。为文化传媒研究提供相关数据、研究报告和综合分析服务。

世界经济与国际关系数据库（下设 6 个子库）

立足"皮书系列"世界经济、国际关系相关学术资源，整合世界经济、国际政治、世界文化与科技、全球性问题、国际组织与国际法、区域研究 6 大领域研究成果，为世界经济与国际关系研究提供全方位数据分析，为决策和形势研判提供参考。

法律声明

　　"皮书系列"（含蓝皮书、绿皮书、黄皮书）之品牌由社会科学文献出版社最早使用并持续至今，现已被中国图书市场所熟知。"皮书系列"的相关商标已在中华人民共和国国家工商行政管理总局商标局注册，如 LOGO（ ▓ ）、皮书、Pishu、经济蓝皮书、社会蓝皮书等。"皮书系列"图书的注册商标专用权及封面设计、版式设计的著作权均为社会科学文献出版社所有。未经社会科学文献出版社书面授权许可，任何使用与"皮书系列"图书注册商标、封面设计、版式设计相同或者近似的文字、图形或其组合的行为均系侵权行为。

　　经作者授权，本书的专有出版权及信息网络传播权等为社会科学文献出版社享有。未经社会科学文献出版社书面授权许可，任何就本书内容的复制、发行或以数字形式进行网络传播的行为均系侵权行为。

　　社会科学文献出版社将通过法律途径追究上述侵权行为的法律责任，维护自身合法权益。

　　欢迎社会各界人士对侵犯社会科学文献出版社上述权利的侵权行为进行举报。电话：010-59367121，电子邮箱：fawubu@ssap.cn。

社会科学文献出版社